성서(聖書)와
한자(漢字)의 비밀(秘密)

성서와 한자의 비밀

ⓒ 전상철, 2020

초판 1쇄 2008년 8월 28일
1판 8쇄 발행 2023년 2월 7일

지은이   전상철
메일   12cafe@hanmail.net
펴낸이   이기봉
편집   좋은땅 편집팀
펴낸곳   도서출판 좋은땅
주소   서울특별시 마포구 양화로12길 26 지월드빌딩 (서교동 395-7)
전화   02)374-8616~7
팩스   02)374-8614
이메일   gworldbook@naver.com
홈페이지   www.g-world.co.kr

ISBN   978-89-93368-16-1 (03230)

성서와
(聖 書)

한자의 비밀
(漢 字) (秘 密)

한산 전 상 철 저

좋은땅

머리말

○인류역사의 흐름과 문자의 발전과정을 살펴보면 당대에 살아간 조상들의 생활상이나 민족적 기질 그리고 생활관습. 문화의 척도를 가름할 수가 있다. 그 거대한 12연방국에서 모든 것을 다 빼앗긴 체 반도의 구석으로 내 몰릴 수밖에 없었던 우리민족의 아픔을 아는 사람이 그 몇이나 되겠는가. 늦게나마 다행히도 고대 우리민족의 역사를 밝히는 자료들이 하나 둘 씩 발견되어 잃어버린 우리역사를 밝히 알아 언젠가는 타에 의해 조작된 역사가 바로 잡힐 날을 기대해본다.

나는 지금은 대한민국에서 태어난 것을 무척 자랑스럽게 여기고 살아가고 있다. 그러나 어렸을 때는 달랐다 우리나라에서 태어난 것을 후회한 일이 많았다. 왜? 많고 많은 나라 중에 이 나라일까? 일제하에서 태어나서 소나무 껍질을 벗겨먹던 기억. 술지게미와 보리개떡으로 끼니를 때워가며 굶주렸던 유아시절을 시작으로 6.25동란으로 인한 동족상잔의 피비린내 나는 전쟁 통에 죽어가는 수많은 동족들의 시체를 보며 매일 퍼부어대는 미군기의 폭탄세례 속에 우리의 아름다운 국토는 초토화 되어 갔고 죄 없는 민간인들도 수 없이 희생되어갔다.

○우리세대는 이렇게 유년시절을 보냈다. 가난은 끝이 안보였고 미래의 꿈을 키워가는 시절이 아니고 그날 한 끼 목구멍 풀칠에

여념이 없던 청소년기를 이 땅에서 보내며 이 땅에서 태어난 자체가 원망스러웠다. 지금 생각하면 부끄러운 일이지만…….

우리나라 태극기는 어떤가? 그리기는 왜 그렇게 어려우며 이해도 안 되며 괘는 어느 쪽 것이 잘리고 어느 쪽 것이 붙었는지 그럴때마다 헷갈린다.

그 후 6.25전쟁이 끝나고 휴전협정이 체결되어 38선 부근에서 대치하고 있던 양쪽 군대는 현재 점령하고 있던 전선을 휴전선으로 하여 휴전협정을 맺고 휴전에 들어간 것이 오늘날 까지 유지된 그 휴전선이다. 그런데 그 휴전선이 공교롭게도 태극모양으로 나뉘어졌다는 것이다. 동쪽인 강원도 쪽은 올라갔고 서쪽의 강화도까지 내려와서 우리나라 태극선을 그리고 있는 것이다.

나는 그때 큰 비밀이나 발견한 것처럼 아! 바로 이것 이였구나. 옛 선인들이 先見之明(선견지명)이 있어 한반도가 남북으로 나눠질 것을 아시고 태극기에다 그 비밀을 숨겨 두셨구나 하고 나름대로 해석하고 고개를 끄덕인 일이 있었다.

지금 나는 우리나라를 그 어느 나라 보다 자랑스럽게 생각하고 사랑한다. 나는 가끔 책에서나 지인들에게서 우리나라가 장차 세계를 지배하게 되고 모든 종교의 宗主國(종주국)이 된다는 말을 들은 예가 있었다. 그때마다 속으로 무슨 잠꼬대 같은 소리를 하나하고 대수롭지 않게 지나쳐버렸다.

나는 학생들을 가르치면서 한자를 접할 기회가 많았고 학생들에게 많은 한자를 가르쳤다.

문교부 검정필이라고 되어있는 한자교과서에 한자는 중국글자라고 분명하게 나와 있다. 그런데 어떤 모임에나 인사동에서 가끔 만난 한자에 조예가 깊으신 분이 한자는 우리나라 글이라는 것이다. 그때는 이해가 안 갔고 또 분명히 교과서에 한자는 중국 글이라고 명시되어 있어 그대로 가르쳤던 것이다. 만약 내가 지금처럼 우리나라 고대사와 한자의 뿌리에 대해서 알고 있었다면 한자는 우리글이라고 가르쳤을 것이고 그러면 학생들은 나를 이상한 눈으로 쳐다봤을 것이며 한문학원은 자연적으로 문을 닫아야만 했을 것이다. 가짜를 진짜인줄 알고 가르쳐야했으니 지금 생각하면 마음이 아프다. 이런 문제는 누가 책임을 져야하는 건지........?

지금 생존해 있는 어른들이나 사회지도급 인사들은 일제강점기에 일본이 우리나라 역사와 문화말살정책으로 날조된 역사책으로 공부하신 분들이 계셔서 지금 하나하나 밝혀져 간 우리나라 고대사가 피부에 와 닿지 않은 분들이 많으실 것이라 생각이 든다.

한 예를 들어 말하자면 "광대한 국토와 세력이 왕성했던 어느 왕정국가가 예기치 못한 외세의 침략을 받아 나라는 망하고 왕족들은 비참한 상태에서 국운이 기울대로 기울어 한쪽 끝으로 내 몰려 흩어져서 수천 년이 흘렀다. 그간에도 외세의 침략과 약탈로 역사와 문화는 간데없고 침략자들이 꾸며 논 僞書(위서)가 진실인양 배워왔는데 어느 날 왕족 중 한사람이 자기 조국과 조상의 내력이 적힌 古書(고서)를 한권 입수해서 보고 벅찬 나머지 만나는 사람들에게 저 광대한 나라는 우리나라였고 저들의 찬란한 문화는 우리조상들의 얼 이였다고 그리고 저 들이 쓰고 있는 문자도 우리조상들이 창제한 문자라고 말한다"면 정상으로 보지 않을 것이다. 오늘에 우리나라가 우리나라의 고대사를 보는 시각과 인식이 그렇다.

우리민족을 밝히는 책들과 역사의 뿌리를 밝히는 자료들이 하나둘 씩 나타나고 있지만 한 번쯤 읽어볼 생각은 아예 하지 않고 僞

書(위서)라고 치부해 버린다.

일본인들이 우리나라의 귀중한 문헌들을 남김없이 다 불태워버리고 그들이 날조한 역사책이 사실인양 가르치고 배웠기 때문이리라.

오! 자랑스러운 배달의 민족이여! 만년의 유구한 역사와 찬란한 문화를 꽃피운 白衣民族(백의민족)이여! 어렵게만 생각했던 태극기에 그토록 오묘한 진리가 숨겨져 있음을 그 누가 알았으랴! 일제하에서 눈에 피 꽃(일제하에서 무궁화 꽃을 쳐다보면 눈에 핏발이 서는 눈병에 옮는다고 무궁화 꽃을 쳐다보지 못하게 했음)으로 천대를 받았던 우리민족의 근성을 닮은 자랑스러운 槿花(근화)여! 모두가 이제 알고 보니 너무나도 소중하고 자랑스러운 보배들이라. 나는 민족을 밝히는 책들을 보면서 가슴이 벅찬 일들이 너무 많았다.

이래서 우리나라가 倍達民族(배달민족)이요. 이래서 우리나라가 單一民族(단일민족)이요. 이래서 우리나라가 白衣民族(백의민족)이였구나 하는 것을 알았고 성경역사와 우리나라 역사가 공통점이 참 많다는 것을 알았다. 그런데 왜? 동양 선지서나 성경의 예언서는 해석하는 사람마다 답이 다르고 해석이 다른가? 그리고 가르치는 지도자들도 같은 구절을 가지고 가르치는데 왜? 답이 다른가?

예언서(선지서)와 계시록(묵시록)은 마지막 때까지 감추고 봉해두라고 하셨다. 동양 선지서 들은 漢字(한자)를 合字(합자) 破字(파자) 側 字(측자)해서 또는 縱橫(종횡)으로 눕히거나 세워서 비밀을 감추어 놓았다.

한자는 예언의 글이다. 이글을 쓰는 목적이 여기에 있다 한자 속에 감춰진 비밀 중에서 밝혀진 비밀을 말하고자 하는 것이다. 성경과 한자와 동양예언서는 깊은 관계가 있음을 말해둔다. 한자를 들여다보고 있으면 과거 예언이 이루어 진 것도 있고 이루어 가는 것도 있고 장차이룰 것도 한자 속에서 찾아볼 수 있다.

봉함된 글을 신이 열어주기 전에는 동양선지서나 비장된 글의 답은 여러 개로 나올 수밖에 없다.

이제 때가 되므로 우리민족의 고대사와 뿌리를 밝히는 책들이 많이 나오고 있다. 나는 내 얄팍한 지식과 상식으로 이 글을 쓴 것 아니고 여러 문헌들을 참고하여 이 글이 작성 되었고 풀리지 않을 때 마다 영감(靈感)으로 풀게 하신 그 주체되신 분과 이 책을 쓸 수 있도록 좋은 책들을 제공해 주신 여러 선배 작가들에게 깊이 감사의 뜻을 지면을 통해 드리는 바이다.

이 책을 다 읽고 나면 한자공부는 물론이고 몰라서 짜증스럽던 성경공부가 의외로 많이 알게 되어 한자와 성경을 아는 실력이 향상되어 만족함을 갖게 되리라 믿는 바이다. 그리고 이 책에서 풀어지는 한자들은 육적사실 그대로 풀어 쓴 것도 있지만 영적으로 풀어지는 것이 더 많다는 것을 알고 읽어야 오해가 없을 줄로 안다.

⟡끝으로 이 책이 나오기까지 영감을 주신 주체되신 분과 여러모로 힘써 주신 성 민 씨와 이경노선생님에게 지면을 빌어 감사의 뜻을 전하고 좋은 땅 출판사 사장님과 산하 여러분들의 노고에 심심한 감사를 드리는 바이다.

서기2008년 6월 남한산성에서 −한산−

차 례

1.한자(漢字)와 우리민족(民族)

1)진서(眞書)와 한자(漢字)

⇨우리나라 한글학자들은 한글전용을 부르짖고 있다. 그러나 우리나라 언어생활의 70%를 한자가 차지하고 있다. 우리가 알기로는 우리나라 선비들이 중국에 건너가서 한자를 배워서 우리나라에 보급한 것으로 알고 있지만 우리조상들은 지금으로부터 약6천 년 전에 이미 문자를 발명하여 眞書(진서)란 이름으로 鹿圖 文字(녹도문자)를 사용한 기록이 여러 고대사에 나와 있다.

그래서 우리조상들은 어디서 글을 배워 온 것이 아니라 그 眞書(진서)를 조정에서나 선비(학자)들이 꾸준히 사용하며 발전시켜왔다(한단고기참조).

국세(國勢)가 약해짐으로 외침에 의해 모든 역사와 문화는 사장(死藏)되고 세대가 거듭하면서 과거를 망각한 체 침략자들의 손에 의해 날조된 역사가 참인 양 배우고 또 가르쳐왔다.

한자(漢字)란 이름이 우리나라에 들어온 지는 얼마 되지 않는다. 그 이전에는 진서(참 글)란 이름으로 조상대대로 사용해왔음을 여러 고대사는 밝히고 있다.

이 책에서는 분명히 진서라고 명명해야 옳겠으나 한자란 이름으로 통용되고 있으니 불가불 한자로 쓰게 됨을 이해하길 바란다. 녹도문자에 대해서는 다음에 다시 한 번 다루겠다.

2)나와 우리(我와吾等)

　ꊷ많은 동양 선지서를 보면 한자를 합자(合字)파자(破字) 측자(側字)하거나 한자를 縱(종)橫(횡)으로 변형시켜 비밀을 감추어 놓았다. 성경의 예언서도 하나님의 비밀을 다른 이름을 사용하여 감추어놓았다.

　우리나라 사람들은 세계에서 유일하게 나(我)를 "나"라고 하는 단수(單數)를 쓰지 않고 "우리"(吾等)라는 복수(複數)를 쓰고 있다. 例:우리 집. 우리아들. 우리 소. 우리강아지. 우리남편. 우리마누라(아내)등. 왜 그럴까?

　외국 사람들이 들으면 이해가 안 가는 것은 당연한 일이다. 우리남편하면 아내가 여럿에 남편이 하나라는 뜻이 되고 우리내자(아내)라고 하면 남편 여럿에 아내가 하나라는 뜻이 된다. 왜 우리나라만이 유일하게 나(我)라는 단수를 쓰지 않고 우리라는 복수를 쓰는 이유가 무엇일까?

　우리는 예부터 우리민족을 군자(君子)국이요. 천민(天民)이요. 천손(天孫)이란 말을 많이 들어왔다. 또 우리나라를 단일민족이요 백의민족이요 배달민족이라고도 한다.

-그럼 이렇게 부른 뜻은 무엇일까?

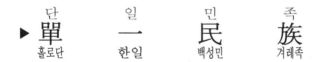

단　　일　　민　　족
單　　一　　民　　族
홀로단　한일　백성민　겨레족

釋▷ 한 씨로 나고 한 피 받아 한 혈통으로 내려 온 민족.
靈▷ 사상이 같은 조직이나 국가. 종교적으로는 교리 곧 말이 섞이
지 않은 민족. 진리의 말씀으로 하나 된 종교인들.

백　　의　　민　　족
白　　衣　　民　　族
흰백,깨끗할백　옷의,예복의　백성민　겨레족

釋▷ 흰 옷을 입고 사는 민족. 예부터 우리조상들은 흰 바지저고
리에 흰 고무신을 신고 다니셨다.
靈▷ 마음이 깨끗하고 예의범절이 있고 행동이 바른 백성.

배　　달　　민　　족
倍　　達　　民　　族
갑절배,더욱배　통달할달,이를달　백성민　겨레족

釋▷ 다른 민족보다 빨리(갑절로) 목적지에 도달한 백성.
靈▷ 하늘의 가르침을 갑절로 빠르게 깨닫고 통달하는 민족.

▷그런데 동양 선지서에서는 倍達(배달)의 培(배)자가 配(짝 배.
나눌 배. 전달 배)로 되어서 配達民族으로 나와 있다. 配達(배달)
이란 뜻은 나누어주다 전달한다. 는 뜻이다. 무엇을 분배하고 무
엇을 전달한다는 뜻일까?

3)우리가 전달(배달)해온 것은 무엇인가?

♧이 配達(배달)이란 무엇을 전달한다는 뜻이 있다.
우리의 역사와 문화와 전통을 자자손손. 口傳(구전: 말로전함)으
로 아니면 風習(풍습)으로 또는 글로써 전하라는 것이다.

그러나 우리민족은 외세의 침략과 동족끼리 배반으로 우리조상
들의 위대한 업적과 우리민족의 우수성과 유구한 역사와 찬란한
문화를 보존 및 계승의 기회를 잃어버린 체 침략자들에게 시달려
왔다.

그런 가운데에서도 口傳(구전)으로나마 전해 내려온 것이 있으
니 풍습과 민요와 민담 그리고 민속놀이들이다. 우리민족의 풍습
과 민요와 민담과 민속놀이 중에는 우리민족을 사랑하신 하나님
의 깊은 뜻이 숨겨져 있다.

그 대표적인 예로 아이를 낳아서 얼마 되지 않아 엄마가 말을 가
르치기 전에 엄마도 아빠도 그 뜻이 무엇인지 모르는 체, 이것부
터 가르쳤다.

쥠 쥠. 자장자장. 딸꾹 딸꾹. 짝짜궁 짝짜궁. 찍게 찍게. 곤지곤
지 등 내 가 어렸을 때 배운 것같이 내 자식들에게도 또 그 자식들
은 다음세대에게 수천 년 동안 뜻도 의미도 모르는 체, 배달(전달)
해 온 것이다.

그런데 수천 년을 기록으로 남겨서 전해 온 것이 아니고 입에서
입으로. 곧 말로 전하다보니 그 발음이 많이 변음(變音)된 것도 있
고 원음(原音)그대로 전해져 내려 온 것도 있다. 그럼 과연 하나님
께서는 무엇을 우리백성들에게 알리고자 하셨으며 무엇을 깨닫기
를 바라셨는가? 이런 문제들은 한자가 아니고는 해석하여 풀어 주

기가 매우 어렵다. 변음(變音)과 원음(原音)을 비교해 보면. 쥠 쥠
=주앙 주앙. 자장자장. 딸꾹 딸꾹=달궁 달궁. 짝짜궁 짝짜궁=장
자 권 장자 권. 찍게 찍게=직계 직계. 곤지곤지 등이 있는데 자장
자장과 곤지곤지는 원음그대로 전해져 내려왔지만 나머지는 많이
변해져 있음은 볼 수 있다.

釋⇨ 오직 주(主=하나님)만 우러러 앙모하라.
주(하나님)를 우러러 바라고 섬기고 따르라 그것이 너희가 대대로
살길이다.

釋⇨ 스스로 노력하여 어른이 될 때까지 스스로 자라 가라.
靈⇨ 몸이 어린아이에서 어른으로 자라가라는 것이 아니라 생각의
수준이 믿음의 깊이가 장성한자가 될 때까지 사람의 말을 듣고 흔
들리지 말고 하나님말씀으로 그리스도의 장성한 분량 까지 스스
로 자라가라(히5:12~15).

釋⇨ 반드시 하늘에 도달하라. 천국에 올라가라.

靈⟡내세를 믿는 사람들의 최상의 목표는 천국과 낙원이다. 목적
달성을 위해서는 거기에 합당한 행위가 요구된다. 어떠한 희생이
따르더라도 반드시 가야 할 곳이다.

장	자	권	장	자	권 (짝 짜 궁)
▶ 長	子	權	長	子	權
긴장.어른장	아들자.	권세권.권리권	처음장.맏장	자식자	권세권.권리권

釋⟡장자(큰아들)가 가지는 권세. 권리. 몫이.

靈⟡우리나라와 이스라엘은 생활풍습이나 가정의례와 법도가 비
슷한 부분이 너무나 많다. 장자에 대한 사랑과 배려가 다른 자녀
들 보다 특별하다. 권한이나 재산도 더 많이 분배받는다. 왜 그럴
까? 장자를 통해서 그 집안의 직계혈통이 이어져 내려오며 종족보
존이 유지되기 때문이다. 우리나라에서나 성경역사를 통해서 보
면 하나님의 장자들에 대한 사랑과 복 주심이 특별하시다. 그 가
운데는 하나님의 계획과 비밀이 감춰져있다. 히12:23에는 하늘에
기록된 장자들의 총회가 나온다. 그리고 약1:18에나 계14:4에는
장자들을 첫 열매로 부르고 있음을 본다.

직	계	직	계 (찍게 찍게)
▶ 直	系	直	系
곧을직.바를직	이을계.실마리계	곧을직.바를직	혈통계.팻줄계

釋⟡한 가지 혈통을 타고 하나님의 직계 종속이 되라.

⟡하나님께서는 아브라함과 이삭과 야곱의 하나님이라고 말씀하
시고(마22:32)아브라함을 믿음의 조상으로 삼고 아브라함이 낳
은 이스마엘과 이삭 두 자식 중에서 이삭을 직계로 그리고 이삭이

낳은 에서와 야곱 중에서 야곱을 직계로 삼으시니 아브라함의 친자였고 이삭의 친자였지만 이스마엘과 에서는 이방이 되어 직계 혈통 밖으로 밀려나 버린다. 그 후 야곱의 혈통에서 예수가 태어나 하나님의 육적혈통의 마지막 직계가 된다.

　예수가 와서 육적혈통 직계 시대를 끝내고 영적 혈통 직계 시대를 열었다(요1:11~13).

　그럼 오늘날 예수의 영적 직계를 받은 자가 누구일까? 그의 영적 혈통을 받은 자만이 하나님의 직계로 인정해 주시겠다는 하나님의 우리민족에 대한 사랑이 직계 직계란 문자 속에 암시해 놓으시고 그 뜻을 알려 주실 때까지 몇 천 년을 외우도록 하신 것이다.

곤　　　　　지　　　　　곤　　　　　지　　（곤지곤지）
▶ 崑　　指　　崑　　指
　산이름곤　　손가락지　　곤륜산곤　　손가락지

釋▷ 약지 손가락으로 반대 손바닥을 콕콕 찍으며 어느 곳을 가리키는 행위.

　崑=곤륜산 곤 ➤ 아래 보충설명 참조

保▷ ①중국 서쪽에 있는 산으로 신령들이 살고 있다는 신령스런 산. 곧 지상낙원이요 무릉도원이요 기독교에서 말하는 천국을 상징한 말로써 거기에 꼭 들어가야 된다고 가르쳐주고 또 그 장소를 가리켜 주는 행위이다.

　이것은 우리가 가야할 영적인 장소가 있음을 곤륜산을 들어 암시하고 있는 것이다.(한웅이 다스렸던 배달국시대에는 곤륜산은 우리나라 영토였다.)

②우리나라 결혼식 풍습에 신부되는 새 색시가 단장하면서 이마와 볼에 연지를 찍는 행위. 연지 곤지.

靈➪이마에 연지를 찍는다는 것은 인(印)맞는 것을 상징한 것이며 하나님의 印을 맞는다는 것은 하나님의 말씀을 머릿속에 새김을 뜻하는 것이다(히8:10). 하나님 말씀만이 영혼의 양식이며 구원의 길이 되기 때문이리라.

➪한자로 많이 쓰는 곤지(坤 地)는 땅을 지칭한 말이다.
곤지라는 한자 속에 오묘한 뜻이 숨어 있기에 풀어 보도록 하겠다.

곤　　　　지　　　　곤　　　　지
▶ 坤　　　地　　　坤　　　　地
땅곤.왕비곤　땅지.형편지　땅곤.왕비곤　땅지.형편지

釋➪땅에서 시작하여 땅에서 마친다는 뜻.

－坤 地 를 파자해보면.
　　곤　지

坤 = 土(땅. 대지. 지구)+申(펼 신. 알릴 신.)
땅곤.왕비곤　흙토　　　　　　　　　　펼신

地 = 土(땅. 대지. 지구)+也(종결. 한정. 마침)
땅지　　흙토　　　　　　　　　　　이끼야

保➪也:이끼 야 는 문자의 끝에 붙어서 한정. 종결. 마침을 나타내는 어조사다.

靈⇨하늘의 역사는 이 땅(土)에서 펴서. 알려서(申) 이 땅(土)에서 종결하고 마친다(也). 하나님의 역사하심은 저 푸른 하늘공중에서 역사하심이 아니고 이 땅에서 시작하여 이 땅에 펼하시. 고 끝내신다고 로마서9장28절에는 말씀하고 있다.

　참으로 놀라운 것은 한자란 문자 속에도 그 분의 능력과 신성이 여지없이 나타나 있음을 보고(롬1:20) 인간으로서는 상상도 못할 오묘한 섭리에 감탄할 뿐이다.

4)나를 "우리"라고 하는 이유

　⇨앞에서 말한바 세계에서 오직 우리나라 사람들만 "나"를 "나"라는 단수를 쓰지 않고 "우리"라는 복수를 쓴다고 했다. —그 이유를 알아보자.

　그 내력을 이해하려면 고대 우리나라 역사를 알아야 하는데 그러자면 너무 방대한 분량이라 여기서는 "우리"를 설명하기 위해서 설명에 필요한 몇 가지만 말하겠다. 고대 우리나라는 환인시대로부터 시작하여 천자(天子:하나님의 아들)이신 환웅천황. 그리고 단군왕검 시대로 고대역사가 흘러내려온다.

　하나님께서 천자이신 환웅을 불러 땅을 두루 살펴 길지(吉地)에 나라를 세우라고 하시고 삼부 인(三 符 印)을 주어 이 땅에 내려보내셨다 그 삼부 인이 무엇인고? 하니 천부경. 삼일신고. 참전계경 이라한다(다른 물건으로 기록된 책도 있지만 의미와 참뜻을 알면 같은 맥락에서 이해가 된다). 우리나라 백성을 하늘에서 택한 백성이라 한다.

그리고 천자국(天子國)이요 군자국(君子國)이라 부른다. 환웅
천황께서 삼부 인을 가지고 태백산(지금현재 우리나라의 태백산
이 아님)아래 내려와 신시에 도읍을 정하시고 나라를 건국하시고
그 이름을 배달국이라 하셨다.

그런데 하나님께 받아가지고 온 3권의 책 가운데 삼일신고가 있
다. 그 삼일신고의 핵심사상은 하나인 일신강충(一 神 降 衷)과 셋
인 성통광명(性 通 光 明) 제세이화(齊 世 理 化) 그리고 홍익인간
(弘益人間)이라 할 수 있다.

처음 나온 一 神(일신)이란. 최고로 높고 으뜸가는 신이라는 뜻
인데 곧 하나님을 일컫는 말이다. 그다음 강충(降 衷)은 사람들의
속마음 가운데 내려왔다는 뜻이다. 그래서 삼일신고에서는 배달
국의 백성들은 그 속마음 가운데 하나님의 神(신령 신: 성령)이 내
려와 계신다고 가르치고 있고 굳게 믿어왔다. 그래서 나는 나 혼
자가 아니요 내 속마음 깊숙이 내려와 계시는 하나님의 신 또는
성신(聖神)이 계시기에 나(내)가 아니요 우리라고 부르는 것이다.

그래서 옛 우리조상들은 상대가 누가되었던지 깔보거나 업신여
기지 않고 하나님을 대하듯이 정중하게 대 하였다. 이유는 저 사
람 마음 안에도 내안에 계신 신(神)이 계신다고 굳게 믿었기 때문
이다. 만약 상대를 무시하고 깔보면 곧 하나님을 무시하고 깔보기
때문이다. 그래서 내 안에 나 아닌 신령한 신이 들어와 계시기 때
문에 "나"라는 단수를 쓰지 않고 "우리"라는 복수를 쓰는 것이다
이것이 우리 민족이 하나님께서 택한 백성이란 증거가 된다. 이
문제는 뒤에서 한 번 더 다루기로 하겠다.

성경이나 동양 예언서 그리고 다른 종교가 사용하는 경전들의

내역을 보면 그 안에서 사람들을 조종하는 신(神)들의 역사를 볼 수가 있다. 내 안에 좋은 신(神)이 들어와 있는지 나쁜 신(神)이 들어와 있는지에 따라 좋은 일도 나쁜 일도 할 수 있다.

성경에서 말하는 싸움은 육적싸움이 아닌 영적싸움을 말하고 있다(엡6:10~17). 지상권과 교권을 차지하려는 영들의 전쟁인 것이다. 핵폭탄이니 3차 대전이니 해서 현혹시키는 곳에 가서 두려운 종교생활을 하며 삶이 위축 되어서는 안 되겠다.

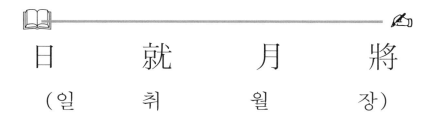

日 就 月 將
(일 취 월 장)

2.문자(文字)의 생성과정(生成過程)

-범례(凡例)-
釋➩해　　석
靈➩영적해석
保➩도 움 말

1)노아의 8식구

　➩우리가 성경을 보면 노아의 8식구와 방주사건을 알 수가 있다. 하나님께서 아담의 후손들의 죄가 세상에 관영하여 더 두고 볼 수가 없게 되자 의인 노아(창6:1)를 택하여 새 지도자로 삼고 홍수로 세상을 심판하실 것을 예고하시고 배(큰 배)를 만들라고 명하시고 노아의 식구8명과 각종 짐승과 모든 새들의 암수 한 쌍씩을 배에 태워 이 홍수의 재난을 피하라고 명하셨다.

　모든 사람들이 햇볕이 쨍쨍 내려쬐는 날씨에 배를 산에다 만들고 쾌청한 날씨에 홍수가 난다고 산에 만들어 논 방주로 피난하는 노아의 8식구를 보고 세상 사람들은 미쳤다고 비웃고 욕했다. 그러나 노아는 하나님말씀대로 복종하고 순종했다. 노아의 부부와 셈. 함. 야벳 세 아들의 부부. 모두 8식구가 배에 탔다. 여기서 생긴 문자가 배선(船)자라 한다.

그때 당시에는 한 두 사람이 탈 수 있는 조그마한 나룻배를 상징한 배주(舟)라는 상형문자가 있었지만(이때 이미 인간세상에서는 녹도문자란 상형문자가 사용되고 있었음을 말해 주고 있다) 하나님께서는 그 나룻배를 만들라고 명령하신 것이 아니라 그 보다 몇 십 배 아닌 몇 백 배 큰 배를 만들라고 명하신 것이다.

그래서 그 큰 배를 나룻배라 명명할 수가 없어 다시 문자를 만들어 그 큰 배를 선(船:큰 배)이라 했다고 한다.

이렇게 문자는 인류의 생활 속에서 하나씩 만들어져 왔다.

▶ 船(선)(배선) ＝ 舟(나룻배)(배주) ＋ 八(8식구)(여덟팔) ＋ 口(사람)(인구구)

♤노아시대는 지금으로부터 약4.400년 전의 일이다. 그 때 이미 배주(舟)자와 같은 문자는 만들어져 사용되고 있었음을 말해주고 있는 것이다. 그 때 사용된 문자는 녹도 문자였다.

배주(舟)자는 나룻배 같은 작은 배를 배선(船)자는 큰 배를 지칭하는 말이다.

♤하나님말씀은 정확했다. 예언하신 말씀대로 150주야에 걸쳐 비가 쏟아졌고 대홍수가 나서 온통 물바다가 되어 사람으로는 노아의 8식구 외에는 살아난 자가 없었다.

  150주야가 지나 물이 점점감하기 시작하니 뭍이 들어나 그들로 하여금 또 생육하고 번성하여 땅에 충만 하라 하셨다.

홍수의 물이 감하고 뭍(땅)은 드러났지만 그들이 거처할 집도 먹고살 양식도 없었다. 자연히 찾아들어간 곳이 굴(窟)이였고 그 굴로 거처를 삼고 그 구멍 안에서 살았다. 그때 생겨난 문자가 굴혈(穴)자다(구멍혈 자라고도 함.)

▶ 穴
혈
굴혈.구멍혈 = 八(노아8식구) + 宀(집. 거처한 곳)
여덟팔   집면

釋⇨ 홍수가 지나고 배에서 나왔지만 거처 할 곳이 없어 자연히 찾아 들어간 곳이 굴이였다. 八식구가 굴을 거처로 삼고 들어가 있는 형상이 굴혈자다. 穴

⇨ 홍수직후라 채소도 과실도 없는 상태라 먹을 수 있었던 것은 물이 빠져나간 갯벌에 조개가 유일한 주식 이였다. 그래서 생긴 문자가 조개패(貝)자다.
◎(눈)目(눈 목.조목 목). 눈목(目)자는 눈의 모양(◎)을 본뜬 상형문자인데 한편 조개가 입을 벌리고 있을 때 그 안에 진주가 보이는 형상과도 같다. 눈은 우리인체에서 가장 중요한 역할을 하며 진주역시 귀한 보물로써 눈과 같이 귀하고 값지다. 조개는 그때 당시 먹을 것이 없어 飢餓(기아)에 허덕이던 노아의 8식구에겐 눈과 같이 귀한 존재였고 또 조개 속에서 영롱한 빛을 발하는 진주는 후에 그들의 큰 재산을 이루게 했다.

▶ 貝
패
조개패.돈패 = 八(노아의8식구) + 目(눈과 같이 귀한 것)
여덟팔   눈목.품목목

釋⇨ 노아의 8식구가 눈과 같이 귀하게 여겨 돈과 같이 여기고 또 후에 실제 돈으로 사용되었다.

⇨8식구가 조개를 채취해서 여덟 몫으로 나누어 먹었다 해서 눈목 (目)자를 조목 목 또는 품목 목으로도 쓰인다. 또한 조개껍질은 그들의 그릇으로 사용되었고 큰 조개껍질은 그들이 농사를 짓는데 연장으로 사용하였으며 약으로도 사용해서 버릴 것이 없었다. 그래서 그때 당시의 조개는 그들에게 있어서 참으로 없어서는 안 될 귀중한 양식이었고 재산 이였다. 그래서 그 이후로 만들어진 문자들이 많은데 재물 재(財). 재물 자(資). 저축할 저(貯). 보배 보(寶) 등 돈이나 재산을 나타내는 문자나 재산을 팔고 사는 매매(賣:팔매.買:살매)한다는 문자 안에도 조개패가 들어가 있음을 본다. 그 당시 조개가 사람들의 생활에 얼마나 중요했던가를 단적으로 말해주고 있다.

－그때 당시 만들어진 문자들을 몇 자 더 소개하면.

▸ **分**
분
나눌분 = 八(8몫으로) + 刀(칼로 나눔)
여덟팔   칼도

釋⇨노아의 8식구가 8몫으로 나누어 먹고 나누어 가짐.

▸ **空**
공
빌공 = 八(8식구가) + 工(일하러감) + 宀(집이 빔)
여덟팔   일할공   집면

釋⇨노아의 8식구가 낮에는 일하러가니 집이 텅 비었음.

2)육적하늘과 영적하늘

♤시간이 가고 세월이 흐름에 따라 홍수로 쓸어 버린 그 지역으로 홍수가 나지 않은 다른 지역 사람들이 침략해 들어오기 시작했고 노아의 8식구는 이를 막기 위해 자기들의 집(穴:구멍 곧 굴에서) 활(弓)로써 그들의 침략에 맞서 싸웠다. 여기서 하늘 궁(穹:하늘 궁. 클 궁)자가 만들어졌다고 한다. (활의 유래에 대해서는 뒤에서 나온다)

▶ 穹 = 穴(8식구의 집)+弓(활을 가지고 싸움)
하늘궁.클궁   굴혈.구멍혈   활궁

釋♤노아의 8식구가 활을 이용해 처 들어오는 적과 싸움.

=영적하늘설명=

♤성경 창세기37장9~11절에 야곱과 그 아내와 열두 아들을 해. 달. 별이라 했고 그들이 있는 곳을 하늘이라 했다. 육적으로 해달별이 있는 곳을 우리가 보는 저 하늘이라 한다.
영적으로는 다르다 하나님은 하나님께서 택한 선민을 해달별이라 하시고 그들이 있는 곳을 하늘(영적)이라 하셨다(해달별은 하늘에 있으니까). 야곱가족이 하나님께서 택하신 선민이요. 영적인 하늘이요 하늘에 있는 해달별 이였다면 그보다 앞서는 노아가족 역시 의인 이였고 하나님이 택하신 선민이며 그들이 바로 영적 해달별 이였다.

이치적으로도 해달별이 있는 곳은 하늘이다. 그래서 노아가족이 해달별 이였다면 그들이 어디에 있던지 그들이 거한 곳이 영적인 하늘이다.

그래서 그들이 살았던 굴(穴구멍)이 곧 영적하늘이다.
좀 어려운 것 같지만 이 책을 읽다보면 이해가 될 줄 안다. 그들은 언덕을 방패로 하여 싸웠다 해서 군사병자가 만들어졌다.

▶ 兵 = 八(8식구가)＋丘(언덕을 방패삼아)
병
군사병.싸울병   여덟팔   언덕구

釋 ▷ 노아의 8식구가 언덕을 방패로 외침하는 적과 싸웠다.

3)우리민족과 활의 유래

▷ 노아가 활을 사용한 시기는 문명이 아주 발달하지 못한 시기였다. 그보다 앞서 우리 조상들도 움막이나 굴에서 아주 미개한 생활을 했을 것이다. 그때 당시 우리 조상들은 부모나 형제가 죽으면 매장(埋葬)한 것이 아니라 풀로 시체를 고이 싸고 새끼로 7매듭으로 묶어서 들판이나 야산에 들어다 버렸다. 왜 7매듭으로 묶었는지는 기록이 없다.

하늘과 일곱이란 숫자는 깊은 관계가 있고 우리민족과 칠성문화도 뗄 라야 뗄 수 없는 관계가 있는 것만은 사실이다. 삼신과 삼성과 칠성당에 대해서는 후에 기회가 있으면 다시 논하기로 하겠다. 시체를 풀로 싸서 들판에다 버리기 이전의 장사 법은 어떠했는지

독자 여러분의 상상에 맡기고 가족이 모여 사는 씨족사회가 시작
되면서부터 장사지내는 방법이 시작되지 않았나 생각해 본다.

– 이 때 생겨난 문자가 장사지낼 장(葬)자다.

장
▶ **葬** = ++(풀로써) + 死(시체 싸서) + 廾(두 손으로)
장사지낼장 풀초   죽을사.시체사   두손으로 받들공

釋 ▷ 풀로써 시체를 고이 싸서 두 손으로 공손히 받들어다가 들판
이나 야산에 내다 버렸다.

▷그런데 문제는 시체가 버려지자 마자 들 짐승들이나 야생동물
들이 부모나 가족의 시신을 먹어치운 것이다. 이를 본 자식들이
이것은 자식 된 도리가 아님을 깨닫고 시신이 다 썩어 없어질 때까
지 그 시신의 옆에서 지켰다는 것이다.
　그런데 문제는 날이 갈수록 짐승들을 쫓기가 점점 어려워졌다.
처음에는 긴 장대막대나 돌팔매질로 짐승을 쫓았지만 싸움에는
사람이나 짐승이나 싸울수록 모략이나 지략이 생기는 법. 이 짐승
들도 장대나 돌팔매질정도는 우습게 알고 접근해 오는 것이다. 보
통 힘들고 어려운 일이 아니었다. 시체가 다 썩어 없어지기 까지
는 약3년이 걸린다는데 도저히 막을 길이 없어 시체를 잘 휘는 나
무 밑에 갖다 놓고 나뭇가지에 돌멩이를 달아매어 힘껏 휘었다가
놓으면 상당히 멀리 날아가는 것을 보고 궁리 끝에 활(弓)과 화살
(矢:화살시)을 만들어 시체를 지키는데 활용한 것이 활이 생긴 유
래가 되었다고 한다. 그리고 우리가 초상집에 가서 많이 사용하는
조상 조(弔)자도 弓(활)에다 丨(화살: 뚫을곤)을 꽂은 상태의 모양

을 본뜬 것이다. 그래서 초상집에 가면 시신을 지키느라(장사를 치른데) 얼마나 고생이 많으냐는 뜻으로 요즘은 弔問(조문)할 때 봉투에나 깃발에 활을 상징한 弔자를 쓰는 것이다.

조
▶ 弔 = 弓(활에다가) + | (화살을 꽂아)
조상할조. 활궁   뚫을곤(화살)

釋➪ 활을 들고 밤낮으로 가족의 시체를 지키는 것이 그 때 당시에는 고생의 상징으로 되어버렸다. 그래서 조상할 조(弔)자는 곧 고생이란 뜻이요. 얼마나 고생이 많으냐. 고 묻는 조문의 뜻으로 사용하는 문자가 되어버렸다.

➪그러다가 효(孝)사상이 점점 발전하여 나중에는 시체 옆에 초막(움막)을 짓고 3년 동안 지켰다. 그래서 얼마 전까지만 해도 우리나라 효자들은 부모의 묘 앞에 움막을 짓고 3년 동안 집에 들어오지도 않고 3년 상을 다 치루고 나서 집에 들어왔다.

시대가 변하고 발전함에 따라 장례문화가 매장(埋葬)으로 바뀌고 나서는 들판에 나가 시신을 지키는 일은 없었으나 밤으로 야생동물들. 특히 여우나 늑대가 墓(묘: 무덤)를 파헤치거나 구멍을 내서 시신을 파먹는 일이 많았다.

이렇게 우리의 문자(진서＝참 글)는 우리민족의 그 시대적인 생활 풍습과 그 시대의 문화 그리고 백성들의 사상이 그 문자에 묻어있음을 적어도 배달민족의 후손이라면 느낄 줄 알아야 되지 않을까 생각한다.

한자는 중국 글이라고 단순히 생각하기 전 한자의 뿌리가 어디이며 어떻게 발전과정을 지나왔으며 어떻게 생성과정을 밟아 왔는지. 한번 쯤 생각 해 보고 이 책을 읽어 주셨으면 감사하겠다.

◯칠성판(七星板)과 상여(喪輿)앞에 가는 기(旗)-

우리나라는 사람이 죽으면 장례를 치른다. 그 장례절차에 염(殮)을 한다. 그 염을 할 때 그 시체 밑에 칠성판(일곱 개의 구멍을 뚫어 관속의 시체 밑에 까는 널빤지)을 깔고 새 옷을 입힌 후 일곱 마디로 묵은 다음 머리에는 버금아(亞)자를 가슴에는 구름 운(雲)자를 그리고 발에는 갈지(之)자를 쓴 종이나 베로 덮는다. 그리고 상여(喪輿)가 나갈 때 상여 앞에 세 개의 기(旗)가 앞서는데 맨 앞에 기는 버금아(亞)자를 그다음 구름 운(雲)자 그리고 맨 나중에 갈지(之)자를 쓴 기가 따른다. 무슨 뜻이 있을까? 7개의 구멍과 7마디는 하늘의 북두칠성과 하늘 영계의 7영을 가리키니 곧 하늘(천국)에 올라가라는 뜻이고 입에는 쌀을 주머니에는 돈을 넣어준다. 이유는 하늘나라에 갈 때 먹고 노자(路資)를 하라는 뜻이다. 또 아(亞)자 속에 십자(十)는 천국의 상징 수이며 하늘 보좌를 뜻하며 운(雲)자는 하늘의 많은 영(천사)들을 상징한 문자이며 지(之)자는 천국에 걸어가라는 뜻이다. 그래 부디 세상 고생 다 잊고 천국에 가서 편히 쉬라는 뜻이다.

*상여(喪輿)이야기는 다음 기회에 다시 논하겠다.

改　過　遷　善
（개　　과　　천　　선）

3.우리 생활 속에서 만들어진 문자들

－범례(凡例)－

釋 ⇨ 해   석

靈 ⇨ 영적해석

保 ⇨ 도 움 말

1)씨의 보존(保存)과 번식(繁殖)

⇨이 세상에서 사람을 비롯해 모든 동식물들의 생존경쟁이 치열하다. 이유는 살아남기 위해서다. 살아남기 위해서는 우선 필요한 것이 먹을 것이다.

사람도 역시 먹는 문제가 해결되지 않은 상태에서는 다음 것을 생각할 여지가 없는 것이다. 그래서 금강산도 식후경이란 말이 나온 것이다. 사람이 가장 좋아하는 것이 무엇일까? 보물이나 돈. 그리고 재산을 꼽을 수가 있겠다.

그러나 그것은 틀린 말이다. 그것들은 배부른 후에 선택의 문제지 우선 배가 고프면 먹을 것이 필요하지 보석이 필요한 것이 아니다. 그래서 생긴 문자가 있으니 바로 먹을 식(食)자다. 밥식. 또는 먹을 식자를 파자해 보면

▶ 食 = 人(사람들이) + 良(좋아 하는 것)
먹을식.밥식 　사람인　　　　　　좋을양

釋 ⇨ 사람들이 본능적으로 가장 좋아하는 것은 밥(먹는 것)이다.

⇨ 이 세상에서 살아가는 생물들은 왜 그토록 살아남으려고 처절한 몸부림을 칠까? 이유는 오직 종족보존과 씨를 번식시키고자 하는 본능에서이다.

사람만이 좀 다르기는 하지만 만물을 창조하신 조물주의 목적한 바 그 뜻은 같지 않을까 하는 생각이다. 꽃은 스스로 꿀을 만들어 벌 나비를 불러들여 꽃가루를 발과 다리에 묻게 하여 그 꽃가루를 다른 꽃으로 옮기게 하여 열매를 맺게 하며 어떤 식물은 지나가는 사람이나 동물의 몸에 씨가 달라붙게 하여 멀리 퍼뜨린다. 또 다른 식물은 바람에 씨를 날려 보냄으로 번식시킨다.

중국에서 부는 황사 속에는 많은 해충들이 바람에 실려 우리나라나 일본까지 간다. 곰팡이 균의 번식률은 놀랄만하다. 야생동물들의 살아남기 위한 생존경쟁의 현장은 처절하다. 살아남아서 뭐하려고 잘 살기위해서? 아니다 그들에게 지워진 임무는 오직 종족보존과 씨의 번식이다. 그것이 의식적이든 무의식적이든 본능적으로 해나가는 것이다.

동물들은 발정기가 오면 특유의 암컷의 냄새를 멀리까지 발산하여 수컷을 불러들여 부여된 임무? 를 수행 한다. 또 조류들은 그들만의 소리로써 발정기에 있음을 알려 교미를 갖는다.

그럼 이제 사람들의 형편을 좀 살펴보자. 우리나라는 대대로 장자(長子)를 선호해왔다. 씨의 번식과 보존. 그리고 큰 아들 선호는 단순히 사람들의 생각 같지만 여기에는 하늘의 깊은 섭리와 영적 의미가 내포되어 있음을 알아야한다.

동양 선지서나 구전 담(입으로 전해 내려온 말)에도 장자권의 예찬이 나오고 성경에서 야곱은 장자권이 너무나 좋은 것을 알았기에 형을 속이고 장자 권을 빼앗은 것이다. 우리나라에는 아직까지 족보라는 것이 현존하고 있고 옛 어른들은 며느리가 아들을 못나면 칠거지악(七去之惡)중의 하나로 그 집에서 내 보냈던 것이다. 그래서 아들을 못난 사내들은 아들을 낳기 위해 후처를 두고 씨받이 또는 씨내리라는 일들이 많았다. 왜? 자기 씨로 대(代)를 잇고 혈통을 이어가려고. 이것이 우리를 지은 조물주의 뜻이 모든 창조물의 생각 속에 나도 모른 사이에 자리 잡고 있는 것이다.

그러나 오늘날의 인간들은 어떤가? 종족보존과 씨의 번식과는 거리가 멀다. 오직 쾌락과 향락주의로 흘러 조물주의 생각에 역행하는 일들이 많다. 천륜과 인류에 어긋난다면 화가 미침을 알아야겠다.

2)씨받는 날

♫ 하나님께서는 아담을 지으시고 사람이 독처하는 것이 옳지 않다하여 하와를 배필로 주셨다. 그럼 아담이전에는 결혼생활을 하지 않았다는 말인가? 그 이전에도 부부로 짝짓고 자식들 낳고 살았으리라 생각이 든다. 세월이 흐름에 따라 사람으로서 가치와 예의가 갖추어져야 하겠기에 혼인제도라는 것이 생기고 혼인예식이 생겨서 신성한 예식을 올리게 되었을 것이다. 그런데 우리나라 혼인 풍습은 밤에 신랑이 신부 집으로 사주단자를 가지고 장가를 든다. 공교롭게도 이스라엘도 결혼 풍습이 우리나라와 같다.

⇨성경 마태25장에서는 예수님이 신랑으로 신부인 성도들에게 장가오신다고 한다. 살전5장에서는 재림 예수님이 신랑이 되어 밤에 오신다고 한다. 밤에 결혼하는 것과 성경의 내용은 무슨 여관성이 있을까? 마태19:6에는 하나님이 짝 지어주신 것을 사람이 나눌 수 없다고 하시며 엡5:31에는 "사람이 부모를 떠나 그 아내와 합하여 그 둘이 한 육체가 될지니 이 비밀이 크도다!"

그럼 성경대로라면 부부는 이혼해서는 안 되며 혼인의 비밀이 크다고 하니 남녀가 결혼한 것이 무슨 비밀이란 말인가. 마태22장에서는 천국의 혼인잔치가 나오고 계시록19장에서는 어린양의 혼인잔치가 나온다. 이 말씀 안에 영적인 깊은 의미가 내포되어 있음을 본다.

–그럼 한자에 숨겨진 혼인(婚姻)이란 뜻은 무엇일까? 혼인이란 남녀가 부부가 되는 것이다. 婚(혼인할혼) 姻(혼인할인)을 파자해 보자.

▸ 婚(혼, 혼인할혼) = 女(여자가)(여자여.계집여) + 氏(씨. 정자)(성씨씨.씨앗씨) + 日(받는 날)(날일.해일)

釋⇨여자가 신랑을 만나 씨(정자)를 받는 날.

▸ 姻(인, 혼인할인) = 女(여자가)(여자여.처녀여) + 口(울타리 안: 집 안 또는(에울위.울타리위)

방안)＋一 (처음. 첫째)＋人(사람. 남자(신랑)
한일.처음일   사람인

釋♻여자가 처음남자(신랑)를 방에 받아들임.

♻혼인이란? 여자가 처음남자(신랑)를 방에 받아들여 아기를 만
들 수 있는 씨(정자)를 받는 날이다.

♻이 얼마나 오묘한 뜻이 한자란 문자 안에 담겨 있는지 놀라울
일이다. 그런데 氏자의 모양은 남자가 자기의 그것을 두 손으로
움켜쥐고 있는 모양을 본뜬 상형문자다. 우리조상들은 농사를 주
업으로 삼고 살아왔다. 그래서 씨종자를 얼마나 귀하게 여긴지 모
른다. 성인남자는 거의가 모두 종자 씨(氏)를 가지고 있다. 이 육
적인 씨(정자. 정액)를 함부로 허비하면 반드시 후환이 따랐다. 귀
한 씨를 함부로 허비하고 다닌 사내들은 임금이고 서민이고 단명
했다.

 3)씨가 뿌려지는 곳

 ♻씨는 어디에 뿌리는가? 땅(밭)에 뿌린다. 씨가 딱딱한 길에나
개간이 안 된 바위나 돌 짝 밭에 뿌려지면 그 씨는 잘 못 뿌려지는
것이며 씨만 버리고 헛수고만 하는 것이다.
 그럼 사람의 씨(정자)는 어디에 뿌려야 하는가?
하나님께서는 사람에게는 씨 뿌릴 곳을 정해 주셨다. 곧 혼인한

자기 아내(밭)에게 뿌려야 하는 것이다. 이를 한자로 표현하자면 氏(씨=정자)+入(입: 들어갈 입)두 자를 합하면 氏 入(씨. 입)이다. 이것을 반절 법을 사용한다면 一자로 줄여지는 순수한 우리말의 '씹, 이 되는 것이다. 씨가 들어갈 곳으로 바로 들어가는 것이 곧 씹이다. 이것은 욕(辱)이 아니다. 순수한 우리말이다.

그런데 이러한 이치를 모르고 이런 귀중한 씨를 아무데나 뿌리고 다니며 씨를 허비하고 다닌 것을 씨가 잘 못 들어간 것을 誤(잘못할 오. 그르칠 오)入(들어갈 입). 곧 오입(誤入)이라 한다. 씨가 제 밭에 뿌려지지 않고 타(他:다를 타)밭에 잘 못 뿌려졌다는 것이다. 오입쟁이들은 뜻이나 알고 씨 뿌리러 다니시나 모르겠다.

▷여러분들은 놉이란 말을 들어본 일이 있나 모르겠다. 놉이란? 시골에서 남의 집에 가서 삯을 받고 일하는 일꾼을 놉이라 한다. 그럼 이 놉이란 어원은 어디에 근거하고 있는가? 奴(종 노)婢(여종 비)란 노비는 남의 밑에서 종노릇하는 노예를 말한 것이다. 이 노비를 반절 법을 사용하여 줄인 말이 놉이다. 농촌에서 품삯을 받고 남의 집에 가서 일하는 사람을 놉이라 했다.

이렇게 우리문자(한자)는 우리조상들의 생활 속에서 만들어져 온 것이다.

－尿(남자생식기구)와 屄(여자생식기비)를 파자해 보자.

▶尿 = 尸(죽음)＋求 (구한다)
구
자지구 주검시 구할구.찾을구

釋➪너무 지나치면 죽음을 찾아다니는 자지란 뜻이다.

屄 비
보지비 = 尸(죽음) + 穴(죽음의 구멍)
　　　　주검시　　　구멍혈

釋➪도에 지나치면 죽음 구멍이 될 수 있다는 뜻이다.

➪무엇이나 도가 넘치면 아니한 것만 못하다. 지나치게 색을 탐닉(耽溺)하다보면 단명하다는 경고 문자를 만들어 후손들에게 알리는 선조들의 지혜를 엿볼 수 있는 것이다.

　지금으로부터 몇 십 년 전만 해도 요즘 호텔이요 모텔이라고 하는 숙박업소가 ○○옥(屋=집 옥) ○○옥(屋)으로 간판을 내 걸었다. 그런데 상호가 옥(屋=집 옥)자가 붙은 집은 거의가 여자를 두고 술을 팔거나 창녀촌 이였다.

종로 屋. 평지 屋. 남산 屋. 하는 그 屋자를 파자 해보면...

屋 옥
집옥.거주옥. = 尸(죽음) + 至(이른다. 다다른다.)
　　　　　　주검시　　　이를지

釋➪출입이 너무 잦으면 죽음에 이를 수 있는 집이다.

➪屋(옥)자의 간판을 붙여놓고 여자를 두고 술을 파는 집이나 창녀촌에 너무 출입이 잦으면 죽음에 이른다는 경고성 간판을 내 걸고 장사를 하고 있었지만 그 간판을 붙여 논 주인이나 드나드는

사내들이나 그 뜻을 아는 사람이 과연 있었을까 싶다. 여기서 우리는 우리 조상들의 지혜를 다시 한 번 읽을 수 있다.

4)쌀과 씨 올

▷쌀의 어원은 씨알이란 말에서 근거를 두고 있다. 쌀은 인류의 음식문화를 바꾸어 놓을 만큼 과히 혁명적 이였다. 옛 문헌에도 사람들의 기운은 쌀에서부터 나온다고 하였다. 쌀미(米)자는 벼가 익어서 그 낱알이 사방으로 흩어져있는 것을 형상화해서 만든 상형문자라 한다. 또 米(쌀미)자 안에는 八十八이란 한자가 나온다. 그래서 사람의 나이가 88세가 되면 미수(米壽)라 하여 기념한다. 그럼 쌀이 변하면 무엇이 되는가?

▸ **屎** 시
똥시 = 米(쌀이)+尸(죽으면)
　　　쌀미　　　　죽음시

釋▷쌀이 죽으면 똥이 된다.

▸ **糞** 분
똥분 = 米(쌀의)+異(본질이 달라지면. 변하면)
　　　쌀미　　　　다를이

釋▷쌀의 본질이 달라지거나 변하면 똥이 된다.

⇨이와 같이 우리생활 속에서 우리의 문자가 만들어져갔다는 것을 부인할 수 없는 것이다. 이것들이 중국 사람들의 지혜와 생활 속에서 만들어졌단 말인가? 생각해볼 일이다. 밭(田:밭전)에서는 무엇이 생산되는가? 쌀 이외의 잡곡과 그 외에 여러 농작물이 나온다. 그럼 쌀은 어디에서 생산 되는가? 논(畓)에서만 생산된다. 그럼 논은 어떻게 만들어지는가?

▸ **畓** _답 **논답** _畓 = 田(밭에다) + 水(물을 채우니)
_{밭전} _{물수}

釋⇨ 매 마른 밭에다 물을 채우니 논이 된다.

保⇨ 밭에서 나는 것은 잡곡이다. 밭에서는 쌀을 생산할 수 없는 것이다. 왜? 물을 저장할 수가 없기 때문이다. 벼가 자라는데 필수조건은 물이 채워져야 한다.

靈⇨ 밭은(고전3:9)사람. 말씀이 없는 사람.
물은(신32:2.암8:11)⇨하나님의 말씀.

⇨매 마른 밭에서는 쌀을 생산할 수가 없다. 쌀을 생산하기 위해서는 반드시 물이 필요하다. 하나님의 말씀이 없는 상태에서는 쌀(알곡=성도)을 생산치 못 한다. 자신이 쌀을 생산할 수 있는 논이 되기 위해서는 하나님의 말씀인 물로 자기 마음을 채워야 한다.

▷논을 뜻하는 畓(답)자는 우리나라 밖에 없다고 한다.
중국인들은 답이란 발음이 잘 안되어 답(畓)을 水田(물 밭)이라고
쓰고 있다고 한다.

이렇게 오묘하게 한 치 오차 없이 풀어지는 한자와 성경 그리고
우리나라가 무관하다고 보겠는가?

쌀(벼)뿐만 아니라 모든 곡식과 과실은 가을에 거두는 것이 자연
의 이치다. 그런데 요즘은 과학이란 힘? 아래 자연의 이치와 질서
를 인공으로 바꿔 논 것들이 한두 가지가 아니다. 좋은 것 같지만
좋은 것만은 아니다. 제철에 나는 농산물을 먹어야 건강하다.

문자(한자)를 한자 한자(一字 一字)를 살펴보면 사물의 모양만
본떠서 만든 것이 아니라 앞으로 될 일을 그 속에 감추어 놓았거나
된 일들을 한자 속에 표현해놓았다. 그리고 생활 속에서 자연스럽
게 있어진 일들이 문자 속에 나타나있다.

추
▶秋 = 禾(벼가)＋火(불 같이 타면)
가을추.결실할추 벼화   불화.태울화

釋▷벼가 붉게 타면 가을이며 결실기다. 그리고 추수 때다.
靈▷신자들의 신앙이 무르익으면 어느 때인가를 알라.

이
▶利 = 禾(벼를)＋刂(刀)(칼:낫)로 거두는 것)
유익할이.이로울이 벼화   칼도

釋▷벼를 낫으로 거둬들인 것이 가장 유익하고 이롭다.

靈▷알곡성도를 말씀으로 전도하여 구원시키는 것이 가장 유익하고 이로운 일이다.

保▷벼(곡식)=알곡성도(마13:24~30).칼. 검. 낫=말씀(히4:12).

種 씨종 = 禾(볍씨는)+重(잘 익고 무거운 것)
벼화   무거울중

釋▷종자는 흠 없이 잘 익고 튼튼한 것으로 골라서 씨종자로 삼는다.

靈▷하나님의 첫 열매인 장자(종자)들은 영육 간에 흠이 없고 무게가 있고 온전 하여야한다.

▷쌀농사가 시작되기 전 까지만 해도 물고기. 조개, 콩 등을 주식으로 먹었지만 쌀이 나온 뒤에는 쌀이 주식이 되고 지금까지 먹었던 것들은 부식으로 먹게 되었다. 쌀밥을 먹음으로 기운이 나고 정신적으로도 건강해졌다. 그래서 우리조상들은 힘과 정신력은 다 쌀에서 나온다고 믿고 살아왔다.

쌀이란 씨 올 이란 말에서 씨+알=쌀이 되었다고 한다. 씨알을 한자로 쓰면 氏 斡(씨알)이다. (斡:돌아오다. 둥글다는 뜻이 있다) 그래서 씨알이란 씨가 돌아왔다는 뜻이고 씨가 돌아왔다는 것은 원기가 회복되었다는 것이다.

－ 氏 旳 斡 (씨 불알)이란 말이 있다.
씨씨.정자씨 새벽불.해솟을불 돌아올아.둥글알

정력(씨)이 새벽에 일어난 것같이 돌아 왔다. 또는 해가 솟듯이 회복되었다는 말이다.

쌀은 씨알에서 왔고 곧 씨를 말하는 것이며 그 쌀은 씨(정자. 정기)를 왕성하게 하여 조물주의 종족보존과 씨를 번식시키시려는 뜻에 쌀이 제공하는바가 크다 하겠다, 힘을 상징하는 기운 기(氣)자나 정력을 상징하는 정신 정(精)자에도 쌀미 자가 들어가 있음은 쌀이 그만큼 중요하다는 것을 말하고 있는 것이다.

쌀미(米)자는 영적으로 천국을 상징하고 있다. 十자가를 중심으로 잘 익은 알곡이 네 군데로 나누어져있다. 천국은 네 조직으로 나누어져있음을 볼 때 쌀미 자가 우리에게 시사 하는바가 크다 하겠다.

5)친자(親子) 확인(確認)

➪우리는 우리를 낳아주시고 길러주신 부모님을 아버지 어머니라 부른다. 왜? 아버지의 피(씨)가 내안에 있기 때문이다. 그래서 김氏아들은 김 씨더러 아버지라 부르고 최氏아들은 최 씨더러 아버지라 부른다. 최 씨아들이 김 씨더러 아버지라 부를 수는 있지만 친 아버지가 될 수는 없다. 왜? 씨가 다르기 때문이다. 육적으로는 김 씨자식이 김 씨의 씨를 받아 그 씨로 태어나 그 씨가 내안에 있어야 김 씨의 친자(親子)가 된다.

사람들은 교회에 나가면 누구나 하나님을 아버지라 부른다.
너나 할 것 없이 남녀노소 모두 아버지라 부른다. 영적으로나 육적으로나 내가 아버지라 부를 수 있는 분은 내가 부르는 아버지의 씨가 내안에도 있는가? 친자 확인이 필요한 것이다. 김氏아들이 김氏의 친자식이면 김氏의 씨가 내안에 있으면 김氏의 친자임이 확인되는 것이다. 영적으로도 마찬가지다. 내가 하나님을 아버지라 부르려면 하나님의 씨로 나야하며 하나님의 씨가 내안에 있음이 확인될 때 하나님의 친자임이 증명되고 하나님을 아버지라 부를 수 있는 자격이 있는 것이다.

그럼 하나님의 씨는 어떻게 생겼으며 어떻게 그 씨를 받아 하나님의 친자로 태어 날수 있을까?

문제는 간단하다. 하나님의 씨를 알면 되는 것이다. 눅8:11에 씨는 하나님 말씀이라 했으니 하나님말씀으로 나면 되는 것이다. 요3:5에는 "물과 성령으로 거듭나지 아니하면 하나님나라에 들어갈 수 없다"고 말씀하신다. 물을 이미 하나님말씀이라고 배웠으니 내가 과연 하나님께 아버지라고 불러도 하자가 없나 생각해 볼일이다.

씨는 알아도 그만 몰라도 그만이 아니라 신앙인들에게는 종말에 갈림길에서 어디로 갈라지느냐가 문제가 되는 것이다.

♧우리는 결혼한 남자를 아저씨라 부르고 결혼한 여자를 아주머니라 부른다. 그 아저씨나 아주머니라는 말속에는 무슨 뜻이 숨겨져 있을까?

▸ 兒(아이)+貯(저축. 저장함)+氏(씨=정액. 정자)
아이아   저축할저   씨씨.정자씨

釋♧아이를 낳을 수 있는 씨(정자)를 저장하고 있는 사람이 아저씨다.

兒 ^아 주머니
아이아

釋◇아이를 담을 수 있는 주머니를 가진 여자가 아주머니다

◇그리고 남자를 남정네(내)라 부르고 여자를 아낙(낭)네(내)라고
도 부른다. 또 여자들을 비하해서 여편네라고도 부른다. 한자와
한글의 철자(綴字)가 다른 것은 오랜 세월동안 구전으로 전해오다
보니 철자(綴字)가 바뀌었음을 말해둔다.

▸ **男**^남(남자)＋**精**^정(정액. 정자를)＋**內**^{내(네)}(안에. 속에)
사내남.장정남　　정자정.세밀할정　　안내.속내

釋◇아이를 낳을 수 있는 씨(정자)를 안에 가지고 있는 남자를 남
정 내(네)라 한다.

▸ **兒**^아(아이)＋**囊**^낭(주머니)＋**內**^{내(네)}(안에. 속에)
아이아　　주머니낭　　안내.속내

釋◇아이(태아)를 넣을 수 있는 주머니가 속에 있는 여자를 아낭
내(아낙네)라 한다.

◇하나님께서는 우리조상들이나 아이들이 일상생활에서 평범하

게 사용하는 언어나 생활풍습 속에서도 씨와 종자를 강조하고 있는 부분이 많다. 이것은 우연의 일치라고 볼 수 없는 것이며 한자는 우리의 조상들의 생활풍습 속에서 시대마다 만들어져 온 것이지 어느 한 시대에 완성된 것이 아니다. 우리조상들은 농사를 천직으로 알고 살아왔으며 일 년 농사를 짓고 추수 때는 가장 잘 익고 가장 튼튼한 것으로 골라서 말리고 또 말려서 벌레나 쥐가 먹지 못하도록 독 항아리에 넣어 깊이 간수하거나 천정에 메달아 놓은 것을 매일 쳐다보며 우리는 자라왔다. 우리조상들은 씨종자를 가장 귀하게 여겼다. 그리고 혈통을 잇는 장자를 참으로 중하게 여겼다. 결혼식 때 폐백실에서 대추를 신부의 치마폭에 잔득 던져준다. 왜? 씨를 많이 받으라는 뜻이 담겨있다.

✿옛 어른들은 며느리를 고를 때 엉덩이를 보고 골랐고 콧구멍이 큰 여자를 골랐다. 이유는 엉덩이가 커야 애를 잘 낳는다는 것이고 콧구멍이 작은 여자는 폐병에 걸릴 확률이 높다는 것이었다. 옛날에는 의술이 발달하지 못 하여서 폐병으로 죽어간 사람이 너무 많았기 때문이다. 이런 것들이 다 종족보존과 혈통을 이어갈려는 우리조상들의 뜻이 담겨져 있는 것이다.

6)곡옥(曲玉)을 아는가?

◇곡옥이라면 굽은 옥(玉)을 말한다. 모양은 개구리의 새끼인 올챙이 같기도 하고 무슨 벌레 같기도 하다. 그런데 이 모양이 그렇게 예쁘지도 않고 귀엽지도 않은데 우리조상들이 무척 아끼고 사랑했던 것 같다. 조정에 임금들의 왕관이나 고관대작들의 관복이나 한복의 마고자에 달고 다녔으며 궁중의 지체가 높은 고관대작들의 부인들 그리고 양반집 여인네들이 한복 윗저고리에 귀중한 보석같이 달고 다니는 것을 본 사람들이 많을 것이다. 그리고 옛 문화재 발굴 현장에서 이 곡옥이 출토된 것을 본다.

이 곡옥이 과연 무엇이며 우리민족과는 무슨 관계가 있단 말인가? 여기에서도 하나님과 우리민족과의 깊은 관계를 암시해 주고 있다.

이 곡옥은 바로 씨를 강조하고 있는 것이다. 그래서 사람의 씨인 정자의 모양을 만들어 씨의 중요성과 혈통의 중요성을 암시적으로 가르치고 있는 것이다. 그래서 갓 난 어린아이 때부터 장자권의 중요성을 강조하며 장자권 장자권을 가르쳐왔고 직계를 타고 내려오라고 직계직계를 구전으로 전달해 온 것이다. 우리민족사나 이스라엘 역사의 줄거리는 씨의 역사이다. 결론적으로 종말에 이루실 영적 씨의 역사의 모형이다.

성경 예레미야에서는 이 땅에 사람의 씨와 짐승의 씨. 곧 두 가지 씨를 뿌릴 날이 있으리라고 예언하시고 때가 되매 두 가지 씨를 뿌리셨다. 우리는 예언서에서 나오는 짐승은 짐승이 아니라는 것을 알았고(시49:20) 씨는 눅8:11에 잘 설명해 주고 있다.

그런데 하나님께서 우리민족에게 그토록 씨의 중요성을 강조하는 이유는 무엇일까? 예레미야에 나오는 두 가지 씨와 우리나라 태극기는 어떠한 연관이 있을까?

태극(☯) 안에 두 가지 씨가 엉켜있는 이유는 무엇이며 왜? 이 태극 모양으로 우리나라 국기로 정했을까? 물론 태극기를 창제 하는 데는 우리 조상들이 음양오행의 법칙에 근본을 두고 만들었다고 한다. 그러나 그 이상의 하늘의 뜻이 깊이 담겨져 있음을 본다.

여기에는 영적인 깊은 문제들이 많이 포함되어 다루기 매우 어렵고 이 땅에 진인. 정 도령. 성경에서 말씀하시는 보혜사가 오셔서 때가 되면 모든 것을 밝히 일러주시리라 본다.

⟳우리 조상들이 생활 속에서 一자 一자 만들어 온 문자를 보라! 어찌 이것이 다른 나라 문자란 말인가?

비록 늦기는 했지만 우리는 우리서로 힘을 모아 우리의 것을 알아야 하고 찾아야 된다. 우리 조상들의 생활 속에서 만들어진 문자들을 알아보자.

▸ 尿 (오줌뇨) = 水(물이) + 尸(죽으면)
　　　　　　　　물수　　　　주검시

釋⇨물이 죽으면 오줌이 된다.

▸ **記** 기
기록할기 = 言(말씀은) + 己(자기 몸에)
말씀언   몸기.자기기

釋⇨말씀은 자기 몸에 기록해야 된다(히8:10~12).

▸ **法** 법
법법.도리법 = 水 = 氵(물결) + 去(가는대로)
물수   갈거

釋⇨법은 물이 자연의 순리대로 흐르듯이 순리에 따라 집행 하는 것이 법이다.

▸ **改** 개
고칠개 = 己(자기 몸은) + 攵(두드리고 쳐서)
몸기.자기기   두드릴복.칠복

釋⇨말씀으로 자기 몸을 치고 두들겨서 고쳐야 한다.

▸ **牧** 목
칠목 = 牛(소는) + 攵(두들겨서)
소우   칠복.두드릴복

釋⇨소는 매로 두들겨서 길 들여야 한다. 가르쳐야 한다.

靈⤳소=사명 자(일꾼)(고전9:9). 두들기다. 친다(가르친다).
=말씀으로 연단시킨다. 고난과 역경으로 단련시킨다.

▸ **盲**
맹
소경맹 =目(눈이)+亡(죽었다. 망했다)
눈목　　　　　　망할망.죽을망

釋⤳눈이 망했으니 소경이다.

▸ **便**
편
편할편 =人(사람은)+更(고쳐서 다시)
사람인　　　　　다시경.고칠갱

釋⤳사람은 말씀으로 고침 받고 다시 나는 것이 편하다.

▸ **書**
서
글서.문자서 =聿(붓으로)+曰(말하다)
붓율　　　　　말할왈

釋⤳붓으로 말하는 것(쓰는 것)이 글이다. 문자이다.

▸ **訓**
훈
가르칠훈 =言(말씀은)+川(냇물이 흐르듯)
말씀언　　　　　내천.

釋⤳말씀은 냇물이 흐르듯 순리대로 이치에 맞게 가르쳐야 한다.

▸ **星**
성
별성
日(해. 태양) + 生(생기다. 살아나다)
해일　날생.살생

釋▷ 햇빛을 받아야 살아나서 반사하는 것이 별이다.

靈▷ 해=하나님(시84:11), 햇빛=하나님말씀. 별=성도

▸ **冥**
명
어두울명
日(해를) + 冖(덮으니) + 六(6시가 되면)
해일　덮을멱　여섯육

釋▷ 오후 6시가 되면 해를 덮으니 어둡다(겨울철 기준).

▸ **軍**
군
군사군
車(차를) + 冖(덮고 다니니)
수레차　덮을멱

釋▷ 자동차를 위장하여 덮고 다닌 사람들은 군인(군사)이다.

▸ **獅**
사
사자사
犬 = 犭(개의) + 師(스승=선생은)
개견　스승사

釋▷ 개의 선생은 사자다.

魏 위
나라위 = 鬼(귀신) + 委(맡아서)
  귀신귀   맡길위

釋▷ 귀신이 맡아서 다스리던 나라가 중국의 위나라다.

智 지
지혜지.슬기지 = 日(해를) + 知(아는 것)
       해일   알지

釋▷ 해를 아는 것이 지혜다. 해=하나님(시84:11)

▷이 세상에서는 龍(용)을 숭배하는 사상이 많다. 용왕. 용궁. 용상. 용안. 용좌. 용포 등등. 용은 곧 왕이나 임금을 상징한 말로 알고 있다. 왜 그럴까? 아담 범죄 후 이 세상 모든 권세를 사단이 잡고 있기 때문이다. 그 사단이 곧 용이다. 사단은 하나님의 대적자다(사14:12~15).그리고 아담을 범죄 하게 한 장 본인이다(계20:2). 이 세상 권세를 장악한 사단은 이 세상 모든 법과 질서를 자기가 유리한 쪽으로 변개 시켰고 심지어 문자까지도 자기들 유리한 쪽으로 바꾸어 놓았다.

 示(보일시)자는 示(하늘 신기)자로도 사용한다. 그런데 이것을 (땅 귀신 기)자로 바꿔 쓰고 있고 神(신령 신)을 (귀신 신)자로 바꿔 쓰고 있다. 이런 예는 너무나 많다.

－용룡(龍)자에 대해 몇 자 알아보기로 하자－.

▶ 龍 = 立(위에서서)+月＝肉(사람. 몸)＋ (꼬불꼬불한
용
용룡
설립,경할립   달월 몸육,고기육

용. 뱀의 형상) 立밑에 있는 月은 肉(육)이 변한 것.

釋⇨사람(육체)위에 서서 세상을 지배하는 자가 용이다.

▶ 龐 = 龍(용용)+广(집＝교회)
방
어지러울방   용용   집엄,교회

釋⇨용(사단)이 집이나 교회 있으면 정신이 어지럽다.

▶ 蛇 = 宀(집＝교회)+匕(비수＝사단의 교리)+虫
사
뱀사   집면   비수비   벌레충,살무사충

(살무사: 독 있는 뱀)

釋⇨교회에서 사단의 비 진리(독)를 퍼뜨린 사람이 뱀이요 독사
요 살무사다.

▶ 聾 = 龍(용＝사단)+耳(귀: 말씀을 들을 귀)
농
귀머거리농   용용   귀이

釋⇨용(사단)이 말씀을 들을 귀를 막고 있으니 말씀을 듣지 못한
영적 귀머거리다.

▸ **矓** 눈희미할용 = 龍(용이)＋目(눈을 가리니)

釋▷ 용(사단)이 눈을 가리고 있으니 눈이(영적인 눈) 흐리고 희미
하다

▸ **壟** 무덤농 = 龍(용＝사단)＋土(흙＝믿는 백성: 사64:8)

釋▷ 용(사단)이 하나님을 믿는 백성들을 사로잡고 있는 그곳이 영
적으로 시체들이 묻혀있는 무덤이다.

▸ **龑** 높고밝을엄 = 龍(용＝사단)＋天(하늘＝하나님)

釋▷ 용(사단)이 하늘(하나님)위에 올라가서 자기가 하늘(하나님)
보다 더 높다고 (높고 밝을 엄 자)를 만들었다(사14:12~15참고).
保▷ 물론 용이 직접 만든 것은 아니고 용이 부리는 한문학자가 만
들었다.

▸ **龗** 용용 = 龍(용＝사단)＋示(하늘 신＝하나님)

釋▷ 용(사단)이 하나님과 싸워 이겼다는 뜻이 담긴 문자.

保⇨ 용룡(龍)자가 사용되기 이전에 사용했던 용룡(龖)자다.
하나님 위에 사단이 군림한다는 것을 만 천하에 알리고자하는 간
교하고 오만 방자한 소행이다.

▸ **龔** = 龍(용=사단) + 共(모두 함께)
공손공.받들공   용용   함께공

釋⇨ 용(사단)을 모두 함께 공손히 받들어라.
保⇨ 용(사단)을 받들고 숭배하라는 문자가 있는가 하면 사단의 말
(교리)을 조심하고 두렵게 생각하라는 문자도 있다.

▸ **讋** = 龍(용=사단) + 言(말=교리)
두려울섭.   용용   말언

釋⇨ 사단의 말(교리=비 진리)을 두려워하라.

⇨ 이와 같이 아담 범죄이후 이 세상을 사로잡은 사단 마귀는 문자
뿐만이 아니고 모든 법도와 질서를 변개시켜서 사단이 유리한 쪽
으로 바꾸어 놓았고 오늘 날 까지 사단의 권세 하에 놓여서 하나님
백성들이 고통을 당하고 있는 것이다.

單 一 培 達 白 衣

4.우리민족의 고대사(古代史)

－범례(凡例)－
釋⇨해　　석
靈⇨영적해석
保⇨도 움 말

1)환인(桓因)시대(時代)

⇨ 한자를 알고 문자의 근원을 알기 위해서는 잃어버린 우리민족의 고대사를 조명해 볼 필요가 있다. 처음들은 사람들은 놀랄 사람도 있겠고 무슨 잠꼬대 같은 소리냐고 웃어넘길 사람도 있을 것이다. 어떻든 간에 이제 늦게나마 역사를 밝히는 책들이 계속 나오고 있음은 매우 다행한 일이라 하겠다. 환인 씨는 桓因이라고도 하고 어떤 책에는 桓仁이라고 나온 책도 있다.

이글은 한단고기(삼성기. 태백 일사. 단군세기)에서 참고한 문헌임을 밝혀두는 바이다.

고기(古記)에 이르기를 파내류 산(波柰留 山)아래에 환인 씨의 나라가 있는데 천해(天 海:바이칼 호)동쪽 땅이며 파내류 나라라고 한다. 그 땅의 넓이는 남북으로 5만 리요. 동서로 2만 리에 이른다. 이를 모두 합하여 환국(桓國)이라 하며 나누어 말하면 비리국. 양운국. 구막한국. 구다천국. 일군국. 우루국(필나국). 객현한국. 구모액국. 매구여국(직구다국 이라고도 한다). 사납아국. 선비이국(시위 또는 통고사국). 수밀이국. 모두 12연방국 이였다.

⟡그런데 환국 12연방가운데 일부의 이름이 중국의 사서인 진서 (晉書) 사이 전(四夷 傳)에도 기록되어 있다.

그 역년은 3301년에 7대를 지나며다스렸다. 일곱 분의 환국의 천제(天帝)이름은 1.안파견(安巴堅) 2.혁서(赫胥) 3.고시리(古是 利) 4.주우양(朱于襄) 5.석제임(釋堤壬) 6.구을리(邱乙利) 7.지위 리(智爲利).이렇게 7분이였다(BC7299~BC3998).

⟡고기(古記). 태백일사에서 말하기를 "오랜 세월 뒤에 천재(天 帝)환웅(桓雄)께서 나타나 사람들로부터 추대되어 안파견(安巴 堅)이라 하였으며 일명 거발한(居發桓)이라고도 칭했다. 이른바 안파견(安巴堅)이라 함은 하늘을 계승하여 아버지가 되었다는 뜻 의 이름이며 거발한(居發桓)이라 함은 천. 지. 인(天 地 人)을 하나 로 정한다는 뜻의 호칭이다. 이로부터 환인 형제 9분이 나라를 나 누어 다스렸으니 이를 9황(皇)64민(民)이라한다. (여기서 말한 안 파견은 하늘을 계승하여 아버지가 되었다는 뜻이라 하였는데 성 경에서 말한 아브라함을 생각하고 안파견을 기억해 놓으면 나중 에 천자(天子:하나님아들)가 나올 때 이해가 빠르리라 본다).

⟡진서(晉書)에 이르기를 비리국은 숙신의 서북쪽에 있는데 말을 타고 200일을 가야하고 양운국은 비리국에서 말을 타고 50일을 가야하고 구막 한국은 양운국에서 또 백일을 가야하며 일군국은 구막 한국에서 또 150일을 가야 하는데 이를 계산해 보니 숙신에 서 5만여 리를 가야한다.

무슨 황당한 이야기냐고? 그런데 진서(晉書)는 중국 당태종이

방현령(方玄齡)을 비롯하여 20여명의 학자에게 명하여 편찬케 한 동진(東晉)과 서진(西晉)의 정사로 25사의 목록에 올라가 있는 역사서이다. 이러한 책에 삼성기에서 말하는 환국과 그 연방국의 이름이 실려 있다는 것은 이들 나라가 역사상으로 실존했다는 증거가 아니고 무엇이겠는가. 거기에다 남북으로 5만 리라는 말도 일치하고 있지 않은가.

2) 환웅(桓雄)시대(時代)

◇환인의 시대가 7대 3301년의 막을 내리고 하나님아들이라고 일컫는 환웅(桓雄)의 시대가 열린다.

고기(古記). 조대기에 이르기를 **당시 사람은 많고 생산은 궁핍하니 살아갈 방법이 없어 근심거리였다. 당시 서자 부(庶子 部)의 대인(大人) 환웅이 있어 여러 사정을 깊이 있게 듣고 살핀 뒤 하늘에서 내려가 지상에 광명세계를 열 고자 하였다.** (여기에서 말한 서자(庶子)는 첩에게서 낳은 서자가 아니라 왕권의 후계자로 책봉받지 못한 왕자들을 말함).

─그들 중에서 가장 뛰어난 대인이 환웅 이였다.

그때 안파견이 지상세계의 금악. 삼위. 태백을 두루 살핀 뒤에 태백은 가히 홍익인간(弘益人間)할만 하므로 환웅에게 명하여 가로되 이제 사람. 물건. 없이 모두 갖추어졌으니 군(君)은 무리를 거느리고 하계에 내려가 하늘을 열고 가르침을 베풀어 천신에게

제를 올리는 것을 주관하며 천부(天父)의 권위를 세우고 자손만대로 큰 모범이 되게 하라. 하시고 천부인(天符印) 3개를 주시며 하계로 내려가 다스리게 하였다. 이는 무리 3000을 이끌고 신단수 아래로 내려와서 신시에 도읍을 정하고 나라이름을 배달국이라 하였다.

그 후 웅(熊)씨 성을 가진 여인을 왕후로 삼고 혼인의 예법을 정했다. 훗날 사람들은 그를 지상최고의 신으로 받들어 제사가 끊이지 않았다. 환웅(桓雄)을 대웅(大雄)이라고도 했는데 지금도 우리나라 사당이나 절에 가보면 대웅전(大雄殿)이란 건물을 많이 볼 수 있다.

✡여기서 우리가 알고 가야할 것은 하나님의 아들(天子)인 환웅(桓雄)이 곰(짐승)과 결혼했다는 전설 아닌 전설이 전해 내려오고 있다. 그 내용인 즉 그 때 한 굴 안에서 곰과 호랑이가 살았었는데 사람이 되고 싶어서 매일같이 환웅에게 찾아와서 사람이 되게 해달라고 졸랐다. 이에 환웅이 쑥 한 다발과 마늘 20개를 주면서 백일동안 굴 안에서 햇빛을 보지 말고 다 먹으면 사람이 될 것이라고 하였다. 결국은 호랑이는 참지 못하고 뛰쳐나가서 사람이 되지 못하고 곰은 끝까지 참고 견디어 약속을 지킴으로 여자가 되어 한웅과 결혼했다는 것이다.

과연 그랬을까? 여기서 우리는 곰과 호랑이의 실체를 알아야하고 우리가 육적인 혼인은 알고 있지만 영적혼인도 알아야 한다.

이것은 전설이 아니다. 그럼 우리나라 고대 역사서에서는 어떻게 기록이 되어 있는지 알아보자.

먼저 삼국유사의 기록을 보면 **이때 한 곰과 호랑이가 한 굴에 살**

면서 신 웅(神 雄=환웅)에게 늘 사람이 되게 해 달라고 빌었다.

삼성기하편의 기록을 보면 **이때 한 곰과 호랑이가 이웃하여 살았다. 일찍이 신단수에 빌면서 신계(神戒)의 백성(百姓)이 되기를 원하므로 한웅이 이를 듣고 쑥 한 줌과 마늘20개를 주며 경계하여 이르기를 너희가 이것을 먹고 100일 동안 햇빛을 보지 말고 참고 견디어라.**

또 태백 일사의 기록을 보자. **이때 한 곰과 호랑이가 있어 이웃하여 살았다. 항상 신단수에 기원하며 환웅에게 청하여 원컨대 천계(天戒)의 백성이 되게 해달라고 빌었다.**

▷이상 세 문헌의 기록을 보면 대략적인 기록은 거의 일치하고 있지만 결정적인 부분에서 차이가 있음을 발견할 수가 있다.

즉 삼국유사는 곰과 호랑이가 사람이 되게 해달라고 기원했음을 기록했고 삼성기나 태백 일사는 이를 백성으로 기록하고 있다.

이것은 그들이 이미 사람으로서 환웅의 백성이 아니었던 자신들을 환웅의 백성으로 받아 줄 것을 요청한 내용으로 볼 때 그때 당시의 곰과 호랑이는 육적 짐승이 아닌 호씨 성(虎氏 姓)을 가진 호씨 족(虎氏 族)과 웅씨 성(熊氏 姓)을 가진 웅씨 족(熊氏 族)의 부족을 말한 것이다. 삼국유사에는 단순히 사람이 되게 해 달라고 기원하고 있지만 삼성기에서는 신계(神戒)의 백성이 되기를 기원하였으며 태백 일사에서도 천계(天戒)의 백성으로 표현하고 있다. 결국은 신계와 천계는 같은 뜻으로 이해가 된다. 성경에서도 이와 비슷한 이야기가 있다. 출애굽기 12:1절 이하를 보면 이스라엘 백성들의 출애굽 사건이 있는데 애굽에서 나올 때 쓴 나물과 무교병(부풀지 않은 딱딱한 빵)을 먹고 급히 나오라고 한다.

왜? 하나님은 그 부풀지 않은 딱딱한 빵과 쓴 나물을 먹고 나오라고 하셨을까? 이 두 가지 사건은 깊은 뜻이 담긴 공통점이 있는 것이다. 성경에서는 하나님 말씀을 깨닫지 못 한자를 짐승이라 하였다(시49:20).

창세기 2장7절에서는 하나님께서 흙으로 사람을 지으시고 그 코에 생기를 불어넣어주시니 생령(산영)이 되었다고 한다. 성경에서는 흙으로 빚대어 말한 사람을 육은 살았지만 영은 죽었다고 본다(마8:22). 그래서 육은 살았다고 하지만 영이 죽은 자들에게 하나님의 말씀인 생기를 불어넣어주시니 육도살고 영도사는 산자가 된 것이다.

앞에서 말한 웅(熊)씨와 호(虎)씨가 간청하기를 하늘의 계율(戒律)을 지켜 하늘의 백성이 되게 해달라고 간청한 것이다. 하늘의 계율은 하나님말씀이다. 하나님말씀을 깨닫고 그 말씀대로 행한 자가 곧 짐승에서 사람으로 변화 받아 천계(天戒)의 백성이 되는 것이다.

환웅천황(桓雄天皇)께서 이 땅에 나라를 개국하실 때 하늘로부터 받아 내려온 천부인의 하나인 삼일신고에서는 우리나라 백성들에게 일신강충(一神降衷)을 가르쳐주시며 너희 안에는 하나님(一神)께서 너희중심에 내려와(降衷) 계신다고 가르쳤던 것이다.

배달국의 역사를 간추려보면 배달국은 18代(세)에 걸쳐1565년간 통치하였다. 환웅천제를 한편 거발한(居發桓)이라고도 하였는데 거발한 이라는 칭호는 개국시조에게만 사용하는 특별한 이름으로 신앙적의미가 내포된 신격화 된 호칭이다.

태백 일사와 규원사화의 내용을 살펴보면 "환웅천제께서 사람의 거처가 이미 완성되고 만물이 각기 자리가 갖추어 지는 것을 보고 신하인 고시례(高矢禮)로 하여금 먹여 살리는 일을 담당하게 하니 이를 주곡(主穀)이라 했다." 농촌에서 농사를 짓는 분들은 농사일을 하다가 점심이나 새참을 먹을 때는 음식을 먼저 떼어서 여기 저기 던지면서 고시례! 하면서 농사가 잘 되게 해 달라고 비는 모습들을 보면서 우리는 자라왔다.

또 환웅께서는 신지 혁덕을 시켜 문자를 만들게 하사 서계(書契)를 담당케 하셨다. 이때가 BC3898년경이니 지금으로부터 5906년 전에 이미 문자를 만들어 사용했던 최초의 문자발명 국이었다. 신지 혁덕이 만들어 사용한 녹도문자(鹿圖文字)에 대해서는 뒤에 나오는 문자의 기원에서 다시 한 번 언급하겠다.

삼성기에서 전하고 있는 배달국의 연대표는 환웅(거발한)을 1대로 시작하여(BC3898) 2.거불의 3.우야고 4.모사다 5.태우의 6.다의발 7.거련 8.안부련 9.양운 10.갈고(독로한) 11.거야발 12.주무신 13.사와라 14.자오지(치우) 15.치액특 16.축다리 17.혁다세 18.거불단(단웅)(BC2381)까지 1565년간 치리했다.

18대 천왕 중에서 특기할만한 것은 14대 자오지 치우천황의 발자취가 특이한데 자오지 천황께서 중원을 개척하여 넓힌 뒤에 그 땅을 청구 국(靑邱 國)이라 불렀다. 그 중심은 지금의 산둥 성 지역 이였고 서량지 교수(중국사전사화)도 동이족은 산동 성을 중심하여 요녕 성. 하북 성. 산서 성. 섬서 성. 강소 성. 안휘 성. 절강 성. 호북 성 까지 이르는 광대한 대륙의 핵심적인 지역을 거의 차지하고 있었다고 말하고 있다.

3)중국과 삼황오제

✧여기서 우리는 중국의 시조라고 일컫는 삼황오제에 대해서 알아야 할 필요가 있다. 삼황(三皇)이란 처음 중원의 일부를 차지하고 나라를 세운 3명의 제왕을 말하며 그 뒤에 일어난 오제(五帝)를 가리켜 3황5제라 부른다.

삼황이란? 태호 복희. 염제 신농. 황제 헌원. 그리고 5제는 소호 금천. 전욱 고양. 제곡고신. 제요도당(요임금). 제순 유우(순임금)등을 말한다. 태호 복희는 삼황 오제중에 첫 번째로 등장한 제왕인데 그는 동이족 이였다는 사실은 중국의 역사서 고사변(전7권으로 된 방대한 중국의 역사서로서 중국의 사학자들이 공동으로 번역한 역사서)에서 밝히고 있다.

태백 일사에는 태호 복희에 대해 다음과 같이 기록하고 있다. **배달국의 환웅천왕으로부터 5대째 되는 태우의 환웅이 있었다. 아들이 열두 아들을 두었는데 그중 막내아들이 태호 복희** 라고 분명히 기록하고 있다.

열두 아들 중에 남달리 영특하고 모든 부분에서 앞서갔다. 복희는 배달국에서 우사(雨師)라는 관직에 있으면서 역(易)을 만들었는데 이것이 바로 환역(桓易)이며 후대로 오면서 이를 복희 팔괘 또는 선천팔괘(先天八卦)라고도 한다. 그 후 야망을 품고 중원으로 나와 자기의 영역을 넓혀나갔다.

두 번째로 나타난 염제 신농은 배달국에서 나간 소전의 아들이다. 특기 할 만 한 것은 소전은 환웅천황아래서 농사일을 관장했던 고시례의 먼 후손이다.

세 번째는 황제는 헌원인데 중국에서는 삼황 중에 황제 헌원에 가장 큰 비중을 두고 있다. 황제 헌원에 관해 태백 일사는 다음과 같이 기록하고 있다.

소전(고시씨의 후손. 염제 신농의 아버지)의 다른 지파는 공손(公孫)이라 하는데 짐승을 잘 기르지 못해 헌구로 유배시켰다. 헌원의 무리는 다 그의 후손들이다.

중국 사기에도 이와 유사한 기록이 있다. **"황제 헌원은 소전의 자손이고 성은 공손이며 이름은 헌원이다."** 이 황제 헌원과 배달국의 14대 환웅 치우천황사이에 치열한 전쟁이 있었다. 그래서 황제 헌원의 뿌리는 소전과 신농. 그리고 고시례에 뿌리를 두고 있다. 태백 일사에 이르기를 삼황오제의 뿌리는 모두 동이족이라고 기록하고 있다.

복희의 부인 여와는 복희의 여동생으로써 여와는 황토를 반죽하여 사람을 만들었다고 하는데 복희와 여와는 상체는 사람이나 하체는 뱀(용)의 몸으로 서로 칭칭 감고 있다. 그 모양이 8자와 비슷하다.

여기서 우리는 성경을 상기해보자. 창세기2:7에 하나님께서는 흙으로 사람을 지으셨다는 말씀이 나온다. 여와가 진흙으로 만들었다는 내용과 무슨 연관이 있을까? 에덴동산에서 하와는 뱀의 유혹으로 죄를 짓고 자기 남편 아담에게도 죄를 짓게 하여 뱀과 같이 되어 그곳에서 쫓겨났다. 하와가 뱀이 되어 자기 남편의 하체를 감아 뱀으로 만들어 버렸다. 복희와 여와가 뱀이 되어 서로 감고 교미(피를 나눔)하고 있는 것과 무엇이 다른가?

－참고: 여와=복희와 같은 혈통. 하와=아담의 몸의 일부

중국은 태호 복희를 개국시조로 모시고 있는 것이다. 중국의 삼

황은 모두 배달국의 후손들이었다.

인간세상에서도 똑똑하고 영리하고 남 보다 뛰어난 자가 항상 왕 이나 대통령의 권좌를 쿠데타를 일으켜 빼앗아왔다.

태호 복희도 평범한 자였으면 아버지나라에서 주는 벼슬로 만족 했겠지만 그는 그 걸로는 자기 야망을 채울 수가 없었는지 모른 다. 영계에서도 그런 일들이 일어나고 있음을 우리는 본다.

↻중국은 개국이후 이 세상에 실존하지 않은 상상의 동물인 용을 신령한 동물로 숭배해 왔고 온 나라가 용을 영물로 알아 왕실을 비롯하여 귀한 자리 그리고 귀중한 행사에는 빠짐없이 용이 등장 한다.그리고 붉은 색과 8자를 유난히 좋아하는 나라이기도하다.

그럼 우리나라는 개국이래. 어떤 동물을 선호하고 사랑했는가? 봉황이다. 봉황에 대한 이야기는 뒤에 솟대와 천하대장군 지하여 장군과 같이 설명하도록 하겠다.

이상과 같이 자신들의 시조라고 하는 삼황오제의 뿌리가 배달족 이요 동이족이란 증거가 역사를 밝히는 여러 고서들. 그리고 중국 의 역사서에도 기록하고 있다. 중국의 역사에 나오는 삼황오제 중 에 삼황은 이미 설명을 했고 오제에 대해서는 그 근원이 모두 삼황 에서 나오기 때문에 그 뿌리는 설명하지 않아도 알 수 있으리라 본다.

오제의 이름은 소호 금천. 전욱 고양. 제곡 고신. 요임금. 순임 금 이렇게 다섯 사람이다. 다른 역사서에는 인물이 다르게 나온 책도 있다. 진시황제 때 재상 이였던 여불위가 쓴 "여씨 춘추"에는 태호 복희. 염제 신농. 황제 헌원 이렇게 삼황에다가 소호금천. 전 욱 고양을 넣어서 오제라 부르고 있다.

4) 단군 조선의 출현

➭유교에서는 요 임금과 순 임금을 성인으로 받들고 태평성세의 본 보기로 삼고 있다. 우리는 고대 우리나라와 중국의 뿌리에 대하여 간단하게 알아보았다. 삼황오제 중에 헌원의 증손되는 제곡고신이 죽고 난 뒤 지(挚)가 제위에 올랐으나 정사를 잘 살피지 못 한다하여 쫓겨나고 요 임금이 제위에 올랐다. 단군왕검이 나라를 세우고 국호를 조선이라고 할 때는 환웅천왕이 개천하여 18대 1565년이 지난 시점 곧 요 임금이 즉위 한지 25년이 되는 기원전 2333년이었다. 중국의 기원은 황제 헌원으로부터 시작하였다. 헌원은 환웅14대 치우천황과 동시대 인물로 배달국에서 중원으로 퍼져나간 동이족에 뿌리를 두고 있다. 요 임금 1년이 갑진년이며 25년이 무진년인데 무진년은 기원 전 2333년에 해당한다. 이것이 곧 단군의 기원 연수다.

청구국이란 이름은 배달국14대 치우천황 때 국명을 바꾼 이름이다. 배달국(청구 국)의 마지막 18대 거불단 환웅을 일명 단웅(檀雄)이라 하는데 그 단웅과 웅씨 족의 여왕 사이에서 태어난 사람이 단군왕검이다. 늦게나마 잃어버린 우리역사를 밝히는 책들이 속속들이 발견되어짐은 참으로 감사한 일이다.

그 중에서도 단기고사. 단군세기. 규원사화 등에서는 공히 단군 47대 2096년에 이르는 장구한 역사를 전하고 있다. 특히 고려 말에 행촌(杏村) 이암(李嵒)이 저술한 단군세기는 역대 단군들의 사적을 세세히 밝혀주는 귀중한 책이다. 우리가 기념하고 있는 개천절은 단군이 기점이 되어야 하는지 환웅이 기점이 되어야 하는지는 독자여러분이 판단하시기 바란다.

단군왕검 제위 시 몇 해에 걸쳐 큰 홍수가 있었다. 단군조선에서 치수 법을 잘 알기에 홍수를 잘 막아 냈지만 중원의 요 임금은 사정이 달랐다. 그때의 사정을 중국의 사기와 서경에서는 다음과 같이 묘사하고 있다.

"아! 사악이여 넘실대는 홍수는 넓은 땅을 뒤 덮고 질펀한 물은 산을 잠기게 하며 아래로 백성들이 이를 한탄하고 있는데 누가 이 홍수를 다스릴 수 있겠는가?"하고 요 임금이 묻자 곤이란 사람을 추천했다고 한다. 그러나 곤은 9년 동안이나 치수를 맡았으나 아무 성과도 거두지 못하므로 치수문제는 요 임금의 뒤를 이어 제위에 오른 순 임금에게 돌아갔다.

동이족인 순 임금은 당시 상국(上國)인 단군조선에 요청하였는데 이에 조선에서는 중원에 있는 모든 제후들을 도산(塗山)으로 모이도록 했다. 이것이 바로 도산회맹이라 한다. 단군의 맏아들을 순임금에게 보내어 순임금이 세운 우에게 오행치수 법을 가르치고 조선의 신서(神書)를 줘서 치수에 성공할 수 있도록 하였다. 그래서 유교에서는 요임금 순임금을 태평성세의 본 보기로 삼고 추앙했다.

◇중국의 건국 신화는 삼황오제로부터 시작하는데 가장 먼저 등장한 인물이 태호 복희다. 복희는 이미 밝혔듯이 배달국 5대 태우의 천황의 12아들 중 막내임을 이미 설명했다. 그때가 BC3550년경이다. 그 후 삼황 중에 황제 헌원이 배달국 14대 자오지(치우)천황과 많은 전쟁(73회)을 했던 인물이다.

그 후 BC2358년 단군이 나라를 세우기 25년 전에 요임금에 이어서 순임금이 들어섰고 이어서 하나라. 상(은)나라. 주나라로 이어지면서 세를 확장해 갔다. 요나라와 순나라는 우리 동이족에 뿌리를 두고 있음을 말해둔다.

　중국과 우리나라와의 관계는 이 후에 다시 논하기로 하고 내가 말하고자 하는 것은 문자의 뿌리와 한자(漢字)와 녹도문자(鹿圖文字)와 진서(眞書)는 어떤 관계가 있으며 또 한글과 가림 토 문자는 무슨 관계인가를 알고자 하는 것이기에 역사이야기는 간단하게 여기서 마치고 차후에 시간이 있으면 자오지 치우천황과 단군조선은 다시 한 번 다루기로 하겠다.

百 戰 百 勝

(백 　전 　백 　승)

5.삼일신고 이야기

－범례(凡例)－
釋 ▷ 해   석
靈 ▷ 영적해석
保 ▷ 도 움 말

1)일신(一神) 강충(降衷)

▷ 삼일신고는 지금으로부터 약6천여 년 전 환국(桓國:환인씨의 나라)이 3301년간 치리하다가 제7대 지위리 천황(天皇)를 끝으로 막을 내리고 하나님께서 천자(天子)이신 환웅(桓雄)을 택하시고 인간 세상에 내려가 홍익인간(弘益人間) 할 만한 곳에 나라를 세우라는 명(命)을 받고 내려오실 때 천부인(天符印)3개를 받아가지고 내려오셨는데 그 중에 하나가 삼일신고다.

삼일신고(三一神誥)는 약6천여 년 전에 이미 존재하였으며 그동안 우리민족의 지침서가 되어왔고 오늘날에 이루어질 위대한 인간의 시대를 열기 위한 하나님의 깊은 뜻이 숨겨있으며 백의민족을 사랑하시는 하나님의 사랑이 담겨진 경전이다.

삼일신고의 핵심사상은 하나인 일신강충(一神降衷)과 셋인 성통광명(性通光明). 제세이화(齊世理化). 그리고 홍익인간(弘益人間)이라 할 수 있다.

①일신강충(一神降衷)

◇일신(一神)이라면 오직 한분이신 유일하신 신(神). 으뜸가는 신(神). 곧 하나님을 지칭하는 말이다. 강충(降衷)이라면 "우리 속 마음 속에 또는 우리 뇌(腦)속에"라는 뜻인데 일신(一神)이신 하나님의신(神) 또는 하나님께서 보내신 신(神)이 우리 안에 내려와 계신다는 뜻이다. 성경 갈라디아4:6에서는 하나님이 아들의 영(靈)을 우리마음 가운데 보내 사 하나님을 아바 아버지라 부르게 하셨다. 우리 배달민족은 옛날부터 천민사상(天民思想:우리는 하나님의 백성이요. 하늘에 뿌리를 두고 있다는 생각)이 뿌리 깊이 박혀있다. 그래서 나는 나 혼자가 아닌 성신(聖神)이 내안에 내려와 계신 것을 굳게 믿어왔기 때문에 나를 지칭할 때 나(我)라고 하지 않고 우리라는 복수(複數)를 쓰는 것이다. 나를 나라고 하지 않고 우리라고 복수를 쓰는 나라는 지구상에 우리민족 밖에 없다.

②성통광명(性通光明)

◇성통광명은 한 마디로 깨달음이다. 내 안에 하나님이 계심을 발견하고 하나님의 존재가치와 존재의미를 알고 하나님의 빛을 발견하고 그 빛으로 성장해 가는 과정이다. 인생 일대기로 치면 학창시절이라고 생각하면 된다.

③제세이화(齊世理化)

ᗭ제세이화는 곧 자기성취다. 꽃이 자기발견(성통광명)이라면 제세이화는 열매에 해당된다. 부모에게서 태어나서 부모님의 보호아래 교육을 받아 전문분야의 학문을 충분히 닦은 다음은 자기의 전문분야를 살려서 모든 부분에서 성숙된 사회인으로써 성공을 이루는 것이다.

④홍익인간(弘益人間)

ᗭ홍익인간은 곧 자기완성이다. 식물은 모든 노력을 다하여 꽃을 피우고 열매를 맺는다. 그 열매(씨)를 얻기 위해 온 몸을 희생한다.

그러나 대자연 속의 어떤 식물도 자기가 만든 열매를 자신을 위해 소유하는 일은 없다. 모든 힘과 몸을 희생하며 얻은 열매지만 반드시 필요한자에게 나눠주는 것이 대자연의 불문율이요 진리이다. 꽃이 자기발견이고 열매가 자기성취라면 그 열매를 필요한자에게 나눠주는 것이 자기완성이다. 자기의 피와 땀과 눈물로 얻은 열매를 남에게 줄 수 없는 자는 영원히 자기완성은 없다. 이 대자연의 불문율을 홍익인간이라 한다.

우리의 조상 환웅천황이 이 땅에 나라를 세울 때. 개국이념(開國理念)이 곧 홍익인간(弘益人間)이었다. 지금 까지 자라고 배우고 성취한 것들을 남을 위해 아낌없이 주는 것. 이것이 홍익사상이다.

철학자 니체가 신은 죽었다고 설파했다. 하늘의 신(神)대신 땅의 육(肉)을. 정신대신 물질을 추구하며 이 시대 인간들은 마음은 없고 몸만 있는 괴물들이라는 역겨운 사실을 알았다. 이른바 짐승의 시대요. 천민의 시대요. 노예의 시대인 것이다. 그리고 육(肉)은 신(神)을 대신하여 이들을 지배해야 된다. 신(神)이 죽음으로 마음(靈)이 없고 몸(肉)만 있는 괴물(짐승)에게 남은 것은 오로지 성욕(性慾)과 물욕(物慾)뿐이다(생략) −니체의 말−

고금을 막론하고 혼돈과 공허와 타락과 어둠속에서 죄가 관영할 때 빛이 비추고 신(神)이나 영웅(英雄)이 나타나서 새로운 시대를 열어 감을 본다.

이 시대는 니체가 죽었다는 신(神)이 다시 살아날 시대요. 새로운 빛이 비출 시대요. 새로운 영웅이 나타날 시대적 징조를 반드시 알아야 할 시대이다.

2)창창 비천(蒼蒼 非天)

▷ 삼일신고에서 말하기를

▶ 蒼(창·푸를창) 蒼(창·푸를창) 非(비·아닐비) 天(천·하는천) ． 玄(현·검을현) 玄(현·검을현) 非(비·아닐비) 天(천·하는천)

釋▷ 저 푸르고 푸른 것이 하늘이 아니며 저 검고 검은 것이 하늘이 아니다.

▶ 天(천·하늘천) 无(무·없을무) 形(형·모양형) 質(질·바탕질) ． 无(무·없을무) 端(단·끝단.바를단) 倪(예·끝에.어린이예)

釋 ▷ 하늘은 모양도 바탕도 없고 끝도 없고 시작도 없다.

<table>
<tr><td>무</td><td>상</td><td>하</td><td>사</td><td>방</td><td></td><td>허</td><td>허</td><td>공</td><td>공</td></tr>
<tr><td>▶无</td><td>上</td><td>下</td><td>四</td><td>方</td><td>.</td><td>虛</td><td>虛</td><td>空</td><td>空</td></tr>
<tr><td>없을무</td><td>위상</td><td>아래하</td><td>넉사</td><td>모방.방위방</td><td></td><td>빌허</td><td>빌허</td><td>빌공</td><td>빌공</td></tr>
</table>

釋 ▷ 위아래도 없고 사방에 장소도 없으며 텅텅 비어있다.

<table>
<tr><td>무</td><td>부</td><td>재</td><td>무</td><td>불</td><td>용</td></tr>
<tr><td>▶无</td><td>不</td><td>在</td><td>.无</td><td>不</td><td>容</td></tr>
<tr><td>없을무</td><td>아니불</td><td>있을재</td><td>없을무</td><td>아니불</td><td>품을용.얼굴용</td></tr>
</table>

釋 ▷ 그러나 존재하지 않은 곳이 없고 무엇이든 포용하지 않은 것
이 없느니라.

▷ 규원사화의 조판기(肇判 記)에서 이르기를 아득한 옛날 음양
(陰陽)이 갈라지지 않고 땅과 하늘도 갈라지지 않은 체 오래도록
닫혀있었다. 하늘과 땅은 혼돈하며 아직 나누어 지지 않았고 신들
은 매우 슬퍼하고 해와 달과 별들은 잡것에 쌓여 질서가 없었다.
바다도 흐리고 깊어 생물들의 자취를 찾을 길 없었고 우주는 단지
흑암의 큰 덩어리였다. 물과 불은 잠시도 쉬지 않고 서로 밀치며
움직이기를 수백만 년이라 했다. -중략-
  이렇게 되어 우주가 열리고 하늘과 땅이 비로소 나눠지게 되고
이에 해와 달이 서로 돌아 하늘을 환하게 밝히고 땅을 비췄으며
해가 움직여 낮이 되게 하며 달이 밤을 움직여 밤이 되게 했다. 또
한 별들은 하늘을 돌며 계절을 정하고 햇수와 날짜를 셈했다. 이
로써 하늘과 땅은 나누어지고 해와 달은 돌고 있었으나 땅에는 물

과 불이 제 자리를 잡지 못하고 바다는 혼돈하고 쌓인 기(氣)는 정체되어 퍼져 나가지 못했다.

위에서 말한 두 문장과 성경 창세기에서 말한 말을 견주어 보고자 한다. 창세기1:1이하에서 보면 "**태초에 하나님이 천지를 창조하시니라. 땅이 혼돈하고 공허하며 흑암이 깊음 위에 있고 하나님의 신은 수면 위에 운행하시니라.**"

예레미야4:23~25에 보니 "**땅을 본즉 혼돈하고 공허하며 하늘을 우러른즉 거기 빛이 없으며 내가 산들을 본즉 다 진동하며 작은 산들도 요동하며 내가 본즉 사람이 없으며 공중의 새가 다 날아갔으며.......**"

여기서 우리는 세 문장에서 공통점을 발견할 수가 있다. 하늘과 땅이 어둡고 공허하고 혼돈함을 본다. 그러면 여기에서 말한 하늘과 땅은 저 하늘과 땅이 아니라는 것을 금방 알 수가 있다. 내가 본즉 사람이 없다고 했는데 그래서 니체는 신(神)이 떠난 사람을 성욕과 물욕만이 꿈틀되는 천민이요 노예요 짐승이라 했다. 성경에서도 하나님의 말씀이 없는 자를 짐승이라 한다.

3)천궁(天宮)

◇삼일신고에서는 천궁(天宮)을 다음과 같이 설명하고 있다.

하늘은 하나님의 나라로서 하늘의 중심에 하나님의 궁전이 있으니 만 가지 착함으로 계단을 오를 수 있고 만 가지 덕으로 문을 열 수 있느니라. 하나님이 계시며 다스리는 곳은 뭇 신령과 밝은이들

이 모시고 있으니 지극히 복되고 상서로우며 지극히 빛나는 곳으로서 오로지 성통공완. 성통광명. 제세이화. 홍익인간을 이룬 사람만이 하나님이 계신 궁전에 나아가 영원한 쾌락을 얻으리다.

잠언24:3~4에서는 다음과 같은 말씀이 있다. **"집은 지혜로 말미암아 건축되고 명철로 말미암아 견고히 되며 또 방들은 지식으로 말미암아 각종 귀하고 아름다운 보배로 채우게 되느니라."**(성경에서 집은 믿는 사람들을 말한다. 고전3:9)

상기한 글들을 보면 우리가 알고 있는 저 하늘이. 하늘이 아니요 지구상에 사는 사람들이 다 사람이 아니라 하나님이 계신 곳이 하늘이요. 하나님의 신(靈)이 함께 하는 자가 사람이요. 하나님의 신(靈)이 없는 자를 짐승이라 말하고 있다. 신앙의 측면에서 살펴본다면 자기 자신 안에는 선한 신(神)이 내재해 있음을 안 후 자기 내면에서 빛을 발견하고 그 빛을 완전히 깨닫고 빛 가운데 거하는 단계가 성통광명의 단계이다. 다음 단계는 내게 내재해 있는 빛이 곧 하나님의 진리의 말씀임을 깨달았다면 이제 그 빛으로 내 어두운 부분을 밝게 하고 옛 모습을 벗어버리고 새 사람으로 거듭나서 하나님의 형상으로 재창조 받아 신(神)과 동행함에 있어서 손색이 없는 단계가 제세이화의 단계다. 지금 까지 열심히 꽃 피우고 열매 맺는 과정을 거쳤으니 이제는 그 열매를 필요한 자에게 주는 과정이다.

한 마디로 신앙인들은 이웃형제들의 영혼구원을 위해 나를 희생시키는 과정이 곧 홍익인간(弘益人間)의 과정이다. 어떻게 보면 한없이 불쌍한 결말 같기도 하다. 목숨이 천하보다 귀하다고 했고 내가 없는 천국이 열 개가 이룬다 한들 내게 무슨 이익이 있겠는가? 그러나 죽고자 하면 반드시 산다고 한 성경말씀을 믿을진대

사람으로서 또는 신앙인으로서 할 일을 다 해놓고 긍휼을 베푸시는 하나님의 사랑을 바랄지니라. 홍익인간의 정신. 이것만은 우리가 꼭 행할 일이요 하나님께서 우리에게 요구하시는 뜻이란 것을 알아야 되겠다.

우리민족은 예부터 어떤 경로를 통해서 전달받았는지 모르나 아무 뜻도 모르는 체, 아기 때부터 배우고 전해 내려온 풍속이나 민담이나 민요나 동요 등이 있다. 그 속에는 말일에 이루실 하나님의 깊은 뜻이 숨겨져 있음을 알았다.

그리고 우리민족은 나를 나(我)라는 단수를 쓰지 않고 우리라는 복수를 쓴다고 했다. 그 이유를 삼일신고 일신강충(一神降衷)에서 찾았다 우리 안에는 일신(一神)이신 하나님의 신(神)과 그의 보내신 신(神)들이 우리에게 내려와 계시기 때문에 나는 나 혼자가 아니요 내 안에 있는 신(神)과 둘이기에 우리라는 복수를 쓴다는 것을 알았다. 그리고 우리민족은 상대방을 정중히 대했다. 그 이유는 상대방의 속에도 내 속에 계신 신(神)이 계시기 때문에 상대를 무시하는 것은 곧 신(神)을 무시하는 결과가 되기 때문이다.

↪여기에서 성경으로 가보자 히브리서 10:1에는 율법은 장차오는 좋은 일의 그림자요 참 형상이 아니라고 말씀하고 있다. 율법은 곧 구약을 말하는 것인데 구약은 완성이 아니라 장차 완성될 실상을 이루기 위한 하나의 단계인 것이다. 다시 말하면 율법(구약)은 장차오는 좋은 일의 그림자요 참 형상을 찾아가는 약도에 불과하지 실상이 아니라는 것이다. 여기서 우리가 생각해야 될 것은 동양선지서나 삼일신고 등에서 나오는 단일민족. 백의민족. 배달민족이나 어린아이 때부터 배워온 자장 자장. 달궁 달궁. 직계 직계.

장자 권 장자 권이나 동요에서 송아지나 민요에서 나오는 도라지. 아리랑. 천안삼거리. 그리고 흥부놀부전. 심청전. 춘향전이나 우리민족이 나를 나라고 하지 않고 우리라고 복수를 쓰는 것 등등.

이 속에는 하나님이 장차 이 땅에 이루시고자 하시는 참 형상이 숨겨있는 것이다. 이런 것들은 말일에 이루실 참 형상을 찾기 위한 그림자에 불과한 것이다. 그림자만 따라가다 보면 실체(實體)를 볼 수가 있다.

하나님께서는 말일에 나타날 참 형상을 여러 모양으로 우리민족에게 가르쳐 오신 것이다. 지금까지 우리에게 구전으로나 글로나 여러 풍속으로 가르쳐서 전해 내려오게 하신 것은 장차 올 좋은 것. 참 형상이 도래하고 있으니 내가 지금 까지 여러 방법으로 준 설계도를 가지고 더듬어서 찾으라는 것이다.

동양 선지서에 이런 말이 나온다. 靈肉 合 一體 永生不死 (영육 합 일체 영생불사)영과 육이 하나로 합쳐지면 사람이 죽지 않고 영원히 산다. 그러면 영과 육이 둘이지만 한 몸이 되는 것이며 성경 고린도전서15장에도 육이 영을 덧입은 신령체(神靈 體)에 대해서 자세하게 나온다.

죽을 수밖에 없는 육이 죽지 않은 영을 덧입어 한 몸을 이룬 것이 靈肉 合 一體가 되는 것이며 그래서 이제 나는 나 한 사람이 아니요 내 안에 靈(영)이 함께 하므로 "우리"가 되는 것이다. 이것이 우리민족이 하나님의 선민으로써 오늘 날 이루어질 실상을 이룰 주인공으로써 미리 나를 나라고 하지 않고 우리라고 하고 민요나 동요나 민담 등을 통해서 말일에 이루실 일들을 미리 예행(豫行)연습을 시키신 것이리라 생각한다.

6.문자(文字)의 뿌리를 알자

－범례(凡例)－

釋▷해   석

靈▷영적해석

保▷도 움 말

1)문자(文字)의 발명(發明)

▷옛날 우리조상들은 언어나 문자가 없을 때 서로의 의사소통을 어떻게 했을까? 손짓 발짓 입의 움직이는 모양 그리고 돌멩이나 나무나 어떤 물체를 이용해서 자기들만이 알 수 있는 표시로 상대방의 의사를 이해하고 또 이해시키면서 생활했을 것이다.

예를 들어서 출산을 하면 외부인의 출입을 금하는 표시로 금줄을 쳐놓고 상대방에게 들어오면 안 된다는 암시를 했고 간장을 담가 놓고 그 항아리에 금줄을 치고 접근을 금했다. 물론 가축이 새끼를 낳아도 금줄을 쳐놓고 외부인의 접근을 금했다. 그러나 인구의 증가와 생활방식이 다양해짐에 따라 어떤 행동이나 구전으로는 지난 일들을 다 기억하거나 정확하게 전해 내려 올 수가 없었다.

그래서 그 때(배달국) 당시는 천황(天皇)께서는 인재를 등용하실 때는 활 쏘는 대회를 열어서 인재를 뽑아 썼다고 한다. 신 시(神市) 배달 국(倍達 國)시대에 천황의 명령을 출납하는 대변자 역할을 하고 있던 신지 혁덕(神誌 赫德)이란 사람이 있었는데 날로 많아지는 환웅천황의 지시내용을 다 기억할 수가 없어서 고민 끝에 문자를 만들어 낸 경위를 한단고기나 규원사화에 기록된 내용을 들어보기로 하자.

"신지 혁덕은 환웅님의 명령을 출납하는 대변자의 일을 하였다. 그러나 일찍부터 환웅님의 지시사항을 보관 할 방법이 없어 고민 하던 차 하루는 사냥을 하러 나갔다가 문득 놀라 달아나는 암사슴을 발견하고 활을 당겨 쏘고자 했으나 놓치고 말았다. 이에 찾으려고 사방을 헤매어 산 넘고 들을지나 편편한 모래가 있는 곳에 이르렀는데 비로소 사슴 발자국을 발견하고서 도망간 방향을 알게 되었다. 이에 머리 숙여 깊이 생각하다가 감탄하여 이르기를 "말을 남겨두는 방법은 이와 같을 따름이로다!"하였다.

그날 사냥을 마치고 돌아와 되풀이 생각하고 세상 만물 하나하나를 살핀 끝에 오래지 아니하여 문자를 만드는 방법을 깨닫게 되었으니 이것이 문자의 시원이다.

이것이 인류 최초로 만들어진 녹도 문자다(鹿圖 文字:사슴 발자국을 보고 만든 글자).

환웅천황께서
신지 혁덕을 명하여
인류최초로 만든
녹도문자 31자

◇한단고기에 실린 태백 일사 중에 소도경전 본 훈 제5편에 보면 "환웅천왕께서 (BC3898) 신지 혁덕 에게 명하여 녹도문자로 천부경(환웅께서 나라를 세울 때 하늘에서 받아 온 삼부인(三符印)중

하나. 81자)을 기록케 하였다."라고 한 것을 보면 그 당시 이미 녹도문자가 있었음을 말해주고 있다.

◇그럼 중국에서 말하는 한자를 처음 지었다는 창힐 이는 어느 나라 어느 시대 사람인가를 알아보자. 창힐이는 중국의 삼황오제 중에 한 사람인 황제 헌원과 동 시대 사람이다.
황제 헌원은 중국에서 가장 추앙받은 개국시조로 배달국(청구 국) 제14대 자오지 천황(치우 천황:BC2707)과 수많은 전쟁을 치렀던 자오지 천황시대 때 사람이다. 그 때는 환웅천황이 신지 혁덕을 시켜 녹도문자를 만든 때로부터 약1200년 후에 살았던 세대들이다.
　중국 진나라 때 도인(道人)갈홍(葛弘)이 저술한 포박자(抱朴子)에는 황제 헌원과 청구국의 신선도에 대하여 다음과 같이 말하고 있다."**청구 국에 신인 자부선생이 있었는데 황제 헌원이 자부선생을 만나 뵙고 삼황내문(三皇內文)을 받아 도(道)를 깨우쳤다**"는 말이 있고 마한세가 上에나 태백 일사에 보면 "**자부선생께서 칠회 제신(七回祭神)의 책력(冊曆)을 만드시고 삼황내문을 천폐(天陛)께 진상하니 천황께서 이를 칭찬하셨다. 삼청 궁(三淸宮)을 세우시고 그곳에 거하시니 공공(共工). 황제 헌원. 창힐. 대요의 무리가 다 여기 와서 배웠다.**"고 기록하고 있다.(여기서 배운 글은 녹도문자로 기록된 글이다)
　창힐 이가 문자를 처음 만들었다면 자부선생에게서 배운 글은 무엇이란 말인가?　한단고기. 태백 일사. 삼환관경 본기에 창힐 이에 관한 기록이 다음과 같이 나와 있다. "**이때에 자부선생께서 칠 회 제신의 책력을 만드시고 삼황내문을 천폐께 진상하니 황제**

께서 이를 칭찬하셨다. 삼청궁을 세우 사 그곳에 거하시니 공공.
헌원. 창힐. 대요의 무리가 다 여기 와서 배웠다. 이에 윷놀이를
만들어 이로써 한역(桓易)을 강론하니 대저 신지 혁덕이 적은 바
로 천부의 유의였다."

또 태백 일사. 신시본기에는 **"창힐은 고신과 더불어 역시 치우천
황의 후예이다."** 라고 했다. 이렇게 중국의 진나라 도인(道人) 갈
홍까지도 창일은 동이족이요 배달국의 신인 자부선생께 배웠다고
기록하고 있는데도 중국에서는 창힐이는 당대 황제의 사관이요
문자의 시조라고 부르고 있다.

2)한자(漢字)의 뿌리는 녹도문자(鹿圖文字)다

♢우리역사를 따라오다 보면 우리나라만큼 외침(外侵)을 많이
받은 나라가 없다. 그래서 그 침략자들이 조작한 책으로 공부하다
보니 역사의식도 민족 주체의식도 상실한 체 그들이 꾸며 논대로
역사를 배우다 보니 역사도 문화도 민족의 뿌리도 잃어 버렸다.
그래서 중국을 대국으로 또는 모국으로 섬기며 사대사상과 모화
사상에 젖어 그들을 지배하고 섬김을 받던 나라에서 그들의 지배
를 받고 섬기는 나라로 전락해 버렸다. 그래서 우리민족의 뿌리와
역사와 문화의 뿌리 까지도 중국에서 찾으려고 하고 있다. 우리는
역사의 무지에서 벗어나야 한다. 성경의 역사를 아는 사람은 느끼
는 바가 있을 것이다.

♢중국의 탄생 설을 살펴보면 사마천이 쓴 사기(史記)의 기록으로

보면 기원전 841년 이전의 중국 고대사에 관한 역사와 사건기록은 거의 없는 실정이다. 그러나 그들은 기원전 이천 수백 년 경에 황하유역에서 삼황오제가 나타나서 나라가 창건되었다고 믿고 있다. 그러나 중국 시조로 모시고 있는 삼황오제가 하나같이 동이족에서 나간 사람들이라는 걸 이미 설명했다.

♫ 왜 한자(漢字)라고 부르는가?

한자의 서체(書體)는 갑골문. 금문. 전서. 예서. 해서. 행서. 초서 등 여러 가지 체가 있다. 처음은 환웅천황 때 신지 혁덕이 만든 녹도문자가 진서(眞書)란 이름으로 이어져 내려왔다. 그러던 중. 중국 중원에는 청구 국(천황14대 치우천황이 국호를 청구 국으로 고침)뿐만 아니라 많은 제후국들이 있었고 동이족의 뿌리이긴 하지만 중국역사에 기록된 삼황오제를 거처 요임금. 순임금을 지나 중국의 최초의 왕국인 하나라. 상나라로 이어지는데 그 상나라가 은나라라고도하는 동이족에 속한 탕이 세운나라다. 그 당시 은나라 때 활발하게 사용되었던 글자가 갑골(甲骨)문자이다. 갑골문자는 거북의 등뼈에 새겨진 문자를 말하는데 녹도문자를 근거로 발전시킨 문자이다. 녹도문자를 시대에 맞게 발전시킨 대는 창힐이의 공이 있었다고 생각되는 것이다. 그 후 주나라와 춘추전국시대를 지나 진시황의 나라로 이어졌고 시대가 흐름에 따라 전서가 쓰기에 너무나 어렵고 복잡하여 그 후 서체가 바뀐 문자가 예서체(隷書 體)다. 그리고 다음으로 해서(楷書). 행서(行書). 초서(草書)로 발전해 왔다.

진나라가 망하고 한(漢)나라가 들어서면서 녹도문자에 뿌리를 두고 발전해 온 진서(眞書)를 한(漢)나라가 국문(國文)으로 채택

함으로 한(漢)나라 한(漢)자를 따서 한문(漢文) 또는 한자(漢字)라 부르기 시작했다. 그러나 배달국에서 이씨조선에 이르기 까지 민족의 주체의식이 확고한 선비들은 한자라 부르지 않고 진서(참 글)라 불러왔던 것이다. 이 진서(참 글)가 한자로 그리고 중국 글로 둔갑하고 우리도 그렇게 배운 것은 일본의 침략 강점기 36년간 조선 문화 말살 작전으로 일본과 중국의 청나라가 합작한 역사왜곡이 그들의 손에 의해 조작된 것이다.

ㅁ이상 여러 역사고기(歷史古記)에 보면 중국은 전설로 내려오는 고대사의 모호한 기록이 한국의 한단고기와 단기고사 등 여러 고기에서는 사건연대. 사건내용. 인물배경 등이 상세하게 밝히고 있는 것이다. 그런데도 중국에 대한 사대사상과 모화사상에 젖어 있는 선비들과 일제 강점기 36년의 거짓역사교육에 세뇌된 참으로 순수하다 못해 어리석은 일부 학자들은 거짓으로 날조된 중국과 일본이 꾸며 논 역사서는 철저하게 믿으면서 이렇게 귀중한 역사자료들이 하나하나 밝혀짐에도 들으려고도 하지 않고 잃어버린 역사를 밝혀가는 분들을 비웃고 미친 사람취급을 하고 있으니 이 나라 백성들을 사랑하신 하나님과 선조들이 한탄하고 계신다는 것을 잊어서는 안 될 것이다.

3)한글의 뿌리는 가림토 문자다

◇환웅천황께서 다스리던 배달국 시대에는 녹도문자라는 최초의 문자를 만들어 썼다. 단군세기 본문에서 지칭하는 문자는 상형문자다. 배달국 신시 때에 이미 문자가 있었다는 사실에 대해 태백 일사는 다음과 같이 말하고 있다.

"우리나라 문자는 예부터 있었다. 지금 남해현 당하리 암벽에 신시(神市)의 고각(古刻)이 있다. 3대 가륵 단군께서 경자2년(BC2181) 당시 풍속이 하나같지 않았고 지방마다 말이 서로 달랐다. 형상으로 뜻을 나타내는 진서(眞書:신지 혁덕이 지은 녹도문자)가 있다 해도 열 집 사는 마을에도 말이 통하지 않은 경우가 있고 백리 되는 나라의 땅에서도 통하지 않을 때가 많았다. 이에 삼랑을보륵(三郎乙普勒)에게 명하여 정음(正音)38字를 만들게 하니 이를 가림토(加臨土)라 하였다."

● 檀君世紀檀君嘉勒二年 三郎乙普勒講正音三十八字是謂加臨多其文 ●

가림토 문자 38자

단군3세 가륵단군이 삼랑을 보륵을 시켜 만든 가림토문자 38자 전문

◇배달국 신시시대부터 있던 문자를 가륵 단군이 수정보완 하여 만든 것이 바로 가림토 문자다. 당시에 새로운 문자를 만든 사실이 단기고사에 기록되어있다. 그러나 한글은 세종대왕이 처음 창

제한 것이 아니고 이미 쓰고 있는 가림토 문자를 수정 보완하여 한글을 만들었던 것이다.

이런 사실에 대해 세종실록의 기록을 보면. **"10월초 임금께서 친히 언문(諺文)28자를 만드셨으니 그 글자는 옛 전자(篆字)를 모방한 것이다."**

지금 까지 발견 된 녹도문자는 31자이다. 가륵 단군께서 삼랑 을 보륵을 시켜 만든 가림토 문자는 38자이다.

✿우리는 세종대왕과 같은 훌륭하신 조상을 모신 것을 큰 자랑으로 생각한다. 대왕께서는 우리민족의 위대한 발자취와 혼을 되찾고 민족의식을 고취시켜 언문을 만드시고 발전시켜 오시므로 오늘 날 우리가 문자를 가진 위대한 민족으로 자랑스럽게 잘 살아가고 있다.

그러나 예나 지금이나 어른을 모시고 있는 밑에 있는 신하들이 문제다. 언문 창제에 즈음하여 중국에 대한 사대주의와 모화사상에 젖어 중국의 눈치만 살피던 유생들이 이에 반대하는 상소문을 대왕께 올렸다. **"말하기를 언문은 모두 옛 글자를 근본으로 한 것이요 새로운 글자가 아니 옳습니다. 곧 글자의 형태는 옛 전문(篆文)을 모방했다 하나 사용하는 음(音)과 합자(合字)가 옛 것과 모두 반대되는 까닭에 실로 천거할 바가 없으며 만약 이것이 중국으로 흘러들어가 혹 비난한자가 있다면 사대와 모화에 부끄럽지 않겠습니까?"**

실로 어처구니없는 망발도 이만 저만이 아니요 하늘의 뜻을 거역하는 역천자요. 민족의 혼을 말살시키는 반역자들이라 아니 할 수 없다. 우리민족의 역사를 보면 시대 시대마다 이런 어리석은 자들이 있어 매국노 역할을 한다. 역사와 문화를 말살하는데도 동조하고 현실의 이익만을 추구했던 어리석기 짝이 없는 매국노들...

그 어느 나라도 흉내 내지 못할 호화찬란했던 역사와 문화와 그 광대한 중원 땅을 저 오랑캐들에게 다 빼앗기고도 말 한마디 못하고 벙어리 냉가슴 앓듯이 가슴앓이만 하고 있는 착하고 선한 백의민족이여!

세종대왕은 단군조선 3대 가륵 단군께서 삼랑을 보륵을 시켜 만든 가림토 문자를 수정 보완하여 오늘날 우리가 사용하고 있는 한글을 마드신 것이다.

그 당시 가림토 문자는 단군 조선의 제후국뿐만 아니라 단군 조선의 영향력 안에 있는 여러 지역에서 사용하고 있었다. 몽고. 만주. 서역. 일본 등 그런데 일본은 이를 신대문자(神代文字)라고 이름을 고쳐서 사용하고 있다.

그 당시 최만리 등이 올린 상소문을 보면 가림토 문자는 중원대륙 뿐만 아니라 중원 서역에까지 널리 퍼져 사용하고 있음을 증거하고 있다.

상소문 중에 **"오직 몽고. 서하. 여진. 일본. 서번 등의 무리들이 각기 그 문자를 가지고 있는데 이는 모두 이적(夷狄)의 일로 족히 도(道)라 할 수 없습니다."**

이토록 가림토 문자는 일본뿐만 아니라 몽고. 서역. 그리고 남쪽으로 인도와 터키까지 널리 퍼져 있음을 알 수 있다. 인도나 터키에 다녀 온 사람들은 가림토 문자와 비슷한 문자를 봤을 것이다.

문자는 시대의 흐름에 따라 자형이 바뀌고 자획이 간추려져왔다. 한자는 7만자가 넘는다. 그 7만자가 어느 한 시대에 어느 한 사람에 의해 만들어 진 것은 아니다. 시대 시대마다 필요에 따라 만들고 다듬어져 온 것이다.

처음 녹도 문자는 31자가 발견되었다. 가림토 문자는 38자로 되어있고 한글은 28자로 되어있다. 한자의 부수는 214자로 되어있다. 문자는 이 기본 된 문자를 서로 연결 결합하여 의사를 표시할 수 있는 문자를 만들어가는 것이다.

↻지금 까지 우리는 한자의 뿌리는 녹도 문자요 한글의 뿌리는 가림토 문자라는 것을 알았다.

한웅께서 신지 혁덕에게 명하여 만든 녹도 문자는 사슴발자국을 시초로 땅에 있는 만물의 형상을 보고 만든 것이니 뜻글이요 음이요 땅의 글이다.

갸륵 단군께서 삼랑을 보륵을 시켜서 만든 가림토 문자는 하늘에 있는 음양오행의 구조를 본떠서 만든 것이니 소리글이요 양이요 하늘의 글이다.

음양이 화합하여 만물이 생성하고 원기가 왕성해 지듯이 문자역시 양인 하늘의 글(소리)과 음인 땅의 글(소리)이 화합해야 완전한 소리(발성)가 가능하다는 이치와 온전한 뜻을 알 수 있다는 진리를 우리조상들은 알았던 것이다. 우리글의 70%이상을 한자가차지하고 있다. 예를 들자면 "고사"란 단어가 있다. 한자가 아니면무슨 뜻인가를 알 수가 없다. (古史:옛 역사. 古寺. 古祠. 考査. 故事. 告祀. 枯死. 孤寺. 固辭. 庫舍. 高士. 高師)상기한 단어가 모두 고사란 단어다. 한글로 "고사"라고만 써 놨다면 무엇을 말하고 있는지 알수 없는 것이다.

모든 문자는 시대가 흐르고 복잡해짐에 따라 계속 수정 보완해

썼다. 그 중에도 5만자가 넘는 한자는 수없이 많은 수정과 개정을
거듭해 왔음을 알 수 있다.

◇그런데 놀라운 것은 문자가 만들어 질 때의 그 시대의 백성들의
풍속과 습성 그리고 성품까지도 문자 속에 묻어있고 인류의 지나
온 역사와 몇 백 년 몇 천 년 후에 있어질 일들이 한자 속에는 숨겨
져 있다는 사실이다.
　내가 이 책을 쓰는 이유는 한자 속에 숨겨진 비밀을 보았기 때문
이지 역사책을 쓰려는 것이 아니다. 다만 역사 이야기를 먼저 하
는 것은 책을 읽는 여러분들이 문자에 대한 역사를 모르면 이해가
어렵기 때문에 간추려서 말한 것이다.

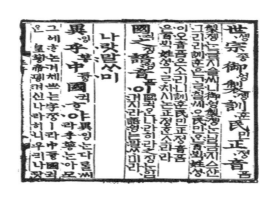

畫　　　耕　　　夜　　　讀
（ 주　　　 경　　　 야　　　 독 ）

7.동양선지서와 한자의 비밀 I

－범례(凡例)－
釋 ▷ 해   석
靈 ▷ 영적해석
保 ▷ 도 움 말

1)한자(漢字)의 합자(合字). 파자(破字)

▷한자는 뜻글이다. 한자는 三요소라는 것이 있는데 모양. 소리. 뜻이 있다. 한자를 읽을 때는 먼저 모양을 보고 소리 내어 읽고 동시에 뜻을 생각해야 된다.

日:해일은 먼저 모양이 ⊙해 같고 소리는 일이고 뜻은 태양이다. 그리고 한자는 한글과 달라 글자 한자가 좌우상하 문맥에 따라 여러 가지 뜻으로 쓰인다.

例 :日(일)의 좌우상하에 무슨 문자가 오느냐에 따라 해로 해석할 수도 있고 날짜의 뜻이 될 수도 있고 밝다는 해석이 또는 빛이라는 뜻으로 해석될 수가 있는 것이다.

▷우리의 옛 조상이나 선비들은 한자를 합자 파자하여 다방면으로 활용 하여 실력을 겨루고 과시해왔고 동양선지서는 거의가 합자. 파자. 측자로 그리고 종횡(縱橫)에 변화를 주어 장차있어질 일을 예언해 놓은 것을 볼 수가 있다.

－옛날 서당에서 선비들의 문자놀이 중에서－

▶ 문(問): 서면 윤생원이 되고 앉으면 축생원이 되는 문자는?

▷ 답(答): 다스릴 윤(尹)자.

釋➪서면 다리가 있는 尹자. 앉으면 다리가 안 보인 丑(소 축)자가 되기 때문이지.

▶ 문(問): 기둥에 파리 붙은 자는?

▷ 답(答): 점복(卜)자.

▶ 문(問): 키가 작은 난쟁이 자는?

▷ 답(答): 다만 지(只)자.

釋➪다리가 입(口)에 붙어있으니까.

▶ 다만 지(只)자 보다 더 작은 자는?

▷ 조개 패(貝)자.

釋➪다리가 눈(目)에 붙어있으니까.

▶ 문(問): 놓고도 들고 갈 수 있는 자는?

▷ 답(答): 총 총(銃)자.

釋➪총(銃)은 탕탕 놓고도 들고 갈 수 있으니까.

▸문(問): 10월10일은 한자로 무슨 자인가?

▷답(答): 아침 조자.

釋▷十月十日을 합치면 朝(아침 조)자가 되기 때문.

▸문(問): 새 두 마리가 말로 심히 다투는 자는?

▷답(答): 원수 수(讎=讐)자.

釋▷隹(새추)+隹(새추)+言(말언. 교리 언.)＝讐＝讎(원수) 새는 영적으로 영(靈)을 가리킴.

▸문(問):
一 釣 三 餌 左 右 中 이란 ?

일 조 삼 이 좌 우 중
한일 낚시조 석삼 먹이이 왼좌 오른우 가운데중

▷답(答): 마음심(心)

釋▷하나의 낚시에 먹이가 좌. 우. 중. 세 군데로 나눠 있으니까.

▷이상은 한자의 합자. 파자. 측자의 방법이 이렇게 있다는 것을 예를 들어 설명한 것이고 마음심(心)자를 이런 방법으로 감춘 것 같이 동양서지서가 이런 방법으로 기록되었다는 것을 말하고자 하는 것이다.

▷어느 날 나라 왕자가 사냥을 갔다가 돌아오는 길에 목이 말라

어느 마을 앞을 지나게 되었다. 마치 마을 앞에 우물이 있었고 그 우물가에서 물을 긷는 처녀들 중 한 처녀에게 다가가 물 한 그릇을 부탁하니 그 처녀 공손히 바가지에 물을 떠서 드렸다. 왕자가 그 처녀를 보니 아름답고 교양이 있는듯하여 글을 몇 자 써주고 고맙다 인사하고 떠나갔다.

그 처녀 그 글을 받아들고 읽어보니 도대체 이해가 안 된다. 친구들에게도 물어보고 집에 돌아와서 온 식구들이 머리를 짜 냈지만 해석한 사람이 없었다. 그 청년은 이 나라 왕자임을 온 백성이 다 아는 터라. 그 왕자가 처녀에게 써주고 간 내용은 다음과 같았다.

⇨ 國 無 城 에 月 入 門 하고
　나라국 없을무 성성 　 달월 들입 문문

⇨ 木 間 雙 人 에 해가 뜨면 止 加 一 하고
　나무목 사이간 쌍쌍 사람인 　 그칠지 더할가 한일

⇨ 牛 頭 不 出 이면 二 日 二 時 요.
　소우 머리두 아니불 나갈출 　 두이 날일 두이 때시

⇨ 밤새도록 연구하고 머리를 짜 봤다 그러나 글씨 자체는 읽을 수 있었다. 그런데 그 속에 담겨진 뜻은 알 수 없었고 오직 알 수 있는 것은 이일(二日)이시(二時) 밖에 없었다. 그래서 결론이 이번 달 2일은 이미 지나갔고 다음 달 2일에 오라는 뜻이 틀림없다고 나름대로 생각하고 다음 달 2일까지 기다리다 2시에 갔는데 그 날이

마치 그 왕자의 결혼식 날이었다. 그 처녀는 머리를 갸웃 둥 거리며 그냥 오고 말았다.
-그 왕자가 준 글의 내용은 과연 무슨 뜻일까?-

● 國(국, 나라국) 無(무, 없을 무) 城(성, 성성.) 에 月(월, 달월) 入(입, 들입) 門(문, 문 문) 하고

釋➪나라 국(國)자에서 성(口)이 없어지면(無) 혹(惑)이 남고 달(月)이 문(門)안으로 들어(入)가면 한가할 한(閒)자.

▸國－口＝惑. 月＋門＝閒. 惑 閒=혹시 한가하면

● 木(목, 나무목) 間(간, 사이간) 雙(쌍, 쌍쌍) 人(인, 사람인) 에 해가 뜨면

釋➪나무 목(木)자 사이(間)로 두(雙)사람(人)이 들어가면 올래(來)자가 되고. 해(⊙)가 뜨면＝日해일

▸.來＋日＝來日(내일) 來日 ＝내일

● 止(지, 그칠지) 加(가, 더할가) 一(일, 한일) 하고 牛(우, 소우) 頭(두, 머리두) 不(불, 아니불) 出(출, 나갈출) 이면

釋➪그칠지(止)자에다 한일(一)자를 더하면(加) 正이 되고 소우(牛)자에서 머리(頭:머리 두)가 나가지(出:날 출)않 으면(不:아니 불). 낮 오(午)자가 된다.

▸止에다 一을 더 하면. 止+一=正.
牛자에서 머리가 나가지 않으면=午.
正 午=낮12시

이 일 이 시
●.二 日 二 時 요

釋➪2일이면 시간으로 48시간에 더하기 2시간=50시간

▸二日(48시간)+二時(2시간)=50시:오십시요

전체적인 뜻: 혹 한가하시면 내일 정오에 오십시오.

➪사람의 운명은 순간적으로 잘 될 수도 못 될 수도 있다. 그 처녀가 한자의 합자. 파자. 측자만 알았더라도 아니면 옆에 주위 사람 중에서 누가 그 왕자의 글을 해석만 해 주었더라도 그는 한 나라의 중전마마가 될 수도 있었다.
➪여기서 우리는 기독교신앙인들을 생각해본다. 하나님의 아들이시오 우리들의 신랑 되신 예수님께서는 그 왕자가 그 처녀에게

남겨준 글과 같이 우리에게 편지(성경)를 주고 가셨다. 그 편지(성경)를 보고 구원과 영생의 길로 찾아오라는 내용이 적힌 편지다. 그 처녀는 글씨는 다 읽을 수 있었지만 한자가 합자. 파자. 측자로 그 뜻을 감춰 논 줄은 몰랐다. 오늘 날의 기독교인들도 마찬가지다. 성경의 문자는 누구나 다 읽을 수 있다. 그러나 성경 중에 선지서(예언서)는 비밀로 감춰진 것을 모르는 사람들이 많다(사29:9~13.단12:4~).

그 처녀가 문자적으로만 알고 이일(二日) 이시(二時)에 갔다가 자기가 주인공이 될 수도 있었던 혼인자리에 들어가 보지도 못하고 성 밖에서 맴돈 것과 같이 우리 신앙인들도 선지서와 예언서 속에 하나님의 비밀이 감춰진 줄도 모르고 문자적으로만 이해하고 있다가 막상 천국혼인잔치가 이루어 질 때(마25장)에 등과 기름이 무엇인지도 모른 체 나는 구원받았다고 안주하고 있을 때 신랑 되신 예수님이 밤에 홀연히 오신다면 영접하지도 못하고 성 밖에서 슬피 울며 이를 가는 자가 되지 않겠는가?

신앙생활은 편하고 안일하게 하는 것이 아니라 두려움과 떨림으로 조심스럽게 이루어 가라고 했다(빌3:12).

2)동양(東洋) 선지서(先知書)

➪선지 서(先知 書)란? 장차 이루어질 일을 신(神)의 계시(啓示)를 받거나 어떤 영감(靈感)을 통해 미리 말한 것이다. 그런데 동양

선지서는 거의가 합자.(合字) 파자(破字)법을 사용하여 본래 글자나 모양을 쉽게 알아 볼 수 없도록 그 모양을 변형시키거나 글자를 합쳤다 나누었다 하여 일반인이 잘 깨닫지 못하도록 감추어 놓은 것이다.

－例를 들어 설명하자면..

▶十＝열십자를 일자종횡(一字縱橫)또는 일립 일와(一立一臥)라고 표기하고 있다. 뜻은 한일(一)자가 세로와 가로로 걸쳐있다는 말이고 한일(一)자가 一자는 서고 一자는 누어있다는 말로 열십자를 표기하고 있다.

▶田＝밭전 자를 사구합체(四口合體)또는 오구합체(五口合體)라고 표기해 입구(口)자가 네 개 또는 다섯 개가 합해있다는 표현방법으로 밭전 자를 쉽게 알아 볼 수 없도록 표기해 놓았다.

▶十 勝＝십 승을 팔 력 시월 이인(八 力 十月 二人)이라 표기하는 방법 등이다.

♫동양 선지서는 수없이 많다. 그 이름으로 정감록. 격암유록. 도선비기. 송하비결. 해월유록 등 많은 선지서가 있지만 소망하는 목적이 대동소이하다.

  그리고 예언의 내용이 비슷비슷하고 똑 같은 문장도 많다. 종교도 마찬가지다. 이 세상에서는 수많은 종교가 있지만 추구하는 목적은 같다. 바라는 곳은 천국이요. 극락세계요. 무릉도원의 세계를 사모하고 있고 기다리는 대상은 진인(眞人)이요. 정 도령(正 道令 또는 鄭 道令). 미륵불. 보혜사(재림예수) 등 각기 종교마다 도를 닦고 있다는 사람마다 찾는 대상물이나 대상자가 다른 장소. 다른 이름으로 나타나고 있지만 우리가 알아야 할 것은 종말로 반드시 한 장소. 한 사람으로 종결된다는 것을 알아야 되겠다. 이것도 선지서에 나온 예언된 말이다.

내가 여기서 주로 다루고자 한 선지서는 격암유록이다. 그 이유는 성경말씀에 나온 말들이 가장 많이 나와 있고 말일에 성도들이 알아야 할 말들이 많이 기록되어 있기 때문이다. 그리고 다른 선지서에서 나오는 비밀의 문장도 많이 포함되어 있다.

그런데 동양선지서는 푸는 사람마다 그 해석이 다 다르고 특히 천부경은 열 사람이면 열 사람의 해석이 다 다르다. 성경도 마찬가지다. 같은 성경구절(선지서)을 가지고 설명하는데 설명하는 사람마다 해석이 다 각각이다.

왜 그럴까? 이유는 감춰났기 때문이다. 동양선지서는 한자의 합자. 파자. 측자. 종횡의 변화와 기타 여러 방법으로 모르게 감춰놓았고 성경도 범인(凡人)들이 쉬 알아 볼 수 없도록 감추어 놓았다. 아무나 알아보면 안 되니까.

▷내가 풀고자 하는 내용은 격암유록 전체를 푸는 것이 아니라 한 제목에서 종교인들과 관련이 있는 한 두 문장만 골라서 한자를 모르는 사람도 이해 할 수 있도록 쉽게 풀어 나갈 계획이다.

▷격암(格菴) 남사고(南師古)선생은 영양(英陽)남씨다. 명종 때 사람으로 사직서에서 참봉의 벼슬을 했고 천문학(天文學)에도 조예가 깊었다고 한다.

어려서부터 영특하여 여러 분야에서 남 보다 뛰어났다고 하며 천문학뿐만 아니라 풍수지리학에도 능통하여 여러 사람들의 존경을 받았다고 한다. 어려서 신인(神人)을 만나 자신도 알 수없는 비결(秘訣)을 받았다고 하며 죽을 때 까지도 그 뜻이 무엇이며 왜 자기에게 이런 비결을 주었는지 의문 속에 중종4년 기사년에 태어나서 선조4년 신미년에 63세로 세상을 떠났다(1509~1571).

ᓀ동양 선지 서를 쓴 예언가들이나 성경에서 예언서를 쓴 선지자들이 한 결 같이 자기가 쓴 예언의 내용과 뜻을 모르는 체 기록하고 갔다는 공통점이 있다. 그럼 동양 선지서에 감춰진 비밀이나 성경의 선지서(예언서)는 언제 풀어지는가? 말일에 풀어진다고 했다(단12:8~9.요16:25).

그 말일이 언제인가는 여러분 스스로가 시대적 분별력을 가지고 판단하기 바란다. 한자의 파자. 합자로 비장(秘藏)한 것이나 성경의 비밀로 비장(秘藏)한 것은 하나님의 깊으신 계획 속에 있다는 것을 알아야겠다.

한자의 생성과 발전과정이 우리민족의 생활 속에서 자연스럽게 선조들의 풍속과 성품이 한자 속에 나타나 있고 장래 이룰 일들이 한자 속에 숨겨진 신비함 속에 놀라지 않을 수 없다. 본인도 지혜가 짧아 다 풀지는 못하고 영감(靈感)으로 깨닫는 것만 풀어 나갈까 한다.

3)남사고(南師古) 비결(秘訣)

(1)본문에서

①▶八 力 十 月 二 人＋尋
　팔　력　시　월　이　인　심

釋▷月＋八＋二＋人＋力＝勝(이길 승)＋尋(찾을 심)

勝＝십 승지(十 勝地)의 준말. 십자의 도가 나온 곳을 찾아라. 그곳이 말일에 살 곳이다. 라 는 뜻.

▶人 言 一 大 十 八 寸
　인　언　일　대　십　팔　촌
　사람인　말씀언　한일　큰대　열십　여덟팔　마디촌

釋▷人＋言＝信. 一＋大＝天. 十＋八＋寸＝村＝ 信 天 村
　　　　　　믿을신　　　　　하늘천　　　　　　마을촌

信 天 村＝하나님을 믿는 마을(성읍) 곧 십 승지를 찾아서 그곳에 머물러라.

②▶不 知 春 日 何 望 生
　부　지　춘　일　하　망　생
　아니부　알지　봄춘　날일　어찌하　바랄망　살생.날생

釋▷봄날을 알지 못하고 어찌 살기를 바라는가?

靈▷春(봄 춘 자 파자) 三＝성 삼위께서. 人＝사람의 몸을 입고 日＝ 오시는 날. 이렇게 경사스런 날을 알지 못하고 어찌 살기를 바라는가?

③▶雙 犬 言 爭 ＋＋ 十 口
　쌍　견　언　쟁　초　십　구
　쌍쌍　개견　말언.말씀언　다툴쟁　풀초　열십　입구

잠	시	잠	시	불	면	액
暫	時	暫	時	不	免	厄
잠시잠	때시	잠시잠	때시	아니불	면할면	재앙액

釋⇨이 세상 구세주로 오신 분이 재앙을 면치 못하고 잠시 잠간 감옥에서 고생을 할 것을 예언한 말이다(계11장).

靈⇨雙 犬=개 두 마리. 言 爭=교리 싸움. ++ 十 口=苦 (괴로울 고. 쓸고)

개=배반자. 두 배반자가 교리로 싸우는 곳이 獄이다.

진인(구세주)이 獄苦(옥고)를 치룰 것을 예언한 말.

保⇨犬개견이 변으로 가면 犭변형된 개견으로 변한다.
그래서 獄자에 개 두 마리가 되는 것이다.(307페이지 부수의 변형 참조)

(2)계룡(鷄龍) 론에서

	정	조	천	년	정	감	설
①	鄭	趙	千	年	鄭	鑑	說
	나라정	나라조	일천천	해년	나라정	거울감	말씀설

세	부	지	이	신	인	지
世	不	知	而	神	人	知
세상세.인간세	아니부	알지	말이을이	신령신	사람인	알지

釋⇨정씨와 조 씨가 천년동안(鄭 趙 千年)왕 노릇한다고 정감록 (鄭鑑錄)에서 말하고 있지만

⇨세상 사람들은 알지 못하고(世 不知)신(神)의 계시(啓示)를 받은 사람만 알 수가 있네.

②▶ 十 八 姓 人 鄭 眞 人
  열십 여덟팔 성성 사람인 나라정 참진 사람인

▶ 長 安 大 道 正 道 令
  긴장 편안할안 큰대 길도.말씀도 바를정 말씀도.길도 우두머리령

釋⇨十＋八＝木(나무목)자가 들어간 성씨(姓)를 가진 사람이 진짜 정 도령이요.

⇨오래도록 평안을 누릴 수 있는 큰 도 곧 진리의 말씀을 가르치는 사람이 참 정 도령이다.

(3) 말운(末運)론에서

①▶ 小 頭 無 足 飛 火 落 地 니
  작을소 머리두 없을무 발족 날비 불화 떨어질낙 땅지

▶ 混 沌 之 世 일세.
  섞일혼 엉길돈.어둘돈 갈지 세상세

釋⇨뱀이 불과 같이 날아서 땅에 떨어지니 세상이 혼돈하고 시끄럽네.

*소두무족(小頭 無足):머리가 작고 발이 없는 짐승=뱀. 뱀은 용이요 마귀요 사단(계20;2).

保☞사단이 하나님 앞에 범죄 하므로 하늘에서 쫓겨나 땅에 떨어져 이 세상에 많은 비 진리를 퍼뜨리니 세상이 혼돈하고 시끄럽다.

② 十 二 神 人 · 各 率 神 兵
열십 둘이 신령신 사람인 각각각 거느릴솔 신령신 군사병

當 數 一 二 先 定
마땅할당 셀수 한일 두이 먼저선 정할정

釋☞신(神)이 함께한 12사람이 각각 신병(神兵)을 거느렸으니 12수는 하늘에서 미리 정한 대표자의 수이네.

此 數 一 四 四 之 全 田 之 數
이차 셈수 한일 넷사 넷사 갈지 온전전 밭전 갈지 셈수

新 天 新 地 別 天 地
새로울신 하늘천 새신 땅지 다를별 하늘천 땅지

釋☞이 수는 144이니 온전한(全)천국(田)을 이루는 수이며
☞이들이 곧 새 하늘과 새 땅이니 참으로 특별한 하늘과 특별한 땅일세.

保☞참고─성경에는 12지파와 14만4천이란 수가 있음.

③▶小　頭　無　足　天　火　世
소　두　무　족　천　화　세
작을소　머리두　없을무　발족　하늘천　불화　세상세

▶生　者　幾　何
생　자　기　하
살생　사람자　얼마기　어찌하.얼마하

▶一　四　四　半　死　之　人
일　사　사　반　사　지　인
한일　넷사　넷사　반반　죽을사　갈지　사람인

釋▷머리가 작고 발이 없는 짐승이 하늘에서 내려와 세상을 불바
다로 만들어 버렸네.

▷이 불바다 속에서 살아남을 자가 몇이나 되겠는가?
▷사람144명 중에서 절반은 죽어나가네.

保▷소두무족(小頭 無足):뱀＝용＝마귀＝사단은 한 존재.

靈▷불(火)＝하늘의 말씀. 사단의 말(교리).

▷불바다: 사단의 비 진리로 세상을 덮음.
▷여기서 죽어나간 사람들은 영적 죽음을 뜻함.
*성경에서 나온 144000인과 여기서 나온144란 숫자의 연관성은
독자의 상상에 맡김.

④ 吉 運 十 勝 何 地
  길할길 운수운 열십 이길승 어찌하 땅지
(길 운 십 승 하 지)

▶南 朝 鮮 四 面 如 是
  남녘남 아침조 고을선 넉사 낯면 같을여 이시
(남 조 선 사 면 여 시)

▶如 是 三 年 工 夫 無 文 道 通
  같을여 이시 셋삼 해년 공부공.장인공공부할부 없을무 글월문 말씀도 통할통
(여 시 삼 년 공 부 무 문 도 통)

▶肇 乙 矢 口 氣 和 慈 慈
  비로소조 새을 화살시 입구 기운기 고를화.화할화 사랑할자 사랑할자
(조 을 시 구 기 화 자 자)

釋 ▷ 길한 운수의 십 승지는 어느 땅에 있는가?

▷남조선 사면 중에 이와 같은 십 승지가 있네.
▷십 승지에서는 3년만 공부하면 글을 모르는 사람도 도통하네.
▷비로소 乙乙(卍)에 나오는 十자의 이치를 알고 나니 온 세상에
음양의 기가 고르고 자비와 사랑이 가득하네.

*불교에서는 卍자가 부처의 가슴에 있는 길상의 표시라 한다. 그
런데 十자의 끝을 다 구부려 논 것은 무슨 이유일까?

⑤ 자 고 예 언 비 장 지 문
自 **古** **豫** **言** **秘** **藏** **之** **文**
스스로자 옛고 미리예 말씀언 숨길비 감출장 갈지 글월문

은 두 장 미 불 각 서
▶**隱** **頭** **藏** **尾** **不** **覺** **書**
순길은 머리두 감출장 꼬리미 아니불 깨달을각 글서

釋⟡ 예부터 예언서 문장 속에 비밀을 감추어 두었는데

⟡ 머리는 숨기고 꼬리는 감추어서 글은 읽어도 깨닫지 못하게 했
네(마13:14~15).

(4) 사답 칠두(寺畓 七斗)에서

① 일 일 삼 식 기 아 사
▶**一** **日** **三** **食** **飢** **餓** **死**
한일 날일 석삼 먹을식 주릴기 주릴아 죽을사

삼 순 구 식 불 기 생
▶**三** **旬** **九** **食** **不** **飢** **生**
석삼 열흘순 아홉구 밥식 아니불 주릴기 살생

釋⟡ 하루에 세 끼를 먹어도 주려서 죽었지만

⟡ 한 달에 아홉 끼만 먹어도 죽지 않고 살 수 있네.

保⟡ 한 달에 아홉 끼: 일요일4번 수요일5번 합해서 아홉 번 교회
에서 말씀을 듣는 것(먹는 것).

*일순(一旬)은 10일. 삼순(三旬)은 30일 곧 한 달.

(5)생초지락(生初之樂)에서

①▶祈 天 禱 神 甘 露 飛
　빌기　하늘천　빌도　신령신　달감　이슬로　날비

▶永 生 福 樂 不 死 藥
　길영　살생　복복　즐거울락　아니불　죽을사　약약

▶立 春 大 吉 . 建 陽 多 慶
　설립　봄춘　큰대　길할길　세울건　볕양　많을다　경사경

釋▷ 천신(하나님)께 감로(진리의 말씀)를 내려 달라고 기도하소.

▷이 감로가 영원히 죽지 않고 복락을 누리는 불사약이네
▷봄이 오면 크게 길한 날이요 온 천하에 양기가 충만하여 경사스런 일이 많네.

靈▷甘露(감로): 단 이슬=하나님의 진리의 말씀(신32:2).
▷立春(입춘): 성 삼위께서 사람을 입고 오신다는 예언이 이루어지는 날.

②<ruby>利<rt>이</rt></ruby> <ruby>在<rt>재</rt></ruby> <ruby>十<rt>십</rt></ruby> <ruby>勝<rt>승</rt></ruby> <ruby>豫<rt>예</rt></ruby> <ruby>訣<rt>결</rt></ruby> <ruby>傳<rt>전</rt></ruby> <ruby>世<rt>세</rt></ruby>

이로울이 있을재 열십 이길승 미리예 비결결 전할전 세상세

<ruby>世<rt>세</rt></ruby> <ruby>人<rt>인</rt></ruby> <ruby>不<rt>부</rt></ruby> <ruby>知<rt>지</rt></ruby> <ruby>可<rt>가</rt></ruby> <ruby>歎<rt>탄</rt></ruby> <ruby>奈<rt>내</rt></ruby> <ruby>何<rt>하</rt></ruby>

세상세 사람인 아니부 알지 옳을가 탄식할탄 어찌내 어찌하

釋 ▷ 십 승지에 이로움이 있다고 예언서나 비결서가 세상에 전하고 있지만

▷ 세상 사람들이 알지 못하니 어찌 탄식하지 않겠는가?

(6) 새 삼십오에서

①<ruby>弓<rt>궁</rt></ruby> <ruby>乙<rt>을</rt></ruby> <ruby>之<rt>지</rt></ruby> <ruby>人<rt>인</rt></ruby> <ruby>諄<rt>순</rt></ruby> <ruby>諄<rt>순</rt></ruby> <ruby>敎<rt>교</rt></ruby> <ruby>化<rt>화</rt></ruby>

활궁 새을 갈지 사람인 타이를순 타이를순 가르칠교 될화.변할화

<ruby>萬<rt>만</rt></ruby> <ruby>民<rt>민</rt></ruby> <ruby>之<rt>지</rt></ruby> <ruby>衆<rt>중</rt></ruby> <ruby>奉<rt>봉</rt></ruby> <ruby>命<rt>명</rt></ruby> <ruby>天<rt>천</rt></ruby> <ruby>語<rt>어</rt></ruby>

일만만 백성민 갈지 무리중 받들봉 명령할명 하늘천 말씀어

釋 ▷ 궁을 인(十 勝 人)이 출현하여 말씀으로 친절하게 가르쳐 사람들의 마음을 변화 시켜가니

▷ 세계 만민과 많은 무리들이 하나님의 말씀에 순종하여 명령을 받들어 준행하네.

保⇨弓乙之人(十勝人):말일에 나타날 구원자. 구세주.
정 도령. 진인. 미륵. 보혜사. (여러 이름으로 예언되어 있지만 나
타날 사람은 한 사람)

②▶天 人 出 豫 民 救 地
　 하늘천 사람인 날출 미리예 백성민 구원할구 땅지

▶其 時 閉 目 忽 開
　그기 때시 닫을폐 눈목 갑자기홀 열개

▶龍 耳 口 亞 聽 取 吹 歌
　용룡 귀이 입구 버금아 들을청 취할취 불취 노래가

釋⇨하늘에서 보내신 사람이 예정된 백성을 구원하기 위해 이 땅
에 출현하네.
⇨그 때는 소경이 갑자기 눈이 열리고
⇨귀머거리가 듣고 벙어리는 노래 할 것이다.

保⇨閉目=눈이 닫힘=소경. 盲(소경 맹)=目이 亡죽다.
⇨龍耳=聾(귀머거리 농). 龍=사단이 귀(耳)를 막음.
⇨口亞=啞=벙어리 아. 亞(하늘의 도.十자)자가 입(口)을 막으니
입이 있어도 말하지 못하는 영적벙어리다.

靈⇨여기서 말한 소경. 귀머거리. 벙어리는 곧 하늘에서 내려온

진리의 말씀을 보지 못하고 듣지 못하고 말하지 못한 영적인 불구
자를 일컬음.
▷ 口亞=啞(벙어리 아)의 十자가 입(口)을 막아 벙어리가 되게 함
은 말일에 합당치 못한 자 들을 하늘의 영들에 의해 말하지 못하게
하고 골라내는 역사가 있어짐을 말하고 있다.

(7)새 육십오 에서

釋▷ (하늘에서 보낸 사람이 출현 할)그 때는 사람의 수명이 계수
나무와 같이 영원히 늙지 않고 쇠하지 아니하며
▷흰 머리는 홀연히 검은 머리로 변하고
▷빠졌던 이(치아)는 신의 조화로 다시 나게 될 것이다.

(8)궁을(弓乙)론에서

① 弓 弓 不 和 向 面 東 西
궁 궁 불 화 향 면 동 서
활궁 활궁 아니불 고를화.화할화 향할향 낮면 동녘동 서녘서

背 弓 之 間 出 於 十 勝
배 궁 지 간 출 어 십 승
등배 활궁 갈지 사이간 날출 어조사어 열십 이길승

人 覺 從 之 所 願 成 就
인 각 종 지 소 원 성 취
사람인 깨달을각 좇을종 갈지 바소 원할원 이룰성 이룰취

釋 ▷ 궁 궁(弓 弓)이 불화하여 동서로 낯(등)을 돌리고. 亞

▷ 궁이 등지고 있는 사이에서 십 승이 출현하니

▷ 하늘(십승)의 이치를 깨닫고 따르는 사람들은 소원 성취하네.

② 鬼 不 矢 口 六 千 歲 龍
귀 불 시 구 육 천 세 용
귀신귀 아니불 화살시 입구 여섯육 일천천 해세 용룡

權 柄 之 世 坐 居 龍 床
권 병 지 세 좌 거 용 상
권세권 자루병 갈지 세상세 앉을좌 살거 용룡 평상상

妖 鬼 猖 獗 火 滅 其 中

요 귀 창 궐 화 멸 기 중

妖鬼 猖獗 火滅 其中

요사할요 귀신귀 미쳐날뛸창 날뛸궐 불화 멸할멸 그기 가운데중

釋▷ (세상 사람들은)마귀가 6000살 되는 용인지 알지 못하네.
矢＋口＝知(알지).

▷세상의 모든 권세를 사로잡고 용상에 앉아 살고 있네.
▷요사스런 마귀가 (하나님이 작정한 마지막 때가되니) 미친 듯
이 날 뛰지만 하늘에서 불이 내려와 그들을(심판하여) 멸망시키
네.

保▷龍床(용상): 용의 권세 아래 있는 세상의 임금 자리.
하늘의 불: 하나님의 심판의 말씀.

浩   然   之   氣

(호   연   지   기)

8.풀어지는 한자(漢字)의 비밀(秘密) I

－범례(凡例)－

釋 ▷ 해   석

靈 ▷ 영적해석

保 ▷ 도 움 말

1)神(신령할 신)과 神(귀신 신) I

▷인류역사의 흐름과 문자의 발전과정을 살펴보면 당대에 살아
간 조상들의 생활상이나 민족적 기질 그리고 생활관습. 문화의 척
도를 가름할 수가 있다. 그 거대한 12연방국에서 모든 것을 다 빼
앗기고 반도의 구석으로 내 몰릴 수밖에 없었던 우리민족의 아픔
을 아는 사람이 그 몇이나 되겠는가. 늦게나마 다행히도 고대 우
리민족의 역사를 밝히는 자료들이 하나 둘 씩 발견되어 잃어버린
우리역사를 밝히 알아 언젠가는 타에 의해 조작된 역사가 바로 잡
힐 날을 기대해본다.

놀랍게도 우리의 글 진서(한자)는 언어의 전달이나 사건을 기록
할 목적으로 창제된 것이었지만 그 문자 속에는 그 당시 우리조상
들의 생활상이나 장차 우리나라에서 이룰 일들이 숨겨져 있음을
발견하고 놀라움을 금치 못했다.

다만 5만자나 되는 한자가 다 예언의 글이 아니고 그 중에 한정
된 문자 안에 지금까지 된 일이나 장차 될 일들이 비장(秘藏)해 있
다는 것이다. 필자는 식견이 좁아 많은 분량의 문자를 풀지 못하

고 생활 속에서 생각날 때마다 이해가 되는 것을 모아서 신의 영감을 입어 해석한 것이지 내가 연구해서 푸는 것이 아니라는 것을 말해 두고 이는 오직 봉함되었던 말씀이 약속하신 말세가 되므로 하나 둘씩 풀어짐으로 몰랐던 선지서도 예언서도 풀리고 있음을 말하고자 하며 내가 푸는 것은 극히 일부분이지만 때가 되면 지금까지 감춰진 동양선지서나 봉함된 성경의 예언서를 완전히 다 풀어 주는 자가 하늘에서 보낸 보혜사요 세상에서 기다리는 정 도령이요 진인이 될 것이다.

그 분만이 성경 속에 숨겨진 비밀이나 불경의 비밀이나 동양선지서의 비밀이나 한자 속에 숨은 비기를 완전히 풀어 줄 것을 믿으며 그 분 만이 왜곡된 이 나라 역사도 혼란스런 세계질서도 바로 잡아 줄 것을 믿어 의심치 않은 바이다.

우리는 앞에서 하늘을 나타내고 하나님을 나타내는 문자들을 보았다. 그러면 하늘이 먼저 있었는가. 하나님이 먼저 계셨는가. 성경에는 태초에 하나님이 천지를 창조하셨다고 말씀하고 있고 요한복음1장에서는 만물이 그로 말미암아 지은바 되었고 그가 없이는 하나도 된 것이 없다고 하니 그럼 하나님이 먼저 계셨음이 분명하다.

사람들은 하늘하면 저 창공을 생각한다. 그러나 우리가 삼일신고에서도 상고 했듯이 저 푸르고 푸른 것이 하늘이 아니요 저 검고 검은 것이 하늘이 아니라는 것을 알았다.

-그럼 어디가 하늘일까?

✿하나님께서 말씀하시기를 하늘은 나의 보좌요 땅은 나의 발등

상이라 말씀하셨다. 초림 때는 예수님에게 하나님의 영이 오심으로 예수님이 하늘(천국)이었다.

하늘을 한자로는 天(하늘 천)이라 표기한다. 위에 一자는 하늘을 의미하고 아래 一자는 땅을 의미한다. 여기서 人:사람이 하늘과 땅을 연결하고 온전히 받들므로 진정한 하늘을 이룬 것이다. 이것은 역에서는 천. 지. 인이 하나가되어 조화를 이룰 때 이것이 완전한 하늘이요 삼 태극으로 나타나는 것이다. 하나님을 한자로는 어떻게 표현하는가? 상제(上帝:가장 위에 계신 임금님). 천주(天主님: 하늘의 주인 또는 임금님). 일신(一神: 으뜸가는 신). 그리고 기독교에서는 한 분뿐인 유일하신 분이라 해서 한글로 하나님이라 부르고 있다.

그런데 일반적으로 많이 알려지지 않은 문자가 있는데 바로 보일시다. 보일시(示)는 示:하늘 신(神)기(示)자로도 쓰인다. 하늘 신은 곧 하나님을 지칭하는 것이며 신령할 신(神)은 하나님께 속한 신(神)들을 지칭한 말로 귀신(鬼神)과는 거리가 먼 거룩한 신. 곧 거룩한 영(靈)들을 말하는 것이다.

－신령할 신(神)자를 파자하면－

▶ 神 = 示 (하늘 신 기)＋申(펼 신)
신령신   보일시.하늘신기   펼신

釋 ▷ 하나님을 열어(啓)서 펴 보임.

ⵜ그런데 우리는 어떻게 배우고 어떻게 가르쳐왔는가?
示(땅 귀신 기). 神(귀신 신)으로 배우고 지금도 그렇게 가르치고
있다. 이유는 무엇일까?

6천 년 전 아담의 범죄로 이 세상을 마귀가 차지하고 모든 공중
권세를 마귀가 잡고 있기 때문이다. 문자뿐만 아니라 모든 세상질
서와 문자를 마귀(사단)가 앞서는 쪽으로 변개시켜 놨다.

例: 神鬼(신귀)를 鬼神으로 右左(우좌)를 左右로. 陽陰(양음)을
陰陽으로. 外內(외내)를 內外로 등등....

계시란 뜻은? 啓(열계)示(보일시. 하늘신기). 啓示란 하나님을
열어 보여 준다는 것이며 하나님을 보여주신다는 것은 하나님의
뜻을 알려주신다는 것이고 하나님의 뜻은 말씀 안에 있기 때문에
말씀을 하나님이라 하셨다(요1:1).

2)에덴동산과 뱀=용(龍)

ⵜ성경 계시록20:2에 보니 용을 잡고 보니 옛 뱀이요. 마귀요.
사단이라 했다. 성경 역사 6천 년 동안 하나님을 대적한 대적자로
일해 온 자가 여러 이름으로 일했지만 한 존재라는 것이다. 성경
맨 처음에 창세기 1장에서 하나님께서 천지를 창조하신다. 그리
고 창2:7에 흙으로 사람을 만드시고 그 코에 생기를 불어넣으시니
생령이 되었다고 한다. 창세기에 나오는 창조(創造)라는 문자 속
에는 무슨 뜻이 있을까?

─創造(창조)를 파자 해 보면─

창
▶創 = 倉 (창고 창) + 刂 = 刀 (刀칼도가刂로 변함)
처음창.비로소창 창고창. 곳집창   칼도   칼도

조
▶造 = ノ (빛) + 土 (흙) + 口 + 辶 (쉬엄쉬엄 갈 착. 어른
지을조.만들조 빛.영.생기   흙토.땅토   입구.인구구 쉬엄쉬엄갈착
의 발걸음)

靈 ⇨ 倉(창고)=곳간=천국=알곡 성도를 모으는 곳(마13장)
  刂(칼)=말씀(히4:12)

⇨ ノ(빛=생기=말씀)
  土(흙=생기가 없는 사람)
  口(인구. 사람))
  辶=辵 (쉬엄쉬엄은 어른의 발걸음=장성한자)

造(지을 조▶해설

⇨구약 때: 하나님의 말씀이 없는 사람에게 하나님의 말씀인 생기
를 불어 넣어주니 말을 알릴 수 있는(전할 수 있는)영적으로 장성
한자 곧 신앙이 온전한 자(빛)를 지으신 것이다.

⇨초림 때; 예수님께서 흙으로 된 12제자를 택하여 생기를 넣어
줌으로 성령이 충만하여 발로 걸어 다니며 땅 끝까지 전도하며 씨
(말씀) 뿌린 사역을 감당할 수 있는 사람을 지으신 것이다.

創(처음 창▶해설

✿재림 때: 추수 때가 되매 예수님께서 다시 오셔서 추수 꾼을 시켜 낫(刂)으로 알곡(성도)들을 추수하여 곳간(倉) 곧 천국에 모으는 것이 처음 창(創)자의 뜻이다.

靈✿창세기의 빛을 창조함으로 부터 계시록의 알곡 성도를 추수하여 곳간(천국)에 모으는 일 까지가 창조(創造)라는 두 글자 속에 함축되어 있다.

✿여호와 하나님이 동방의 에덴에 동산을 창설하시고 지으신 사람을 거기에 두시고 그 땅에서 보기에 아름답고 먹기에 좋은 나무가 나게 하시니 동산 가운데에는 생명나무와 선악을 알게 하는 나무도 있더라.(창2:8~9)

－귀신의 영이 에덴동산에 들어오는 과정을 보면.－

▸田 = 에덴동산 ▸ 교회 ▸ 천국
　전
　밭전

▸儿 = 아담 ▸ 어진사람 ▸ 의인으로 지음 받음.
　어진사람인

▸厶 = 하와 ▸ 의지가 약한 여자. 아담의 갈비 뼈.
　사사로울사
사단의 공격대상이 됨.

▸ ノ= 빛 ▸ 악령 ▸ 말 ▸ 사단의 교리. 에덴동산에 침입.

保♫ 하나님으로부터 선하고 어질게 지음 받아 의인으로 칭함 받은 아담(儿:어진사람)이 뱀과 하와의 유혹에 넘어가 하나님 앞에 죄를 범하므로 아름다웠던 에덴동산(田)에 악령(ノ)이 들어감으로 귀신머리 불(　)자가 되었고 그 귀신머리에 붙어 꼬리가 되어 귀신을 섬기는 신세로 전락해 버렸다. 이래서 귀신귀(鬼)자가 생기게 되었다.

▸ 鬼 (귀) (귀신귀) ＝ (귀신머리 불)＋儿(아담)(어질인)＋厶(하와)(사사사)

保♫ 하나님(示)께서는 동산 중앙에 있는 생명나무(木)와 선악을 알게 하는 나무(木)중에 선악과만을 먹지 못하게 금하셨다.

▸ 禁 (금) (금할금) ＝示(하나님)＋木(생명나무O)＋木(선악나무X)

保♫ 하와는 하나님께서 왜? 선악과를 먹지 말라고 하셨을까. 의심하기 시작 했고 여자가 그 선악과를 본즉 먹음직도 하고 보함직도 하고 지혜롭게 할만 큼 탐스런 나무라(창3:6).

▸ 婪 (람) (탐할람) ＝女(하와가)＋木(생명나무)＋木(선악과 ▸ 탐함)

保⇨ 결국 하와는 의심과 욕심과 탐심을 이기지 못하고 하나님께서 그토록 먹지 말라고 금(禁)하신 선악과를 자기뿐 아니고 자기 남편에게도 줘서 먹게 함으로 하나님 앞에 씻을 수 없는 죄를 짓고 낙원인 에덴에서 쫓겨남은 물론 온 인류에게 천추의 한을 남기고 말았다.

－죄(罪)는 무엇을 죄라 하는가? 罪(허물 죄)자를 파자하면

▶ **罪** 죄 = 罒(그믈 망: 그믈은 영적으로 말씀(마13:47－)
허물죄.죄질죄

　 非(아닐비. 배반할 비. 등질 비)

釋⇨ 하나님 말씀(罒)을 부인하거나 배반하거나 등지고 지키지 않은 것이 죄다.

⇨국가에서나 어떤 단체에서 죄를 범하면 제재를 받게 되며 그리고 그 죄질에 따라 형벌을 받게 된다. 최초로 죄를 범 한자는 누구인가 죄를 범 한자에게는 형벌이 따른다.

－형벌 형(刑)자를 파자해 보자.

▶ **刑** 형 = 干(먼저 하와가 죄를 범함)＋干(다음 아담이 죄를
형벌형.벌줄형　범할간　　　　　　　　　　　범할간

범함)＋刂＝刀 칼＝말씀(히4:12). 말씀으로 심판하실 것을

예언(요12:48)

釋▷성경 상에 최초로 죄를 범한 자는 하와이지만 아담이 대표성을 갖고 있기에 성경에 최초의 범죄자로 아담이 나온다. 두 사람이 죄를 범하므로 하나님께서는 그들을 형벌하시기로 하셨다.

▷세상에서도 좋은 사이를 이간시키거나 간사한 짓을 하면 마귀 짓을 한다고 한다. 맞는 말이다. 사람이 이성(말씀)을 가진 정상적인 사람이라면 남을 해코자 하지 않는다. 이상한 짓을 하는 사람을 귀신이 씌웠다고 한다. 바로 귀신들린 자이기에 마귀 짓을 하는 것이다. 사람에게도 귀신이 들어가면 그가 곧 마귀가 되고 마귀는 귀신의 집이 되는 것이다.

▶魔 ＝ 广(집)＋木(나무)＋木(나무)＋鬼(귀신. 악령)

마귀마 집엄 나무목 나무목 귀신귀

靈▷广(집엄): 집. 교회 또는 에덴동산을 일컬음.

　木. 木(나무들)＝사람들＝백성(렘5:14)

　鬼(귀신)＝사람들 안에 들어가서 사람을 움직이는 영들 중에서 악령. 악귀.

釋▷하나님의 교회나 성도들의 모임에 침투하여 사람(성도)들의 일을 방해하거나 이간 분리 실족시키는 짓을 하는 자가 마귀다.

▷성경에서 사단의 출현과정을 보면 하나님의 지음을 받은 천사

장(계명성)이 높아지려는 욕심이 들어가 하나님을 배반하므로 하늘에서 쫓겨나 사단(龍)이 되었다.

우리의 고대사에서는 배달국의 5대 천황 태우의 천황의 12아들 중. 막내아들 복희가 아비의 나라를 떠나 중원으로 나가 나라를 세웠음을 앞에서 밝힌바 있다.

그런데 성경이나 우리나라고대사의 공통점은 계명성(천사 장 중에 하나)이 하나님을 떠나 사단이 되었고 복희는 육적 아비를 떠나 용을 숭배하는 나라의 시조가 되었다. 우리가 보거니와 높은 분이 계신 궁이나 행사장이나 거리에는 용 그림으로 덮여있다. 그리고 우리의 고유명절인 설날을 그들은 춘절이라 하여 일 년 중 가장 큰 명절로 기념하여 즐기고 있다.

춘절(春節)이란 그 의미를 알면 대단히 경사스런 날이며 온 인류가 고대하고 기다리는 지구상에서 최대의 경사스런 날이다. 바로 우리가 봄이 되면 대문에 써 부친 입춘대길 건양 다경(立春大吉 建陽 多慶)이 바로 여기에 해당하는 말이다.

중국의 선조의 영들이 이 춘절이야 말로 참으로 좋은 날임을 후손들에게 가르쳐 준 것 같다. 춘절의 참 뜻이나 알고 명절을 즐기는지 모르겠다.

-그럼 용룡 자 안에는 어떠한 뜻이 담겨있을까?

▶ 龍(용룡) = 立(설립) + 月 = 肉(고기육. 몸 육) + (옛 용룡 자)
설립.이룰립　　고기육.몸육

保 ⇨ 肉(고기육)부수이나 변하여 = 月(달월)로 쓰임. 사람의 몸. 짐

승의 고기를 나타내는 글자에는 모두 肉(고기 육)이 들어가 있음. 그러나 글자를 쓸 때는 月(달월)로 바꿔서 씀. 例(예): 肝(간간). 肋(갈빗대 륵). 肩(어깨 견). 腸(창자 장). 豚(돼지 돈). 肰(개고기 연)등등.

　모두 月(달월)이 들어가 있지만 肉(고기 육)이 변해서 月(달월)로 쓰임.(307페이지 부록: 부수의 변형 참조).

➪　(옛날에 쓰던 용룡자다) 肉은 흙으로 빚어진 육체뿐인 사람으로서 생기(하나님의 말씀)가 없는 영적으로 죽은 자들을 가리킴.

釋➪ 月＝肉: 육체뿐인 사람들(말씀이 없는 상태)위에 서서 그들을 지배 하고 다스리는 자는 용이다.

➪용이 세상을 지배하고 있기에 용은 곧 왕이요. 임금이다. 그래서 나라에서 가장 높은 사람의 자리를 용상(龍床). 왕이나 대통령의 얼굴을 용안(龍顔). 왕이나 대통령이 거한 곳을 용궁(龍宮). 임금의 옷을 용포(龍袍). 임금의 눈물을 용루(龍淚)등으로 부른다.
　역사적으로 우리나라에 가장 영향을 많이 끼치고 괴롭혔던 나라는 중국 이였다. 그 나라는 지금도 용이란 상상의 동물을 가장 신령스런 동물로 여기고 숭배하고 있다. 그리고 붉은 색은 공산국가의 상징 색으로 그들이 선호한 색깔이다. 성경에는 붉은 용이 등장한다(계12:3). 용과 붉은 색. 그리고 8자는 무슨 연관이 있는 것인가? 이 책을 자세히 읽는 사람은 이해가 갈 것이다.

일본도 우리나라 백제에서 갈라져 나간 나라라는 것은 천하가 다 아는 사실이다. 그 일본이 또 우리나라를 그토록 못살게 했다. 성경역사를 봐도 한 조상에서 갈라진 한 혈족들이 하나님의 선민들을 그토록 핍박하고 못 살게 한다.(재림 때도 그럴 것이다). ▷그럼 고대 우리나라 곧 배달국. 청구 국. 거쳐 단군조선과 그리고 오늘 날 우리는 어떤 동물을 선호하고 상서로운 동물로 여기고 있는가?

3)봉황(鳳凰)과 우리나라

▷봉황(鳳凰)은 실존의 새가 아니라 용(龍)과 같이 상상의 동물(새)이다.

고대 우리나라 배달국(동이족)에서는 봉황을 상서로운 동물로 우리나라를 상징하는 새(鳥)로 숭상해왔다. 우리나라에서는 예부터 왕이나 대통령자리 뒤에는 봉황 한 쌍이 그려져 있다. 우리나라에서는 봉황이 황제나 임금 그리고 오늘 날에는 대통령을 상징한다.

▷그럼 봉황(鳳凰)이란 문자 속에는 무슨 비밀이 숨어 있을까? 봉황의 영적인 뜻을 이해하려면 봉황은 새의 일종이라는 것과 성경에서는 새의 영적인 뜻이 무엇인가를 알아야 봉황을 이해하기가 쉽다.

성경 마3:16에 예수님이 물에서 올라오실 때 하나님의 성령이 비둘기 같이 임하셨다고 한다. 그리고 요1:32에도 성령이 비둘기 같이 란 구절이 나온다. "성령=비둘기"같다. 그러므로 "성령=새"가 성립이 된다.

마13:31-에서는 겨자씨 비유를 들어서 천국을 설명하고 있다. 씨 중에서 가장 작은 겨자씨가 자라 장성한 나무가 되매 그 나무에 새가 깃들인 것이 천국이란다.

새는 작은 나무에는 내려앉지 않는다. 반드시 자기 몸을 감싸 줄 수 있는 큰 나무에만 깃든다. 이것은 세상의 이치요 순리다. 신앙인도 마찬가지다. 신앙이 자라지 않고 어린아이 신앙에 머물러 있다면 그 어린신앙인에게 성령이 내려오지 않는다. 신앙인은 하나님말씀으로 잘 연단 받아 속사람이 자라 장성한 자가 되어야만 영이 내려와 함께한다. 성령 받았다고 확신한 자는 한 번 점검이 필요하다.

✿봉황이란 문자 속에는 어떤 뜻이 숨어있는가? 鳳凰(봉황)이란 새 한 마리를 일컫는 말이 아니라. 鳳(봉)은 수컷을 凰(황)은 암컷을 일컫는 말로써 한 쌍의 신령스럽고 상서로운 길조(吉鳥)를 말하며 이 세상에 존재하지 않은 상상의 새를 봉황이라 한다.

-봉황(鳳凰)을 파자 해 보면

▶ 鳳 = 一(제일. 으뜸) + 鳥(새) + 几(안석궤).
봉
봉황봉 으뜸일   새조   안석궤

靈 ✿ 一(으뜸. 제일)

　鳥(새=영)=영계(靈界)=하늘에서 가장 으뜸가는 영(靈)은 하나님. 성령(聖靈)=비둘기(새)마3:16. 요1:32.

几(안석궤=편안한 등받이 의자=영계에서는 하나님의 앉으
신 보좌(寶座).

釋⇨하늘영계에서 으뜸이신 영(靈)하나님이 앉아계신 보좌(寶
座)⇨육안으로는 볼 수가 없음.

保⇨ **봉(鳳)=수컷=신랑(新郎)=영(靈)**
*예부터 鳳(봉황새)을 天 鳥(천조: 하늘 새)라고 하였다.

> 凰 = 白(흰 백)+王(왕)+几(가장 편한 의자)
봉황황　　　흰백　　　　　임금왕　　　안석궤

靈⇨白(흰백) = 흠도 티도 없는 깨끗함.
  王(임금 왕)= 제사장= 목자(벧전2:9)
  几(안석궤=편안한 등받이 의자.
保⇨육계에서는 말일에 나타날 구세주. 진인. 정 도령. 미륵. 보
혜사(여러 이름으로 불리고 있지만 오실 분은 한분)가 앉으실 보
좌(寶座). 또는 그의 육체(肉體).

⇨봉(鳳)은 하늘의 영으로 보이지 않음.
  황(凰)은 땅의 육으로서 보임.

**釋⇨하늘에 있는 수컷 봉(鳳)이 하나님이 정하신 때가 되매 암컷
황(凰)에게 내려와 부부가 되매 그 부부를 가리켜 봉황이라 한다.**
靈⇨신랑 되는 하늘의 영이 신부인 이 땅의 육에게 내려와 장가들

어 부부가 되니 그 영과 육이 하나가 된 신령체를 가리켜 봉황이라 한다.

　이것이 동양 선지서에서 예언한 신인 일체 영생 불사 (神人 一體 永生 不死)가 이루어지는 실상이 되는 것이며 실체가 나타나는 것이다.

*성경 마19:6과 엡5:31~32에 나오는 결혼의 비밀을 잘 음미해 보시기 바란다.

保⇨ 황(凰)＝암컷＝신부(新婦)＝육(肉)

⇨봉황이란 문자 안에 감춰진 비밀이 밝혀졌다. 봉(鳳)과 황(凰)이 온전히 한 쌍의 鳳凰을 이루려면 영계에 있는 봉(鳳:신랑)이 땅에서 신랑을 기다리는 황(凰:신부)에게 장가들어 한 몸을 이루는 것이 한자 속에 감춰진 봉황(鳳凰)의 비밀을 이루는 것이며 동양 선지서나 성경의 예언이 이루어지는 영생이 성취되는 것이다.

⇨우리는 수컷 봉(鳳)을 볼 수가 없다. 왜? 영(靈)이요 상상의 새이기 때문에 그럼 볼 수 있는 길은 없을까? 볼 수 있는 방법은 딱 한 가지 있다. 가르쳐 드릴 테니 모두들 배워서 임도 보고 뽕도 따시기를 바란다.

▶ 有 道 通 則 見 雄 鳳
　　유　도　통　즉　견　웅　봉
있을유 말씀도 통할통 곧즉.법칙칙 볼견 수컷웅 봉황봉

釋⇨ 道(하늘에서 내려오는 진리의 말씀)를 통달하는 자는 수컷 봉

(鳳)을 볼 수가 있다.

保⊅지금은 영계에서 영으로 있으니 볼 수 없지만 도통한 자는 볼 수가 있다.

☯ 솟대 이야기

⊅우리나라 지방에 다니다 보면 마을입구에 솟대를 세워 논 것을 본 사람들이 있을 것이다. 그러나 지금은 시골이라도 개발되고 개량되어서 옛 모습을 찾아보기 힘들고 솟대나 천하대장군. 지하여장군 같은 장승도 찾아보기 힘들게 되었다. 솟대란 물새 모양을 나무로 깎아 긴 장대위에 올려놓은 것을 말한다. 몇 년 전만 해도 흔히 볼 수 있었지만 지금은 거의가 없어지고 이제는 찾아보기 힘들게 되었다. 우리조상들은 무슨 이유로 두 마리도 아닌 한 마리의 물새(오리 기러기 등 물에서 사는 새)를 외롭게 마을 어귀에 세워 두었을까?

우리조상들의 생각에는 그 새가 마을의 수호신으로써 마을의 안녕과 풍년을 가져다주는 길조로 알고 대대로 전해 내려왔을 것이다. 어떤 마을 문화관이 있는 곳에 가보면 한 마리가 너무 외로워 보였던지 두 마리를 나란히 세워둔 곳도 있고 아니면 여러 마리를 같이 세워둔 곳도 볼 수가 있다. 그러나 솟대의 본뜻은 그런 것이 아니다.

우리는 앞에서 봉황(鳳凰)의 참 뜻을 알았다. 봉황은 실재의 새가 아니고 상상의 동물(새)이다. 봉은 수컷이고 황은 암컷이다. 그러나 본 사람은 한 사람도 없다. 다만 날아다니는 새(鳥類)라는 것과 상서로운 길조(吉鳥)라는 것만 안다.

우리나라는 고대 조상 때부터 후손들에게 대대로 전해 내려온 숨겨진 비밀들이 있다. 속담이나 민담이나 민요나 생활풍습 속에 숨겨 놨지만 그 뜻은 모르는 체 후손들에게 전해지고 있다.

─솟대는 과연 무슨 이유로 세웠을까?

▷솟대는 봉황 중에 암컷 황(凰)이다. 마을 입구에 하늘에 닿을 정도로 높이 하늘을 쳐다보며 수 천 년을 외로움 속에 기다리는 임이 있으니 수컷 봉(鳳)을 안타깝게 기다리는 암컷 황(凰)인 것이다.

그런데 왜 솟대의 새를 오리나 기러기. 갈매기 등 물새로 택하여 세웠을까? 이 문제는 성경의 지식을 요구하는데 물과 성경은 깊은 관계가 있음을 알아야 한다. 창1:에는 하나님의 신은 수면(물)에 운행하셨다는 말씀으로 시작하여 물이 수없이 많이 나온다. 물이 무엇인가를 안다면 왜 솟대를 물새로 택하여 세웠는지 답이 나올 것이다.

격암유록에는 을 시구(乙 矢+口=知) 절 시구(節 矢+口=知)란 말이 나온다. 십자가(十字架)의 의미를 알고 시대적인 때를 알라는 말이다. 지금까지의 솟대는 오늘 날(말세)에 이루어질 실상의 한 그림자였고 솟대의 참 형상이 실체로 이루어질 때가 지금(말일)이란 것을 알려주는 것이다. 우리 민족은 이런 것들을 눈여겨 보고 귀담아 들을 때가 지금이란 것을 알아야 될 줄로 안다.

－마을 입구에 외롭게 서있는 솟대－

☯천하 대장군(天下 大將軍)
지하 여장군(地下 女將軍)

➪우리민족의 고대사(古代史). 태백 일사 삼신오제본기 제1. 표훈
천사에서 대시(大始: 太初. 原始. 맨 처음)에 위아래 사방은 일찍
이 아직 암흑으로 덮여 보이지 않더니 옛 것은 가고 지금은 오니
오직 한 빛이 있어 밝더라. 상계로부터 삼신(三神)이 계셨으니 곧
한분의 상제(上帝)시라. 주체는 곧 일신(一神)이니 각각 신(神)이
따로 있음이 아니나 쓰임은 곧 삼신(三神)이시라. 그 형체는 나타
내지 않으시고 최상 꼭대기의 하늘에 앉아계시니 계신 곳은 천만
억토(千萬 億土)라 숨을 불어 만물을 만드시고 －中略－ 아직 기
(氣) 있기 전에 물을 낳게 하시여 태수(太水)라 하여 북방에 있으
면서 사명으로서 검은 색을 관장케 하여 이를 흑제(黑帝)라 하고
－中略－ 하늘아래 오제(五帝)를 두시매 이를 흑제(黑帝:북방). 청

제(靑帝:동방). 적제(赤帝:남방). 백제(白帝:서방). 황제(黃帝:중앙). 오방(五方)을 감독하고 살피는 자를 천하 대장군(天下 大將軍)이라 하고 지하에 또 오령(五靈)을 두었으니 태화(太火:남). 태목(太木:동). 태수(太水:북). 태금(太金:서). 태토(太土:중앙)를 두어 각각 사명을 주었으니 이를 주관하는바 이를 지하 여장군(地下 女將軍)이라 한다.

⊃ 길가에 세워있던 장승에 이토록 깊은 뜻이 있다는 것을 우리는 알아야 된다. 이런 귀한 문화재를 우리의 무지로 해서 함부로 해손해서는 안되겠다.

이 천하 대장군. 지하 여장군에 대해서는 다음 기회에 다시 한번 설명하기로 하겠다. 이것들 뿐 만이 아니다. 우리가 모르는 사이 귀중한 문화재들이 얼마나 많이 사라져가고 있는지 모른다. 이런 문화재를 내가 소유하고 내가 소장하고 있다고 내 것이 아니다. 땅도 마찬가지다. 소유권 등기를 내서 내 앞으로 되어있으니 내 것이다. 라고 생각한다면 오해다. 국토는 우리민족의 것이지 내 것이 아니다. 문화재 역시마찬가지 개념이다. 우리당대에 쓰고 버릴 소모품이 아니라 우리가 사는 당대에 잠시 사용하다가 원형 그대로 고이고이 가꾸어서 우리 후손에게 대대로 물러주어야 한다. 그것이 우리조상이나 더 올라가 하느님의 뜻을 받들어 이행해 드리는 천민(天民)으로서 마땅히 행할 도리인 것이다.

●책책(冊)자의 유래(由來)📖

↻성경의 역사를 보면 옛날에는 구약을 금속이나 나무. 그리고 파피루스라는 갈대 잎에 기록해 쓰다가 시대가 흐름에 따라 대 나무(竹)를 쪼개서 거기에 구약을 기록하여 끈으로 묶어 말아가지고 다녔다고 한다. 고대 우리나라도 마찬가지로 대 나무에 글을 써서 둘둘 말아가지고 다녔다. 그때 대 나무를 쪼개서 묶어 놓은 모양이 대 나무를 역어 논 모양(冊)으로 생겨서 이자를 책책(冊)자로 택하여 썼다고 한다. 그리고 그 글이 적힌 대 나무를 둘둘 말아가지고 다녔는데 그 모양을 본 따서 만든 문자가 책권(卷)이다. 또 이 卷자를 둘둘 말아 논 모양이라 해서 두루마리 권. 말권으로도 쓰인다.

옛날에는 담배를 담뱃대나 파이프에 넣어가지고 피웠다. 점점 담뱃대를 가지고 다닌 것이 거추장스러웠다. 그다음 등장한 것이 종이로 말아 피우기 시작한 것이 발달하여 오늘 날의 담배가 되었다. 그래서 몇 십 년 전만해도 말아 논 담배를 권련(卷煙)이라 불렀다.

책책(冊)자는 대 나무를 쪼개서 그 안에 글이나 성경말씀을 기록해서 그 대 나무를 묶어 논 모양이라고 했다. 그런데 어떤 형태로 기록했을까? 위에서 아래로 기록 했다. 그래서 대 나무에 적힌 글을 읽자면 목(고개)이 자연히 위에서 아래로 끄덕이게 된다. 우리는 어떤 일에 대해서 긍정을 나타내는 표시로 목을 끄덕 끄덕 한다. 이것은 좋다. 동의한다. 인정한다는 의사 표시이다.

기독교인들도 하나님말씀이 마음에 와 닿으면 목을 끄덕이며 아멘아멘 한다(고린도 후서1:20). 그런데 지금 현실은 어떠한가? 모든 글씨의 기록 방법을 좌에서 우로 읽도록 바꿔놓았다. 그래서 글을 읽자면 자연스레 목이 좌에서 우로 내 저어진다. 부정의 표시이다. 아니오. 아니오란 의사표시이다.

긍정적인 것과 부정적인 것. 한 번쯤 생각해 볼 일이다. 이유는 이 세상이 신본주의로 가질 않고 인본주의로 가고 있기 때문이다. 신(神)의 뜻이 어떻든 사람이 편하면 다 바꿔 버린다.

어른을 무시한 체 아이들 위주로 모든 것이 설계되어가고 있고 뿌리는 썩어 가도 열매만 쳐다보며 즐거워하는 근시안들이 모여 사는 세상. 진짜 우리글은 남의 글이라고 배척하고 남의 글을 우리 글 속에 침투시켜 우리의 문화를 잠식해 버리려는 획책 앞에 신(新)사대주의자들이 나타나서 또 한 번 매국노 짓들은 하지 않을지 마음이 아프다 못해 아려온다. 하도 이웃 나라들의 침략만 받다보니 주체의식은 없어지고 그들을 두려워한 나머지 사대주의와 모화사상으로 초라해진 민족의 기질로 변해버렸다.

4)환웅(桓雄)시대 때의 우리나라 이름들

◇환웅천황(桓雄天皇)께서 하나님으로부터 나라를 세우라는 명을 받고 천부인 3개를 가지고 이 땅에 내려와 신시(神市)에 도읍을 정하고 나라를 세우셨으니 그 때가 BC3898년10월이었으며 나라 이름을 배달국(倍達 國)이라 하였다(한단고기 참조). 그 배달국이 한 가지 이름으로만 불리지 않고 배달국(倍達 國)을 동이족(東夷 族). 청구 국(靑 丘 國). 군자국(君子國). 구이(九夷)의 나라 등으로 불리어 왔다. 그러면 그 나라이름으로 쓰이는 한자(漢

字)속에는 무슨 뜻이 내포 되어있는가?

먼저 배달국(配達 國)에 대해서는 앞서 한자와 우리민족에서 언급을 했기에 여기에서는 생략하고 동이족(東夷 族)이란 무슨 뜻을 갖고 있는가?

▸ 東 = 木(나무) + 日(해=태양)
동녘동   나무목   해일

釋▷ 나무 가운데로 해가 들어가 있는 자가 동녘동자다.
靈▷ 나무=사람(백성)(렘5:14). 해=하나님(시84:11)

▷ 영적으로는 하나님이 함께한 사람이란 뜻이다.
▷ 나무가 사람이고 해가 하나님이라면 사람 마음가운데 하나님이 오시면 그 사람이 동방이요 해 뜨는 동쪽이다.
왜 그럴까? 해는 동쪽에서 뜨니까.

하나님이 계신 곳이 동방이요 동쪽인 것이다. 북쪽에 있는 사람에게 하나님이 오셨다. 그러면 그 사람이 영적으로 동방이요 해가 떠오른 동쪽이다. 육적방위가 아닌 영적방위를 말하는 것이다.

삼일신고에서 일신 강충(一神 降衷)에 대해서 잠시 설명 한바있다. 우리민족에게는 一神=하나님이 내 마음 중심에 내려와 계시니 그분을 찾으라고 하셨다. 음양오행 상에서 木은 방위로는 東이요 계절로는 봄이요 색깔로는 靑이다. 봄은 온화하고 따뜻하며 온갖 생물이 새 생명으로 다시 태어나고 산천은 푸름으로 약동한다.

그러나 동양 선지서에서 말하는 봄은 육적 봄을 두고 말함이 아니다. 영적 봄을 말하고 있는 것이다.

봄 춘(春)자를 파자하면 "三+人+日=春" "성 삼위께서 사람을 입고 오시는 날"이 가장 온화하고 따뜻하고 만물이 소생하며 산천은 푸름으로 덮이고 만물이 고대하던 이 세상에서 최고로 기쁘고 경사스런 날. 이 날이 곧 봄이다. 그리고 중국에서 명절로 지키는 春節(춘절)이다.

그런 개념으로 에덴동산(東山)을 본다면 동방의 에덴동산이 전혀 이상할 것이 없는 것이며 오늘 날에 이루어질 계시록7장2절에서 천사가 하나님의 인(印)을 가지고 "해 돋는 대로부터"이 대목이 전혀 이상할 것이 없는 것이다. 하나님이 계시는 곳이 곧 동방이니까. 그런 맥락에서 동방박사의 의미를 잘 새겨보기 바란다.

▶ 夷 = 大(큰 대) + 弓(활 궁)
이
큰이.동방이   큰대   활궁

釋▷ 夷(이)자의 뜻은 큰활이란 뜻이다.

靈▷ 칼. 검. 창. 활등이 영적으로는 하나님 말씀 또는 사단의 말이나 비 진리를 말하는 것임을 알아야 된다.

▷ 활이 영적으로 말씀이라면 큰 활이란? 큰 말씀. 하늘의 말씀 진리의 말씀을 일컫는 말이다.

▷ 우리나라는 일찍이 환웅시대부터 활이 크게 발달된 나라이다. 중국인들은 이 夷자를 오랑캐 夷자로 부른다. 오랑캐란 다른 나라를 얕잡아 보는 말이요. 야만족이란 뜻이다.

고기(古記)에 보면 우리나라 사람들은 키가 6척이나 8척쯤 되어 보였고 큰 활은 가지고 다녔다고 나와 있다. 그리고 중국과 잦은 전쟁으로 적대국 관계로 있으며 요동성과 만주지방을 차지하고 있을 때 그들이 우리나라를 동쪽에 있는 오랑캐나라라고 부르면서 이 활이(夷)자를 오랑캐이자로 바꾸어 우리나라를 야만족 취급을 했다.

▸ 族(족, 겨레족) = 方(모방,장소방)(바위 방: 장소) + 人(사람인)(사람들) + 矢(화살시)(화 살)

釋 ⇨ 화살 역할을 할 사람들의 모임. 또는 집단.

⇨ 활= 화살을 목적물까지 보내는 장치(기계).
살촉= 하나님 말씀 또는 사단의 말.
살대=직접 찾아가서 말이나 말씀을 전하는 전도자.
⇨ 활은 활만 소유하고 있으면 자기의 목적한 바를 달성할 수 없다. 화살을 쏘아야 목적물을 맞히어 사냥감을 잡든가 표적을 맞히어 점수를 딸 수가 있는 것이다.
성령으로부터 말씀을 받아 선포한 자가 활이라 한다면 여기서 화살이라 함은 말과 말을 직접 전할 전도자를 말한다.

靈 ⇨ 동이족(東夷 族)의 영적풀이는 하나님이 함께한 백성이요 하나님의 진리의 말씀을 직접 전하고 다니는 민족.

⇨ 지금으로부터 5천 몇 백 년 전에 동이족이란 한자 속에 예언 된 말이 오늘 날 우리나라에서 실상으로 이루어지고 있음을 보고 놀라지 않을 수 가없다.

⇨배달국은 또 청구국(靑丘(언덕 구)國)이라고도 널리 알려졌는데 청구국은 배달국의 14대 자오지 치우천왕 때 국호를 청구 국 이라 불렀다.

▶ <ruby>靑<rt>청</rt></ruby>(푸를 청) <ruby>丘<rt>구</rt></ruby>(언덕 구) <ruby>國<rt>국</rt></ruby>(나라 국)

⇨靑(푸를청)은 음양오행으로 볼 때 해 뜨는 동방이요. 양기가 고른 꽃 피는 봄이요. 인생의 일대기로 볼 때는 힘 있게 뻗어가는 청. 소년기다.

⇨丘(언덕 구)언덕은 평지보다 높다. 여기서는 격이 한 단계 높다. 강국(强國)이다.

⇨치우천황이 다스리던 시대에는 국력이 중원의 어느 나라보다 국력이 넘쳐났고 전쟁에서도 치우천황을 이겨 본 국가가 없었다. 그래서 많은 제후국들로부터 추앙을 받고 부러움의 대상이 되었다. 그래서 청구란 뜻은 많은 나라 중에서 격이 한 단계 높다 또는 "대 강국이다"라는 의미를 담고 있다.

▶ <ruby>君<rt>군</rt></ruby>(임금 군)<ruby>子<rt>자</rt></ruby>(아들 자. 씨자. 사람 자)<ruby>國<rt>국</rt></ruby>.

釋⇨학식과 예의와 덕망을 고루 갖춘 백성들이 사는 나라.
⇨지금으로부터 약6천 년 전에 환웅천황께서 하나님의 아들로써 땅에 내려와서 나라를 세우시고 나라이름을 배달국이라 하셨다.

일찍이 문자를 발명하시고 백성교화에 힘을 쏟으셨다.

-여기서 말한 군자(君子)란 임금님의 아들을 칭함이 아니요. 학식과 예의와 덕망을 고루 갖춘 백성들을 가리킨다.

▶九(아홉 구) 夷(큰활이) 나라

釋▷동이족에 뿌리를 둔 아홉 개 연방국을 말하며 모두 배달국과 청구국의 가르침을 받았다.

▷중국의 대 학자인 공자가 쓴 논어(論語) 자한(子罕)편에 이런 말이 실려 있다.

자	왈	욕	거	구	이
子	曰 .	欲	居	九	夷
아들자.사람자	말할왈	하고자할욕	살거	아홉구	큰활이

혹	왈	누	여	지	하
惑	曰 .	陋	如	之	何
혹혹	말할왈	누추할누	같을여	갈지	어찌하

자	왈	군	자	거	지
子	曰 .	君	子	居	之
사람자.아들자	말할왈	임금군	아들자	살거	갈지

하	누	지	유
何	陋	之	有
어찌하	누추할누	갈지	있을유

釋▷공자가 말하기를 "구이 땅에서 살고 싶다" 혹자가 말씀을 드려 "누추할 텐데 어찌 살 수 있겠습니까?"

▷공자가 말하기를 "군자들이 사는 곳"인데 "어찌 누추함이 있겠는가?"

保▷학식과 예의와 덕망을 고루 갖춘 백성들이 사는 나라인데 무슨 허물이 있겠느냐는 말이다.

　여기서 우리는 선조들이 백성들 교화(교육)에 얼마나 힘을 쓰셨는가를 알 수 가있다.

▷중국의 대학자인 공자까지도 우리나라에 가서 살고 싶다고 했다면 그 때 당시의 우리나라의 국력과 사람들의 됨됨이를 헤아려 짐작할 수가 있는 것이다. 하나님이 세운 나라 하나님이 함께한 백성. 하나님이 보우하사 우리나라 만세 만만세!

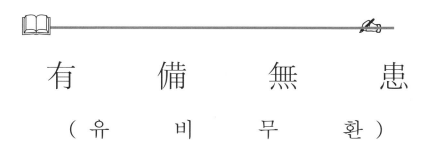

有　備　無　患
（ 유　　비　　무　　환 ）

9.풀어지는 한자(漢字)의 비밀(秘密)Ⅱ

1)빛(光)

➩빛은 순수한 한글 표기다. 빛을 한자로는 光(빛 광)으로 쓴다. 한글 사전에서는 빛은 태양이나 별이나 등불 등에서 나와 시신경을 자극하여 물체를 볼 수 있게 하는 일종의 전자기파. 이렇게 나와 있다. 육적으로 사실 그대로를 설명하는 것이다.

성경 창1:3절에 하나님께서 빛을 창조하셨다. 광명(光明)일까? 광선(光線)일까? 육적인 빛은 어둠을 밝히는 역할을 한다. 그런데 한자로 빛을 나타내는 광(光)자는 전혀 다른 뜻으로 해석이 된다.

▷ 光 (광 / 빛광) ＝ 火(불 또는 빛)＋儿(어진사람. 깨끗한 사람)
  (어진사람인)

* 옛 빛 광자나 전서(篆書)에는 光자를 火자 아래 儿자를 썼다.
  :빛 광

靈➩ 불(火)＝말씀(렘5:14). 인(儿)＝어질고 깨끗한 사람.

釋➩ 하나님 말씀으로 거듭나서 깨끗해 진 사람이 영적 어둠을 비치는 빛이다.

保▷요한복음1장에서 말씀이 빛이라 했으니 말씀을 받은 자도 빛이다.

▷기독교인들은 하나님께 영광(榮光)을 돌리자는 말을 많이 한다. 또 성경에도 우리 크게 기뻐하여 하나님께 영광을 돌리세. 라는 구절도 있다. 그럼 하나님은 아무에게나 영광을 받으시는가. 아니면 선별하여 받으시는가. 선별하신다면 어떤 사람들의 영광을 받으시는가. 알아보도록 하자.

▷榮(영)(영화영.영광영) = 火(불화) + 火(불화) + 冖(덮을 멱) + 木(나무목)

靈▷(火)불은 말씀이요. 말씀을 받은 사람도 불(빛)이다.
 (冖)덮는다는 것은 죽음 또는 무덤을 말함.
 (木)나무는 하나님의 백성을 말함(렘5:14).
釋▷많은 백성들은 영적으로 죽은 상태에서 무덤 속에 갇혀 있고 하나님의 말씀을 받은 두 사람(아담과 하와) 만이 두 손을 들고 하나님께 영광을 올리고 있다.

▷에덴동산에 생명나무와 선악을 알게 하는 나무가 있었다. 그런데 하나님께서는 많은 나무(백성)중에서 아담을 택하여 빛으로 삼았다. 하나님의 말씀인 불을 받은 사람이 있었으니 곧 아담(火)과 하와(火)였다.

이들은 무덤(선악나무)위에 서서 하나님께 영광을 올리고 있다. 성경에서는 하나님말씀이 없는 자를 영적으로 죽은 자라 한다. 그래서 죽은 자들을 덮고(冖)있는 것이 무덤이다.

말씀이 없는 자들(롬8:9)은 하나님께 영광(榮光)을 올릴 자격이 없다. 아담이 하나님과의 언약을 어기지 않았던들 에덴동산의 생명나무들은 승승장구 했을 것이다. 그리고 인류에게 이런 고통의 나날은 없었을 것이다. 그렇게도 무덤 위에 올라서서 자랑스럽게 하나님께 영광을 올렸던 아담의 늠름한 모습은 간 곳없고 한 줌 흙으로 돌아가고 말았다. 이것이 욕심과 교만이 낳은 배반자의 결말이다.

하나님께서 우리를 깨우쳐서 영적무덤 속에서 나오게 하시려고 여러 가지 방법으로 무덤의 실체를 알려주시고 계신 것이다. 한자로 무덤을 나타내는 문자는 여럿 있다. 여기서는 무덤 총(塚)자에 대하여 알아보기로 하겠다.

▷塚 ^총 무덤총 = 土(흙토)+冖(덮을 멱)+豕(돼지시)+丶(불똥 주)

靈▷土=하나님 말씀이 없는 사람.
　冖=덮는다는 것은 죽음 또는 무덤을 말함.
　豕=하나님을 배반한 반역자. 의리를 저버린 자.
　丶=사단의 교리. 비 진리.

釋▷그토록 하나님의 사랑을 받던 아담(택한 백성들)이 뱀의 유혹에 넘어가 사단의 비 진리(丶)를 마음속에 받아들임으로(豕=축)

하나님을 저버리는 배반자(豕=돼지)가 되니 어둠이 그들을 덮었고 그들이 바로 흙(영적 죽은 자)으로 쌓은 무덤이 되는 것이다.

2)구약(舊約)의 舊자의 비밀

▷하나님께서 숨겨두신 구약의 비밀(秘密)은 그리스도다(골1:27. 골2:2.요5:39).

 기독교인들은 누구나 할 것 없이 천국 가는 것이 목적이요 소원이다. 그리고 세상 많은 종교인들도 자기를 구원해 줄 구원자를 찾고 있다. 세상 모든 종교인들은 자기가 찾고 있는 구원자가 노출되어 있지 않고 비밀로 감춰져있다는 것을 잘 알고 있다. 그러나 어떤 종교가 됐든 자기를 구원해 줄 구원자를 찾기가 쉽지가 않다.

 구도자(求道者)의 길은 엄청난 고행(苦行)이 요구 된다. 예수님께서는 마태복음18:3절에서 말씀하시기를 "어린아이와 같지 않으면 결단코 천국에 들어갈 수 없다"고 말씀하셨다.
▷어린아이를 나타낸 문자는 兒(아이 아)자다.

―아이 아(兒)자를 파자하면

▷ 兒 = 臼(절구구) + 儿(어진 사람인)
  아이아   절구구   어진사람인

靈▷臼(절구 구)=절구는 절구질 확. 여자의 자궁을 뜻함.

儿(어진 사람인)=흠 없이 순수하고 깨끗함.

釋▷숫처녀의 자궁에서 태어난 아이가 가장 어질고 순수하고 깨끗하다.

▷우리의 일반 상식으로는 숫처녀의 자궁에서 아이가 태어날 수 없다. 그것은 세상이치이고 상식이다.

臼(구)자는 여자의 자궁을 상징한 문자다. 그런데 여자의 자궁은 왜 존재하는가? 아이를 수태하기 위한 10개월 동안의 아이의 집이다. 그런데 자궁을 상징하는 臼자 속에 비밀이 있다. 무슨 비밀이 있을까?

여자의 자궁을 상징하는 臼자에 어떤 문자(씨)가 들어가느냐에 따라 문자의 모양. 소리. 뜻이 달라진다.

－臼(절구구)에＋同(한 가지 동)字가 들어가면＝興(일어날 흥)자가 된다.

－臼(절구구)에＋与(어조사 여)字가 들어가면＝與(줄여 字)가 되며

－臼(절구구)에＋人(사람인)字가 들어가면＝臾(잠간 유字)가 된다.

▷이와 같이 절구臼 字 속에 어떤 문자가 들어가느냐에 따라서 파생되는 문자의 모양. 소리. 뜻이 완전히 달라진다.

사람의 경우를 한 번 생각해 보자. 여자의 자궁에 김 씨의 씨가 들어가면 김 씨를 닮은 김 씨의 아들이 태어 날 것이며 정 씨의 씨가 들어가면 정 씨를 닮은 정 씨의 아들이 태어 날 것이다. 씨에 따라 태어난 아이의 모양. 소리. 뜻이 각각 다르다. 그런데 아이

아(兒)字는 어떤가. 자궁 안에 아무 문자도 들어가지 않았는데 거기서 어질고 깨끗하고 순수한 아이가 태어났다.

　여기에서 우리는 하나님의 놀라운 비밀을 볼 줄 알아야 한다. 앞에서 구약의 비밀은 그리스도라 했다. 한자 속에 예수탄생의 비밀이 숨어 있다. 바로 예구(舊)자다.

ー예구(옛 구)자를 파자 해 보자.

▷舊 = ++(풀초) + 隹(새추) + 臼(절구구)
예구.오랠구

靈 ▷ ++(풀초) ▷ 풀은 모든 육체요 사람이다(사40:6~7).
　隹(새추) ▷ 비둘기(새) = 성령(聖靈)마3:16. 요1;32.
　臼(절구구) ▷ 臼자는 여자의 자궁을 상징한다.
保 ▷ 예구(舊)자에 나온 臼자는 자궁 안에 아무 씨도 들어가지 않은 처녀의 자궁이다. 대 음순 소 음순까지 표시되어 만든 문자다.

釋 ▷ 이 세상 모든 육체(사람)들 가운데 오직 한 사람만이 처녀가 성령으로 잉태 할 것을 이 문자 속에 예언해 놨다(하나님의 초능력으로).
保 ▷ ++(풀초):모든 사람 중에 오직 한 사람.
　隹(새):성령이
　臼(구)처녀의 자궁에 임함
　처녀의 잉태를 예언(7:14)ー처녀가 아이를 낳음(마1:18~21)

⟡臼자에 어느 문자가 들어가느냐에 따라 거기서 새로 만들어진 문자의 모양. 소리. 뜻이 각각 달라진다고 하였다. 절구 臼자는 여자의 자궁을 상징한 문자이고 자궁은 受胎(수태)하기 위해 있는 아기의 집이다. 수태하기 위해서는 자궁에 씨가 들어가야 하고 어느 성을 가진 姓氏(성씨)의 씨 곧 精子(정자)가 들어갔느냐에 따라 거기서 태어난 아이가 각각 다르다.

여기서 우리가 주의 깊게 볼 것은 옛 구(舊)자 맨 아래 있는 臼자가 아무씨도 들어가지 않은 처녀의 자궁이다. 아무 씨도 들어가지 않은 처녀의 자궁 안에서 잉태가 이루어 졌다는 것은 초능력으로 성령의 씨가 자궁 안에 임했다는 것을 말해 주고 있는 것이다. 舊자는 성령잉태를 예언해 논 글자다. *.성경(구약)은 예수의 나타날 것을 증거 해 논 글이다(요한복음5:39)

⟡우리는 아이 아(兒)자만은 알고 넘어가자.

아
▷兒＝臼(처녀의 자궁)＋儿(어진사람)
아이아

釋⟡처녀의 자궁에서 태어난 아이가 가장 어질고 순수하고 흠도 티도 없이 깨끗하다. 이것이 아이의 특징이다.

⟡아이 아(兒)자는 臼자 속에 아무 문자(씨)도 들어가지 않았는데 어진사람(儿)이 태어났을까? 우리는 앞에서 예수님이 말씀하신 마18:3절을 상기해보자. 말씀하시기를 어린아이와 같지 아니하면 결단코 천국에 들어갈 수 없다고 말씀하셨다. 예수님이 말한

그 아이 아(兒)자가 곧 처녀의 자궁(臼)에서 어질고 깨끗한 아이(儿)가 나왔음을 본다. 그렇다면 예수님이 말하는 어린아이는 예수님 자신을 어린아이에 빗대어서 말하고 있는 것이며 그리고 누구든지 천국에 들어가려면 예수님과 같이 심령이 깨끗해야 들어갈수 있음을 말씀하고 있는 것이다. 아이 아(兒)는 예수와 같은 성인(聖人)을 모델로 만들어 진 문자이다.

*구약의 비밀은 예수 그리스도요. 구약의 핵심은 구원자 예수를 보내 주시겠다는 약속이다.

3)율법(律法)과 제사(祭祀)

  ⤷ 한자(漢字) 한자(一字)안에서 숨겨진 비밀(秘密)을 찾아 해석(解釋)하기란 그렇게 쉬운 일은 아니다. 먼저 한자(漢字)와 한문(漢文)을 알아야 되고. 한자의 합자(合字). 파자(破字). 측자(側字)법을 알아야 되며 한자의 응용방법을 알아야 된다. 그러면 한자(漢字)속에 숨겨진 비밀을 다 알 수 있는가? 아니다 한문지식이나 학식으로는 풀려지지 않은 문자가 너무 너무 많다. 그럼 무엇으로 풀 수 있는가? 바로 신서(神書)로만 풀어지는데 그러자니 신서(神書)를 알아야 풀 수가 있다. 몇 날 몇 달이 걸려서 풀려지는 것이 있는가 하면 몇 달을 생각해도 풀려지지 않은 문자가 많다. 신(神)이 감동하심을 주지 않으면 사람의 지식으로는 안 된다는 것을 절실히 느낀다.
  구약 때 하나님께서 광야에서 이스라엘 백성들에게 두 돌 판에 글을 써서 모세에게 주신 것이 십계명이 적힌 율법이다. 그 후 많은 법을 제정하여 이스라엘 백성들이 지킬 규례와 규범으로 삼았다. 이 모든 법을 율법이라 한다.

그런데 성경에는 율법에 대하여 마11:13에는 율법은 예수님이 오신 시점으로 끝났다. 히8:7에는 "율법은 흠이 있다" 하였고. 히10:1에는 "장차 올 좋은 일의 그림자"라 하였으며. 갈라디아 3:23~24에는 "율법은 온전치 못하여서 예수님께 인도하는 몽학 선생(유치원 선생)역할 밖에 못 한다"고 했다.

↺율법은 하나님과 이스라엘 백성과 맺은 첫 언약이며 구약이다. 그럼 한자(漢字)에서 율법(律法)은 무슨 뜻이 내포되어 있을까?

▷律 = 彳 (자축거릴 척) + 聿 (붓 율)
법 율 　자축거릴척　　　　　　　　　　　　　붓율

保↺彳(자축거릴 척):읽기 쉽게 두인변이라고도 읽는데 본 이름은 척자다. 자축거린다는 것은 이제 걸음걸이를 막 배워서 불완전하게 걷는 걸음걸이를 말한다. 뒤뚱거림.

↺聿(붓율. 오직율)붓은 옛날 글씨를 쓰는데 없어서는 안 될 중요한 필기도구였다. 모든 관공서 문서나 서당(학교)에서 글 공부를 할 때도 붓으로 글씨를 썼다.

그런데 붓글씨는 숙련된 서예가가 잘 쓰면 하나의 예술품이 되지만 어린아이나 숙련되지 못한 사람이 써 논 글씨는 어린아이가 뒤뚱뒤뚱 걷는 걸음걸이 같이 온전치 못하다. 그래서 律(법율)자의 한자(漢字)를 파자(破字)해보면 온전하지 못하다. 부족하다. 흠이 있다는 뜻이다.

▷**法** = 氵 = 水 (물 흐르듯. 순리대로) + 去 (간다)
법법.모범법　　물수　　　　　　　　　　　　갈거

⊃ 법(法)이란 물결 흐르듯 순리대로 이치에 맞게 일을 처리하고 판단하는 것이 법이다.

釋⊃ 율법(律法)이란 서툴게 써 논 붓글씨와 같이 어딘지 부족하고 온전치 못하고 흠이 있는 법이란 것을 律(율)이란 한자(漢字) 를 만들 때 그 律(율)이란 한자(漢字)속에 미리 예언해 논 것 이다.

保⊃ 예언된 한자는 사람이 만들었지만 그 사람의 생각을 주관하 신 분은 신(神)이였다는 것을 여러 예언 된 문자를 통해서 확실히 알 수 있다.

⊃ 우리의 옛 조상인 환인. 환웅. 단군천제들께서는 하늘에 천신 제(天神 祭)를 드렸다. 성경에서도 아브라함이 여호와께서 명하 시기를 너희 아비 본토를 떠나 가나안으로 가라하니 믿음으로 그 는 자기 본향을 떠나 가나안 세겜 땅 상수리나무에 이르러 그곳에 여호와를 위하여 단을 쌓았다고 한다(창12:7). 왜 단을 쌓았을까? 천신 제를 올리기 위해서다. 천신 제의 제물로는 소나 양이나 비 둘기 중에서 흠 없고 건강한 놈으로 골라 번제물로 올렸다.

제사(祭祀)는 우리나라 역사를 보나 성경역사를 보나 하나님께 감사함을 표하는 천신제로 드렸지만 아담범죄 후 죄가 들어옴으로 죄를 속죄 받을 목적으로 제사의 참 의미가 바뀌어서 제사의 종류가 다양해졌다.

−그럼 우리나라는 어떤가?

우리나라도 단군천제들이 드리는 제사만 해도 하나님께 드리는 천신 제를 주로 드렸지만 세월이 흐름에 따라 각종 미신들이 범람하여 제사종류만 해도 수 십 가지가 된다.

아담 범죄이후 모든 일류가 죄인이 되어버렸기에 그 죄를 사함 받기위한 제사로 제사의 본질이 바뀌어버렸다.

그럼 제사(祭祀)라는 한자(漢字)에는 무슨 뜻이 있을까?

−祭祀를 파자(破字)해 본다.

▷ 祭 = 月 = 肉 (고기=제물) + 又 (또. 거듭. 달마다 + 示
제사제   고기육.몸육   또우.거듭우   보일시.하늘신기
제

(하나님. 보임)

▷ 祀 = 示 (하나님. 보이다) + 巳 (뱀=용=사단=마귀)
제사사   보일시.하늘신기   뱀사
사

釋 ▷ 구약의 제사

구약의 제사는 소나 양이나 비둘기 등 정결한 짐승을 골라 제사의 종류에 따라 정해진 규례대로 드렸다. 제사는 한 번에 그치는 것이 아니고 제사의 종류에 따라 날마다. 달마다. 해마다 드려진

것이다.

-제사란 문자 중에 사(祀)자에 뱀 사가 붙어있다.

하나님께서 제사를 통해서 뱀의 존재를 알려주신 것이다. 뱀을 백성들에게 보여주신 것이다. 그들의 유혹에 빠져 하나님의 법을 어기지 말라고 그래서 한자에 나타난 구약의 제사의 뜻은 제사법에 따라 제사를 드리되 제물(祭物)을 정성껏 계속 드리는 것이고 또한 제사를 통해서 뱀(사단)의 존재를 깨닫고 결국 사단을 잡아 올리는 것이 하나님께 드리는 최고의 제사다.

釋▷신약의 제사

오늘 날의 제사의 제물은 짐승이 아니라 사람이다. 사람 중에서도 자기 자신이다. 자기 몸은 죽이고 말씀으로 거듭나 예수가 내 안에 살아계신 모습을 매일매일 보여드린 것이며 하나님의 6천 년 원수인 뱀(사단. 마귀)을 잡아 증거 해 드린 것이 참다운 영적제사인 것이다. 구약의 제사가 오늘 날 예배로 바뀌었기 때문에 제사 제물이 짐승에서 사람으로 바뀌어 나 자신을 산제사로 드리는 것이다. 말씀이나 찬송이나 헌금이나 봉사를 통해서 그 행위가 드려지는 것이다.

*한자로 풀어지는 답과 국어사전의 답과는 다르다는 것을 알고 읽으셔야 오해가 없다.

▷구약 때 하나님께 드려지는 제사 가운데는 번제(燔祭)가 있다. 번제란 짐승을 불살라 여호와께 제사를 드리는 것이다. 그럼 번제란 한자(漢字)속에는 무슨 뜻이 숨어 있을까?

그리고 하나님께 드려지는 희생(犧牲)제물(祭物)이 나오는데 그 희생(犧牲)이란 한자 속에는 무슨 뜻이 있으며 분향(焚香)이란 어떤 뜻을 가지고 있는지 알아보도록 하겠다.

▷燔 = 火 (불) + 采 (캐다. 찾다) + 田 (교회. 천국)
번
사를번   불화   캘채   밭전

▷祭 = 月 = 肉 (고기=제물) + 又 (또. 거듭: 달마다)
제
제사제   고기육.몸육   또우.거듭우

+示 (하나님. 보임)
보일시.하늘신기

靈 ▷ 불(火) = 하나님 말씀(렘5:14) ▷ 가르치고. 연단시킴.
채(采) = 골라내다. 찾아내다. 캐내다.
전(田) : 교인들이 자라고 있는 밭. 교회.

▷ 몸(月=肉) = 육적 사람을 말씀으로 연단하여
우(又) = 달마다. 거듭.
시(示) = 하나님께 드림.(보임)

釋 ▷ 교인들이 자라고 있는 밭에서 캐내고 골라서 하나님의 말씀인 불로 사르고 연단시켜 천국백성으로 변화시켜 달마다 하나님께 드리는 것이 오늘 날에 있어질 영적 번제(燔祭)이다.

▷ 구약 때는 소나 양이나 또는 다른 짐승으로 희생(犧牲)제물로

해서 제사를 드렸다. 그 희생이란 한자 속에는 무슨 뜻이 있는지 알아보도록 하자.

▷ 犧(희) 희생할희 = 牛(소) 소우 + 羊(양) 양양 + 秀(으뜸. 제일) 빼어날수 + 戈(창) 창과

▷ 牲(생) 희생할생 = 牛(소는) 소우 + 生(살아 있는 것으로) 살생

靈▷소(牛)=육적 소(牛)▷육적 밭을 가는 일을 한다.

　영적 소(牛)▷영적 밭(사람 마음)을 말씀으로 변화시키는 교회
　목자들(고전9:9).

　양(羊)=교인(성도)(겔34:17).

　수(秀)=가장 뛰어나고 으뜸가는 것.

　창(戈)=검. 낫. 창. 활은 말씀을 감추어 빗대어 말한 것.

▷소(牛)=하나님의 일꾼들을 대표한 것.

　생(生)=영(정신)이 살아서 깨어있는 자.

釋▷하나님을 믿는 백성들 중에서 가장으뜸 되고 뛰어난 목자와 성도들을 골라내어 진리의 말씀으로 양육하고 연단하여 하나님께 드리되 영적으로 살아있고 정신이 깨어있는 자들만 희생 제물로 드리라는 것이다.

▷우리가 일반적으로 알고 있는 분향은 제사나 상가에서 망자에

게 향을 피워 올리는 것으로 알고 있다. 다음은 분향(焚香)이란 한 자 속에는 어떤 뜻이 있는지 알아보도록 하자.

▷ 분
焚 = 木(나무) + 木(나무) + 火(불)
불사를분 　나무목　　　나무목　　　불화

▷ 향
香 = 禾(벼=곡식=알곡) + 曰(말할 왈. 가로 왈)
향기향 　벼화.곡식화　　　　　　　말할왈.가로왈

靈 ▷ 木(나무)=백성(사람). 木+木=사람 들(복수)
　火(불)=하나님의 말씀.
▷ 禾(벼)=곡식(알곡)=성도(마13:24~30)
　曰(왈)=말 하다 ▷ 기도하다.

釋 ▷ 나무를 불로 사른다는 것은 하나님의 백성들을 불같은 하나 님 말씀으로 양육하고 연단하여 완전히 거듭난 자로 성장시켜 하 나님께 올려드리는 것과 벼가 말한다는 것은 벼는 곡식으로 알곡 성도들을 상징하는 말로 성도가 말한다는 것은 곧 하나님께 기도 하는 것을 의미하는 것이니 분향이란 하나님의 진리의 말씀으로 온전히 거듭난 자가 하나님께 올리는 기도가 오늘 날에 하나님께 올리는 진정한 분향이요 향기가 아닌가 생각한다.

4) 광야(曠野)와 절기(節期)

♤하나님의 섭리가운데 요셉이 애굽으로 들어간 지 430년이 지난 후 하나님께서 모세에게 명하여 이스라엘 백성을 이끌고 애굽에서 나오라고 하신다.

이것이 성경에서 말하는 출애굽 사건이요 유월절(逾越節)이다. 양고기와 무교병과 쓴 나물을 먹고 나오라고 하신다. 무교병은 빵을 부풀게 하는 재료가 들어가지 않은 딱딱한 빵(떡)을 말한다. 왜 먹기 힘든 음식을 먹고 나오라고 하셨을까?

여기서 우리는 우리나라 고대사를 대략 배웠던 것을 잠시 상기하기 바란다. 환웅천황시대에 곰과 호랑이가 천계에 사람 되기를 원하니 환웅께서 먹기 힘든 마늘과 쑥을 주셨다. 여기서 우리는 두 사건이 비슷함을 본다. 유월(逾越)이란 뜻은 넘어간다. 라는 뜻이다. 이스라엘의 유월절은 정(正)월 14일이다. 그날 밤에 무교병과 쓴 나물을 먹고 나오라는 것이다. 그 유월절 양을 먹을 때 발에 신을 신고 허리에 띠를 띠고 손에 지팡이를 잡고 급히 먹으라고 하셨다. 이것이 여호와의 유월절이다, 고 하셨다.

♤우리나라 정월14일 밤은 무슨 날인가. 정월 대 보름 날 저녁이다. 무엇을 먹는가? 나물과 부럼을 깨서 먹는다. 어쩐지 비슷하다고 생각하지 않은가? 왜 밤에 먹을까? 우리나라와 이스라엘은 결혼 풍습도 같다. 밤에 신부 집으로 간다.

성경에도 신랑 되신 예수님이 밤에 오신다. 이 모든 것은 하나님의 섭리가운데 장차(말일) 이루실 실상의 그림자요 모형이라고 생각하면 되겠다(히10:1).

─그럼 유 월(逾 越)이란 한자 속에는 무슨 뜻이 있을까?

▷逾 = 俞 (대답할 유) + 辶 = 辵 (어른 보폭<步幅>)
넘을유   그럴유.대답할유   쉬엄쉬엄갈착

▷越 = 走 (빨리 달아나라) + 戉 (손에 도끼를 들고)
넘을월   달아날주   도끼월

靈▷ 俞(유): 하나님의 출애굽 명령에 순종하겠다고 대답함.
  辵=辶(착): 쉬엄쉬엄 = 어른의 큰 보폭(步幅)으로

▷走(주)=빨리 달아나라. 넘어가라. 도망하라. 어디로▶시온 산.
 *走자를 파자하면: 십자(十)아래(下)에 사람인(人)을 더하면
  戉(월)=도끼=말씀 또는 심판의 말씀.   시온산

釋▷ 하나님의 출애굽 명령에 순종하겠다고 대답하고 어른의 빠른
   발걸음으로 몸에 전신갑주를 입고(말씀으로 무장하고) 빨리 도
   망하여 애굽 국경선을 넘어가라.

▷이스라엘 백성들은 천신만고 끝에 출애굽 한 후 광야(曠野)생활
(生活)로 이어진다. 광야(曠野)란 국어사전에서 "텅 비고 아득히
넓은 벌판"이라고 나와 있고 성경에서는 하나님 백성들이 연단 받
은 장소가 광야다. 또 광야는 세례요한이 일하던 곳이요. 마귀들
이 예수님을 시험했던 곳이다.

▷그럼 광야(曠野)란 한자 속에는 무슨 뜻이 숨어있을까?

^광
▷曠 = 日 (해) + 广 (집 엄. 초막) + 黃 (누런 들판)
빛광,밝을광　해일　　　집엄.초막엄　　　누를황

^야
▷野 = 里 (마을. 동네. 길거리) + 予 (나. 우리들)
들야　마을　　　　　　　　　　나여

靈▷日(일)=해. 여기에서는 쨍쨍 내려 쬐는 볕.
　广(엄)=초막: 햇볕을 가리기위한 임시 초막.
　黃(황)=풀 한포기 없는 누런 광야.

▷里(리)=마을. 동네. 길거리.
　予(여)=나. 우리들.

*野(야)=성 밖 길들이지 않은 야. 미개한 백성 야.

釋▷풀 한포기 없는 누런 벌판에 땡볕을 가리기 위해 임시로 쳐
논 초막에 거처를 삼고 길들여지지 않은 백성을 훈련시킨 곳이
광야다.

▷황량한 들판은 식물이나 물이 없는 메마른 땅인 벌판을 말함이
요 성 밖이란 하나님의 도성 밖. 곧 천국의 성 밖을 일컫는 말이며
길들여지지 않은 백성. 미개하고 깨닫지 못한 백성을 하나님의 백
성으로 창조하기 위해 훈련하고 연단하는 곳이 광야다. 성경역사
에서 광야생활은 신앙인들에게 많은 교훈을 남기고 있다. 그 광야
생활이 모세시대 육적 광야생활로 끝이 난 것이 아니고 앞으로 올

영적인 광야생활이 있음을 암시하고 있는 것이다.

광야생활은 한마디로 비참했고 혹독한 연단 속에 백성들의 불만과 불평은 하늘을 찔렀고 초막(草幕)생활에서 오는 불편함은 이루 말할 수가 없었다.

그래서 성경은 오늘을 사는 신앙인들에게 우리 앞에 영적광야 생활이 있음을 알고 그 때 당한 일들을 거울과 경계를 삼으라고 말씀하고 있다(고전10:11). 그래서 하나님께서는 그 때 어려운 초막생활을 오래 오래 기억하라고 하시며 일 년 중에 7월15일에 초막절(草幕節)을 대대로 지키라고 하셨다. 초막절이란 한자 속에 숨은 뜻은 증거 장막 성전(證據 帳幕 聖殿)을 설명할 때 자세하게 설명하기로 하겠다.

⟡동양 선지 서에는 이런 예언된 글이 있다. 초입자(初入者)는 망(亡)하고 중입자(中入者)는 살고 말입자(末入者)는 시기를 놓쳐 하나님 성에 들어 갈 수가 없다고 한다. 이스라엘 백성들도 출애굽한 사람이 장정만 60만이요 부녀자와 어린이와 노인들을 합하면 200만 명이라 한다. 그들이 초 입자였고 동양 선지서대로 광야에서 다 죽고 말았다. 오늘 날에 영적 광야가 있다고 할 때 그러한 일이 재현된다고 보아야 할 것이다.

⟡이스라엘민족에게는 3대 절기가 있다. 유월절(逾越 節). 초막절(草幕 節). 수장절(收藏 節)이다.

− 여기에서는 수장절에 담긴 한자의 뜻을 알아보고자 한다.

▷收^수 = 丩(넝쿨 규)＋攵(두드릴 복)
거둘수

▷藏^장＝艹(풀초)＋爿(장군)＋臣(신하)＋戈(창)
감출장　　풀초　　　장수장　　　신하신　　　창과

丩(규)＝넝쿨. 넝쿨같이 거둬들인다.

攵(복)＝두드릴 복. 사람 마음을 두드려서⇨전도해서

⇨艹(초)＝풀: 육체＝백성들(사40:6~7)중에서

爿(장)＝장수: 장군. 정부조직으로는 장관들. 중진들.

臣(신)＝신하: 임금이나 대통령을 측근에서 모신 비서진. 가르치는 위치에 있는 교수들. 교회에서는 목자 또는 제사장.

戈(과)＝창: 상대를 공격하기 위한무기. 영적으로 말씀. 말. 교리

釋⇨사람들을 전도하여(알곡 성도를 거둬들여)그들 중에서 하나님의 말씀으로 교육하고 연단하여 장수 급에 속하는 교회 중진들과 교인들을 가르칠 수 있는 목자(제사장)급 인사를 뽑아 천국창고에 저장하는 것이 말일에 있어질 수장절의 참다운 의미이다.

5)예언(豫言)과 비유(譬喩)

⇨동양 선지서나 성경의 예언서는 범인(凡人)들이 쉽게 알아 볼 수 없게 특별한 방법으로 감추어 놓았다. 그런데 시중에 나와 있

는 여러 선지서가 있는데 같은 선지서라도 푸는 사람마다 그 해석이 모두 다르다. 왜 그럴까? 이유는 특별한 방법으로 감춰놨기 때문이다. 그럼 그 감춰진 것을 언제 알 수 있을까?

　때가 되면 알려 주신다고 하셨다(요16:25). 그렇다면 동양선지서는 언제 풀어질까? 이것도 때가 되면 풀어진다. 누가 풀어줄까? 각 종파에서 기다리고 있는 진인. 정 도령. 미륵보살. 보혜사가 와서 모든 예언을 풀어 주실 것이다. 그러나 우리가 확실히 알아야 할 것은 말일에 나타날 도통군자(道通 君 者)는 각 종파에서 한 사람씩 나타난 것이 아니고 딱 한 사람이란 것을 확실히 알아야 된다. 그래서 동양 선지서에서는 말일에 모든 종교가 하나로 통일된다고 말하고 있다.

▷ 예언(豫言)이란 한자를 백과사전에서 찾아보니 "신비한 영감에 의하여 미래에 이루어질 형상을 미리 말함" 또는 "내가 받은 영감에 의해 본 실체를 미리 말하는 것"이라고 나와 있다.

－예언을 파자(破字)해 보면.

▷ 豫 ＝ 予 (내가) ＋ 象 (형상. 모양. 실체)
예   미리예   나여   형상상.모양상

▷ 言 ＝ 말씀언. 말언
언 말씀언. 말언

釋 ▷ 내가 영감을 통해서 장래에 이루어질 실상을 미리 보고 그

이루어질 실상(실체)을 미리 말하는 것.

⇨성경에서 말하는 비유(譬喩)란 무엇인가? 국어사전에 나오는
비유의 뜻은 "어떤 사물의 모양이나 상태 등을 효과적으로 표현하
기 위하여 그것과 비슷한 다른 사물은 빗대어 표현하는 방법" 이렇
게 나와 있다.
  그런데 성경에서의 비유란 어떤 영적인 것을 설명하는데 있어
이해를 쉽게 하기 위하여 그 설명하고자 하는 영적인 것과 비슷한
우리 눈에 보이는 육적인 것을 들어 빗대어 설명하는 것이다.

－비유란 한자를 파자 해 보면.

비
▷譬 = 尸(죽음) + 口(말할 구) + 辛(쓰고 괴롭다)
비유할비.깨우칠비 주검시   입.말할구   매울신.괴로울신

  + 言(말씀. 말. 교리)
    말언.말씀언

유
▷喩 = 口(입으로) + 俞(그러하다. 깨우치다)
깨우칠유   입구   대답할유

靈⇨尸(시) = 죽었다. 생명이 없다. 활동을 못한다.
  口(구) = 尸 口: 입이 죽었다. 말을 못한다.
  辛(신) = 예언서나 선지서가 비유나 비밀로 봉해졌으니 어려워
  서 괴롭고 답답하다.
  言(언) = 말씀. 선지서. 예언서. 묵시록.

▷ 口(구)＝ 말하다. 말할 수 있다.

俞(유)＝ 그렇다고 대답하다. 깨우치다.

釋▷ 예언서나 선지서가 비유와 비밀로 봉해있어서 이해가 안 돼
입으로 말할 수 없으니 답답하고 괴롭다. 그러나 언젠가는 깨우쳐
줄 때가 있으리니 입으로 말할 때가 있으리라(증거 할 때가 있으
리라).

保▷ 다니엘서에서는 예언의 말씀을 마지막 때 까지 봉함해 두라
하시고 또 요한복음에 와서는 밝히 일러 주실 때가 있다고 말씀한
것을 보면 비유(譬喩)라는 문자 속에 봉함과 열림을 동시에 암시
하고 있음을 알 수 있다.

─봉함(封緘)이란 한자를 파자해 보자.

봉
▷ 封 ＝ 土 (흙) ＋ 土 (흙) ＋ 寸 (치: 1자의 10분의1)
봉할봉   흙토   흙토   치촌. 마디촌

함
▷ 緘 ＝ 糸 (가는 실) ＋ 咸 (다. 모두)
봉할함   가는실사   다함

靈▷ 土(흙)＝ 땅. 파고 묻는다.

土(흙)＝ 덮는다. 봉한다.

寸(촌)＝ 자로 잰다. 고치지 못하도록 표시한다.

▷ 糸(사)＝ 실＝끈: 묶는데 사용.

咸(함)＝ 다. 모두. 전부.

釋⇨가는 실(끈)로 다 묶어서 땅을 파고 흙으로 덮고 덮어 자로 재서 표시를 해 노란 말이다. 자로 잰다는 것은 인봉(印封)을 의미하는 것이며 인봉은 뜯지 못한다는 경고의 표이다.

6) 기도(祈禱)

⇨신앙인들에게는 말씀과 기도는 매일 빼먹을 수 없는 필수양식이다. 그런데 말씀은 같지만 기도는 사람마다 천차만별이다. 신앙인들 중에서는 나는 기도를 잘 못한다. 기도하는 법을 모른다는 말을 가끔 듣는다. 정말 기도하는 법은 있는 것일까? 분명히 있다. 그것도 성경에서 가르쳐주고 있다.

성경 마태복음6:9~13절 까지를 읽어보면 예수님이 가르쳐주신 모범 기도문이 나온다. 이것을 주기도문(主 祈禱文)이라 한다.

"하늘에 계신 우리아버지여 이름이 거룩히 여김을 받으시오며 나라 이 임 하옵시며 뜻이 하늘에서 이룬 것같이 땅에서도 이루어지이다" 여기서 하늘에 계신 우리아버지는 하나님을 일컫는 말이요. 나라가 임(臨)해 다라는 것은 하나님나라 곧 천국(天國)이 임해 오기를 기도하라는 말이다. 그럼 우리가 가고자 하는 천국에 우리가 가는 것이 아니고 천국이 이 땅에 온다는 말이다. 그런데 하나님나라가 임해 올 때 누가 어떻게 오는 것일까?.

⇨임할 임(臨)자 안에 오는 숫자가 정해져 있다고 말하면 이상한 사람으로 보겠지? 여기서 한자와 성경의 연관성을 볼 줄 알아야 된다. 나라의 구성요소 중에서 가장 중요한 것은 사람이다. 사람

이 없는 상태에서는 하늘도 땅도 나라도 아무 의미가 없는 것이다. 나라를 형성하는데 필요한 사람은 임금과 신하와 백성으로 분류된다. 그렇다면 영계의 하나님나라가 이 땅에 임해 온다면 하나님과 성도(백성)들을 지도하고 치리하는 신하 곧 제사장(목자)들과 백성에 해당하는 성도들이 임해 와야 이치상 맞다.

그러나 임할 임자에는 그렇지가 않다. 임금과 신하만 오게 되어 있다. 그렇다면 나라의 주 구성원이 되는 백성들은 언제 온단 말인가? 그 답은 성경에 있으니 성경공부로 알아보시고 임할 임(臨)자를 파자해서 거기에 숨겨진 뜻을 알아보기로 하자.

▷臨 = 臣(신하신) + 丶(우두머리) + 口 口 口 (삼위
임할임　신하신　　　머리부분두　　　　　　입구

= 성부. 성자. 성령 = 말씀이 나오는 주체)

靈▷臣(신) = 여기서 말한 신하는 임금을 모시는 차원이 아닌 온 백성(성도)을 지도하고 가르치는 제사장들을 말한다.

丶(두) = 가장 높은 분. 머리에 해당하신 분.

口口口 = 머리가 되신 세분. 입: 말씀이 나오는 주체가 되신 분들. 성부. 성자. 성령.

保▷하나님말씀은 성부인 하나님으로부터 성자인 예수님을 통해 진리의 성령에게 내려오며 그 진리의 성령이 예수님이 보내신 목자에게 임하므로 전해진다. 성부. 성자. 진리의 성령은 영(靈)이기에 육적인 입(口)이 없지만 말씀은 입으로 나오기 때문에 말씀

이 나오는 주체되신 세분을 입(口)으로 표현 해 논 것이다.

釋⇨ 주기도문에 나라가 임해 달라고 기도하는데 그 영계의 나라가 임해 올 때 임해 오신 분들은 성 삼위 되신 분과 신하들 곧 제사장급에 있는 사람(영)들만 임해 달라고 기도하라는 것이다. 임할 임(臨)자에 그것을 예언해 놓고 있다.

⇨ 참으로 놀라운 일이다. 이 문자는 말일에 이루어질 일을 수 천 년 전에 미리 임(臨)자라는 문자 속에 감추어 두었던 것이다. 어찌 이것이 사람의 뜻으로 문자를 만들었다고 말할 수 있겠는가? 어찌 우연이라고 말할 수 있겠는가? 앞에서 배운 수장절의 감출 장(藏)자에서도 같은 뜻을 담고 있는 것을 우리는 배웠다.

⇨우리가 기도하는 목적은 무엇인가 바라는 바를 이루어 달라는 소망이다. 그럼 우리의 가장 큰 소망은 무엇일까? 부자. 건강. 자식. 권세. 명예. 등 여러 가지가 있다.

　마태복음6장에서는 "먼저 하나님나라와 의를 구하라"고 하셨다. 그런데 우리들은 어떤가? 그저 계속 주시옵소서다. 여기에서 우리의 나약한 기도를 본다.

－그럼 한자(漢字)의 문자에서는 무엇을 기도 하라고 했는지 알아보자.

▷祈＝示 (하늘에 으뜸神: 하나님)＋斤 (무게를 달다.)

　　기
　빌기.고할기　　보일시.하늘신기　　　　　　　　　무게근.도끼근

▷禱=示 (하늘에 으뜸 신: 하나님 + 壽 (목숨)
빌기,고할기   하늘신기.보일시   목숨수.장수수

靈▷示(기)= 하늘 신=하나님.
　斤(근)= 저울질-심판(욥31:6). 말일에 심판 때.

▷示(기)= 하늘 신= 하나님.
　壽(수)= 영과 육의 목숨만은 꼭 살려달라는 기도.

釋▷성경이나 동양 선지 서에는 말일에 심판이 있을 것을 예언 해
놓고 있다. 하나님의 심판이 있을 때 그 어떤 것보다 천하보다 더
귀한 목숨(영육)만은 꼭 살려달라고 기도 하라는 것이 기도 중에
가장 큰 기도요 꼭 응답 받아야 할 기도라는 것을 한자 속에 암시
해 놓고 있는 것이다.

*우리는 하나님께 기도 할 때 축복(祝福)해 주시옵소서. 라고
기도 할 때가 있다. 하나님께 복을 빌어 달라는 말인데 하나님은
복을 내려 주시는 분이지 누구에게 복을 비는 분이 아니다. 복을
내려주시옵소서. 또는 복 주옵소서. 가 맞다.

▷사람들은 매일 바쁘게 왕래한다. 어디를 갔다 오고 하는 일을
매일 계속한다. 그러나 쓸데없이 왔다 갔다 하는 사람들도 있다.
한자속의 왕래(往來)는 우리의 갈 곳과 올 곳을 분명히 가르쳐 주
고 있다. 그럼 한자가 가르쳐 준 우리의 갈 곳과 올 곳은 어디인
가? 한자를 파자 해 보도록 하자.

▷往 = 彳 (조심조심. 자축거림) + 主 (주. 주인. 천주)
(왕) 갈왕 조심조심걷다 주인주.임금주

▷來 = 十 (십자가 도) + 人人人 (성 삼위)
(래) 올래 열십 사람인

靈▷彳(척)=조심스럽게 찾아감. 두려움과 떨림으로(빌3장)

　主(주)=주: 주인. 주님. 기독교는 예수님. 하나님.

▷十(십)=십자가의 도(하늘의 도)아래.

　人人人=말씀을 입고 오신 성 삼위(앞에서 말한 임할 임자에서
ㅁㅁㅁ의 보충설명 참조)

釋▷우리가 갈 곳은 두렵고 떨리는 마음과 조심스런 발걸음으로
우리 주님을 찾아가는 것이고 우리가 올 곳은 십자가 도(말씀)로
사람의 몸을 입고 오신 성 삼위가 계신 그 곳으로 찾아오는 것이
왕래의 참 뜻이며 우리가 살 길이다.

殺　　身　　成　　仁

(살　　신　　성　　인)

10.풀어지는 한자(漢字)비밀(秘密)Ⅲ

-범례(凡例)-
釋▷해 　 　석
靈▷영적해석
保▷도 움 말

1)예수와 야소(耶蘇)

▷예수를 한자로 야소(耶蘇)라 번역이 되었다. 요일1:1에서는 예수를 태초부터 계신 말씀이라 했고 요1:14에는 말씀이 육신이 되어 이 땅에 오신 분이 예수님이다. 그래서 예수가 곧 말씀이요 하나님과 하나라고하셨다(요10:30). 요1;1에는 말씀이 하나님이라 하셨다. 말씀=하나님이 성립이 될까? 성경은 하나님께서 우리인간들이 꼭 알아야 되고 지켜야 될 일들은 기록해 놓으셨다. 한 예를 들자면 대학교수인 아버지가 초등학교 다니는 아들에게 공부를 가르치고 여러 가지 아들이 알아야 할 지식만을 가르쳤다. 그런데 그 아버지가 가르친 지식은 초등학생에게 필요한 지식만을 가르친 것이지 아버지가 가지고 있는 지식 전부를 가르친 것은 아니다. 그래서 아들에게 가르쳐 준 지식은 아버지 지식의 일부이지 전부가 아니지 않을까 생각해 본다.

▷예수를 한자로 번역할 때 마땅한 한자를 찾지 못해 많은 고민을 했으리라 여겨진다. 어떤 문자로 번역했던 하나님의 감동으로 되었다고 본다. 이 세상에서는 예수님의 성령잉태에 대해서 말이 많

다. 그리고 그걸 못 믿겠다는 사람이 꽤 많다. 예수님의 기적과 이적은 믿으면서 전지전능하신 하나님의 능력은 왜 못 믿을까? 한자를 만든 사람들이 예수님의 성령잉태를 알고 옛 구(舊)자에 예수의 성령잉태를 예언 해 놨을까? 믿음은 하나님의 선물이라 하였다.

믿을 수 있는 마음과 들을 수 있는 귀를 가졌다는 것은 하나님께서 주시는 크나큰 복이다. 예수를 한자로 야소(耶蘇). 예수교를 야소교(耶蘇敎)라 한다.

야소(耶:이끼야.蘇:깨어날 소)란 한자 속에서 예수를 찾아 입증하기란 쉬운 일이 아니었다. 많은 시간을 생각했지만 풀리지가 않았다. 야소(耶蘇)란 한자(漢字)를 파자(破字)하면

▷ **야**
耶 = 耳(귀이) + 阝 = 邑(고을읍이 변하여 阝이됨)
어조사야.그런가야 귀이 고을읍방

▷ **소**
蘇 = 艹(풀) + 魚(물고기) + 禾(벼 또는 곡식)
깨어날소 풀초 물고기어 벼화.곡식화

▷ 이 문자를 풀려면 성경과 예수님의 사역을 어느 정도는 알아야 한다. 성경에서는 귀라는 말이 많이 나온다.

마11:15. 마13:9에는 귀 있는 자는 들으라는 말이 나오고 계시록 2장 3장에서는 **"귀 있는 자는 성령이 교회들에게 하시는 말씀을 들을지어다."**란 말이 일곱 번이나 나온다. 그리고 계13:9에도 나온다. 사람으로 태어나서 귀가 없는 자가 있을까? 선천적인 불구

가 아니면 귀는 다 있다. 그러나 "쇠(소)귀에 경 읽기"니 "말 귀를 못 알아먹느니" 하는 말은 귀로 듣기는 하여도 그 뜻을 깨닫지 못한다는 말이다.

성경에서 말하는 성령이 교회들에게 하시는 말씀을 들으라는 말은 하나님께서 하나님의 백성들에게 하시는 말씀이다. 귀 있는 자만 들으라는 것이다. 여기서 말하는 귀는 육적 귀가 아니고 하나님의 말씀을 듣고 깨닫는 귀를 가진 하나님의 선민을 귀 있는 자라고 하는 것을 알 수 있다.

▷耶(어조사야) ^야

耳(귀이)=하나님의 말씀을 깨닫는 귀를 가진 자: 하나님의 선민들.

阝=邑(고을읍)=고을. 성읍. 나라. 선민의 나라= 유대 고을

▷蘇(깨어날 소. 회생할 소) ^소

++(풀초)= 풀=육체(사40:6~7)진리의 말씀(영)이 없는 사람 들
魚(물고기어)=바다(세상)에서 잡은 고기(성도)(마13:47~50)
좋은 고기=좋은 성도
禾(벼화. 곡식)=씨를 뿌리고 알곡을 추수(마13:24~30)
씨=하나님말씀(눅8:11). 벼(곡식)=좋은 성도.

釋⟳하나님의 선민의 나라 유대고을(귀 고을)에서 태어나서 사람(육체)들의 죄를 위하여 죽으셨다가 다시 깨어나서(부활) 세상에

다 씨(하나님말씀)를 뿌리셨다가 추수 때가 되매 다시 오셔서 좋은 고기를 건저 올리시고 곡식(벼)을 추수하여 곳간(천국)에 들이시는 분.

保♧하나님의 혈통으로 선민가운데 오셔서 세상 죄를 위하여 죽으셨다가 다시 깨어나서(부활) 죄 가운데 있는 인류를 구원하실 구원자로 오신 분.

2)하늘 천(天)과 나라 국(國)

♧지금 까지 우리가 알고 있던 하늘은 저 창공을 하늘로 알고 있었지만 성경이나 동양 선지서 에서 말하는 하늘은 저 하늘이 아니라는 것을 알았다.

하늘도 한 가지 하늘이 아니라 동양선지서나 역(易)에서도 선천(先天)과 후천(後天)이 나온다. 또 성경에서는 처음하늘과 새 하늘이 나온다. 우리나라 태극의 원리에서도 무극에서 태극으로 태극에서 삼태 극으로 발전해 나가는데 그 삼 태극이 천(天).지(地).인(人)이 온전한 하늘을 이룬 것이다.

하늘 천(天)자를 보면 맨 위의 한일(一)이 하늘이며 그 다음 한일(一)은 땅이며 그 하늘과 땅을 사람인(人)자가 받치고 있으므로 온전한 하늘 천(天)자가 이루어지는 것이다.

그러나 어디를 보나 선천과 처음하늘을 없어지게 되어있다. 초림 때는 예수님이 하늘이요 천국이었다. 왜? 하나님이 예수님께 오셨기 때문이다(마4:17) 찬송가에도 내 주님 모신 곳이 그 어디나 하늘나라라고 한다. 하나님이 계신 곳이 하늘이요 천국이다.
그럼 천국은 어디이며 누가 사는 곳인가? 한자 속에 담겨진 한자
의 뜻은 무엇인가?

－천국(天國)을 파자(破字)해 보면

▷ 天 = 一(하늘) + 一(땅) + 人(사람)
　천　　　한일　　　　한일　　　사람인
하늘천

▷ 國 = 戈(창: 무기) + 一(으뜸) + 口(사람) + 口(성안)
　국　　창과　　　　　첫째일　　　인구구　　　에울위.성위
나라국

靈 ▷ 一(한일) ▷ 하늘＝하나님＝성부의 영.
　一(한일) ▷ 초림 때는 성령. 재림 때는 성자의 영.
　人(사람인) ▷ 사람＝하나님이 말일에 보내시기로 언약하신 구
　　원자. 진리의 영이 함께 한자. 또는 여러 종교에서 기다리는
　　구원자.(진인. 정 도령. 미륵불)등 진리를 가진 도통군자＝
　　대언자

　▷ 戈(창과) ▷ 창(무기)＝말. 말씀. 여기서는 진리의 말씀.
　一(한일) ▷ 으뜸. 온전함.
　口(인구 구) ▷ 사람. 백성. 성도.
　口(에울 위) ▷ 울타리. 성. 성안. 천국.

♤동양 선지서나 易(역)에서 말한 천지인(天地人)이나 삼 태극(三太極)이나 선천(先天)이나 후천(後天)세계는 말일에 나타날 참 형상의 그림자 역할을 한 것이다.

釋♤성경적으로는 초림 때는 하나님과 성령이 함께한 예수님이 하늘이요 천국이었고 재림 때는 진리의 성령(14:16~17)이 임한 보혜사에게 하나님의 영과 성자의 영이 내려오심으로 그가 곧 온전한 하늘이요 천국이다. 그가 곧 봄 춘(春)자와 동녘 동(東) 의 실체가 된다. 동양 선지서 에서는 정 도령. 진인. 미륵 등으로 나온다.

♤하늘로부터 내려오는 진리의 말씀으로 양육 받고 연단 받아 천국백성으로써 자격을 갖춘 성도들이 모여서 같이 사는 곳이 성 안이요. 낙원이요. 천국이다.

*이 풀이는 영감에 의해 한자와 성경에 근거하여 풀어지는 영적풀이임으로 육적생각으로 오해 없길 바람.

保♤지금 까지 우리들이 가지고 있었던 저 공중. 구름 속에 있다고 생각했던 천국관이나 휴거해서 올라 갈 것으로 생각했던 천국은 이 땅에서 이루어진다고 생각해 보시지는 않았는지? 로마서 9장28절을 읽어보시고 또 주기도문에서 하나님나라가 이 땅에 임해 달라고 기도하는 이유는 무엇인지? 한 번쯤 생각해 보시기 바란다. 새 하늘과 새 땅의 한자풀이는 다음에 한 번 더 다루기로 하겠다.

3)구원(救援)과 심판(審判)

♦어떤 종교를 신봉하던 신앙인들은 내세(來世)를 믿고 있지만 내세의 세계를 알지 못하므로 불안해하고 있다. 그래서 끊임없이 갈망하고 있는 것이 구원(救援)과 영생(永生)이다. 그러나 어떤 신앙인들은 자기의 구원이 이미 이루어 졌다고 확신하고 안일한 삶을 살고 계신 분들도 있다. 과연 그러할까?

♦구원(救援)이란? 죄와 죽음에서 건져내는 것. 살려내는 것이 구원의 참 뜻이다. 초림 때 이 땅에 구원자로 오신분이 예수님이다.
   그런데 수많은 종교인들이 말일에 나타날 구원자를 갈망하며 기다리고 있다. 그런데 각 종파에서 기다리는 구원자의 이름이 각각 다르다. 진인. 정 도령. 미륵. 보혜사 등등 그리고 사람 실명을 거론한 종파도 있다. 이 많은 구원자가 말일에 나타난다는 말인가? 아니다 구원자는 한 사람이다 선지서나 예언서마다 다른 이름으로 감추어 놨을 뿐이다.

-한자(漢字)속의 구원은 무슨 뜻을 내포하고 있을까?

▷ 救 = 求 (구하다) + 攵 (똑똑 두드리다. 치다.)
구원할구   구할구   두드릴복.칠복

▷ 援 = 手 = 扌 (손=붙잡다. 돕다) + 爰 (이끌다.)
구원할원   손수   이끌원.바꿀원

靈 ♦ 求(구) ♦ 끊임없이 구하라 주실 것이다(마7:7).

攵(복)⇨두드리고 쳐서 자기를 만들어 가라.
⇨扌(수)⇨손으로 붙잡아 도우라.
爰(원)⇨바꾸어(변화시켜) 이끌어 내라.

釋⇨끊임없이 말씀을 구하고 기도하라. 그러면 성경에 주신다고 약속대로 주실 것이요. 말씀을 구했으면 그 말씀을 몽둥이와 회초리로 삼아 끊임없이 자기를 쳐서 복종시켜라. 그래서 온전한 구원을 이루라. 이것이 자기 구원(救援)이다. 이것이 첫 번째 구원이다.

⇨나의 구원으로 구원이 완성된 것이 아니다. 또 다른 구원이 남아 있다는 것을 알아야한다. 내 주위를 돌아보라 이 또한 내가 이룰 구원이다. 손을 내 밀어 붙잡아라. (손은 온몸이 일하는 대표되는 지체이다) 온 몸을 다 하여서 내가 구한 말씀으로 그들을 변화시켜 그 죽음에서 이끌어내라. 이것이 내가 이룰 두 번째 구원이다. 구원할 구(救)가 나를 구한 구원이라면 구원할 원(援)은 이웃 형제의 영혼을 구원하는 구원이다.
　이 둘이 온전함을 이룰 때 완전한 구(救)도 이루고 원(援)도 이뤘다고 하겠다.
*이것이 홍익인간의 정신이요 실체다(74페이지 홍익인간 참조).

⇨이것은 한자 속에 나타난 구원에 대한 풀이지 내가 억지로 지어 낸 것은 아니다.

⇨우리는 신앙인들이 두 번째 구원을 이루기 위해서 열심히 전도

하는 모습을 본다. 자기 구원은 완성되었는지는 모르지만 대단한 열심이다. 범인(凡人)들은 감히 따라 하지 못할 정도다. 예수님도 전도하기 위해서 오셨다고 말씀하고 있다(막1:38). 전도(傳道)란 각 종교마다 자기들의 도(道)를 전하는 것이다. 도는 길도(道)자 다. 곧 길을 전하는 것이요. 어딘가를 찾아가는 길을 가르쳐주는 것이 전도다.

  어디를 찾아가라고 가르쳐주는 것일까? 종교마다 표현방법은 조금씩 다르지만 갈 곳은 한 곳이다. 그런데 문제는 전도자들이 천국이요. 낙원이요. 극락이요. 무릉도원이라고 하는 곳을 본인 은 확실히 찾아 갈 수 있느냐가 문제다.

  길을 잘 못 가르쳐주었다면 아니 가르쳐 줌만 못하다. 성경에 이 런 말이 있다. 소경이 소경을 인도하면 둘 다 구덩이에 빠진다고. 여기서 말한 구덩이가 지옥을 말한다면 소름끼칠 일이다. 먼저 자 기 자신은 확실한 전도가 이루어졌는가? 부터 점검하는 것이 순서 일 것 같다.

▷ 전도란 인류가 갈망하는 낙원에 가는 길을 가르쳐 주고 구원받 는 방법을 가르쳐 주는 것인데 변질되어 자기네 조직체로 포섭하 는 행위로 바뀌어 버렸다.

－전도란 한자를 파자 해 보면－

전
▷ 傳 ＝ 人(사람＝타인(남)＋ 專(오로지)
전할전,보낼전   사람인   오로지전

▷道 = 首(머리수)+辶 = 辵(쉬엄쉬엄 간다.)
도
길도.말씀도　머리　　　　쉬엄쉬엄갈착

靈⇨人(인)⇨여기에서는 남. 타인을 가리킴.
　專(전)⇨오로지. 오직.

⇨首(수)⇨전도 받아 머릿속에 담겨있는 것들(사상. 교리. 생각).
　辶(착)⇨쉬엄쉬엄 갈 착. 성숙된 신앙인의 행위.

釋⇨전도란 남에게 오로지 내가 배우고 전도 받은 사상이나 교리
로 무장한 후 남들에게 그 도를 전해주는 것이다.

*이것이 한자 속에 담긴 전도란 문자의 해석이다.

⇨모든 종교나 종파들은 자기네 도(道)를 전하는 데 많은 시간과
인력과 금전을 투입한다. 자기네들 교세 확장의 성공여부가 전도
에 달려있기 때문이다. 전도의 참 뜻이 무엇이든 간에 교단의 지
시에 따를 뿐이다. 전도(傳道)란 道(말씀. 길)는 진리의 말씀을 전
하여 그들로 하여금 자기들이 찾고 소망하는 곳(천국. 낙원. 극락)
을 가는 길을 가르쳐 주는 것이다. 그런데 우리들은 일상생활에서
길을 가다가 길을 모를 때 만나는 사람에게 길을 물을 때가있다.
그런데 길을 가르쳐 주는 사람이 잘 못 가르쳐 줘서 무척 고생하는
경험이 있을 것이다. 신앙의 길도 마찬가지다 목적지에 가는 지름
길이 있다. 그런데 그 길을 알지 못한 체 이 사람. 저 사람에게 물
어서 가다보면 내가 모르니 헤매기 일쑤고 결국 찾지 못하고 불행

을 초래할 수밖에 없다.

방법은 하나다 내가 진리의 말씀을 통해 가는 길을 아는 것이다. 교단과 교파의 지시에 의한 움직이는 것이 전도가 아니라 내가 진리의 말씀위에 확고히 서서 그 道를 통해 내 구원(救援)의 구(救)가 이루어졌다고 확신할 때 그 때 남을 구원할 원(援)을 이루기 위해 道를 전하는 것이 전도(傳道)다. 이것이 삼일신고에서 강조한 제세이화요 홍익인간의 사상이다.

▷사람이 법정에 서서 심판을 받는다는 것은 유쾌한 일은 아니다. 심판 날이 가까워오면 왠지 불안하고 초조하다. 이유는 자기에게 불리한 판결이 나올까봐 염려스런 것이다. 그런데 성경이나 다른 예언서에는 종말에 심판이 있을 것을 예고해 놓고 있다. 이 심판이 신앙인들에게는 불안하고 두려운 것이다.

왜 그럴까? 세상법정에서 받은 심판은 그 형량대로 살고 나오면 다시 정상생활을 할 수 있다. 그러나 예언서에 예고된 심판은 다르다 여기에서 한번 내려진 심판은 상고도 못하고 일심판결이 확정판결이 되어 영생이냐 영벌이냐 로 형이 확정되어버린다. 그래서 무섭고 두려운 것이다. 그런데 한자의 심판은 어떤 뜻을 가지고 있을까?

-심판이란 한자를 파자 해 보자.

심

▷審 = 宀 (집. 교회) + 番 (차례차례)

살필심.조사할심　집면　　　　　　차례번

▷ 判 = 半(절반으로 나눔) + 刂 = 刀(칼로)
판단할판   절반반.반반   칼도

靈▷ 宀(집)＝집. 교회＝하나님 집으로부터 심판(벧전4:17).
  番(번)＝차례차례 순서대로 순리대로

▷ 半(반)＝양과 염소로 가르겠다(마25:31~33).
  刂(도)＝칼＝말씀(히4:12)말씀으로 심판하다(12:48).

釋▷ 성경에는 말일에 심판을 예언해 놓고 있다(계20:12). 그런데 심판은 어떻게 하느냐? 하나님을 믿는 하나님의집인 교회에서 부터 하시겠다고 한다. 골수를 쪼개는 예리한 칼인 말씀이 기록된 책을 펴놓고 행한 행위대로 심판하실 것을 심판이란 한자 속에 감추어 놓았다.

▷ 예수님께서는 초림 때 오셔서 새 언약을 세우셨다. 이유는 첫 언약이 흠이 있었기 때문에 새 언약을 세우신 것이다. 그 새 언약을 한자로 신약(新約)이라 한다. 그 새 언약의 내용을 히브리서8 장에서 보니 하나님의 법을 생각에 두고 마음에 기록하는 것이라 했다. 그 하나님의 법인 말씀을 마음에 새기지 못하면 새 언약을 지키지 못한 것이 된다. 그러면 자연히 심판이 따르게 된다. 그 새 언약을 지키지 못할 때 심판하시겠다는 예언을 신약(新約)의 그 新자의 한자 속에 암시 해 놓으셨다.

－신약이란 신(新)자를 파자 해 보면.

▷ 新 = 立(세우고 이룰 때)+木(나무)+斤(무게 근)
신
세로울신   세울립.이룰립   나무목   무게근.도끼근

靈▷立(립)=일이 세워질 때. 일이 이룰 때(요14:29).

木(목)=나무= 백성=사람(렘5:14).

斤(근)=저울로 단다=말씀으로 심판. 도끼가 나무뿌리에 놓였
다는 것도 심판을 예언한 것(욥31:6. 시62:9) (마3:10).

釋▷종말로 하나님 말씀이 예언대로 이루어질 때 믿는 신앙인들
을 말씀인 저울로 달아 심판하겠다.

4)사도(使徒)와 성도(聖徒)

▷구약 때는 사도란 명칭이 없었다. 사도란 직분은 예수님이 초
림으로 오셔서 12제자를 세우심으로 사도란 직분이 세워졌다. 12
사도란 성경역사에 중대한 역할을 담당한 직분이다.

예수님이 12사도를 세우시고 복음전도와 기타업무를 감당케 하
였다. 그 후 70인을 세우시고(눅10장) 둘 씩 짝을 지어 복음전도사
역에 파송하며 너희를 보냄이 어린양을 이리가운데 보냄과 같이
걱정됨을 말씀하셨다. 전도란 초림 때나 지금이나 어려운 것은 마
찬 가지인가보다. 초림 때 예수님도 전도를 위해서 오셨고(막
1:38) 사도들도 복음전도를 위해서 세움을 받았다. 사도란 한자에
는 무슨 뜻이 담겨 있을까?

−사도(使徒)란 한자를 파자 해 보면.

▷ 使 = 人 (사람) + 吏 (관리하다. 다스리다.)
사
부릴사.하여금사   사람인   관리할리.다스릴리

▷ 徒 = 彳 (자축거림. 어린아이 걸음) + 走 (달아나다.도망)
도
무리도   자축거릴척   달아날주

靈 ▷ 人 (사람인): 신앙인.

吏 (관리 리. 아전 리):가르치고 관리하고 다스린 사람.

▷ 彳 (자축거릴 척):애들 걸음걸이. 비틀거림. 어린 신앙인.

走 (달아날 주. 도망할 주): 피해서 달아나다. 도망하다.

保 ▷ 산으로 도망하라(마24:15~16). 산(山)=여호와의 전(殿)=말
일에 세워질 교회(사2:2~3)=시온산(시2:6. 계14:1)=천국 상징.

*도망할 주(走)를 파자하면: 十(열십)+下(아래하)+人(사람인)

► 십자(十)아래에다 사람인(人)을 하면 = 시온 산이 됨.

釋 ▷ 말일에 천국(시온 산)을 찾아 도망 나와 비틀거리며 헤매는
신앙인들을 잘 관리하고 가르쳐서 시온 산(천국)으로 인도하는 사
람이 한자 속에 내포된 사도의 뜻이다.

▷ 본 필자가 푸는 해석은 한자에 나타난 뜻을 푸는 것이기에 국어
낱말 사전의 뜻과 같지 않을 수 있다는 것을 아시고 이해하시기
바라며 본 책자는 성경공부가 아니며 성경구절을 인용한 것은 그
한자가 영적으로만이 풀어지기에 성경구절을 인용하는 것임을 말

해 둔다.

♪신앙인들은 성도란 말을 많이 쓴다. 개신교에서는 교회 입교만 하면 성도님이라 부른다. 그리고 하나님을 아버지라 부른다. 이유야 알던 모르던 지금까지 관례와 전통에 의해 그렇게 해온 것이다. 그러나 가톨릭에서는 다르다 신자가 성자(聖者)의 자리에 오른 자를 성도라 부른다. 성자란 거룩한 성인을 일컫는 말이다. 인격적이나 모든 행위에 흠이 없는 자를 말한다.

　개신교나 가톨릭이나 자기 직분에 부끄럼이 없이 인격적으로나 행위에 부족함이 없다면 그가 바로 성도가 아닌가 생각한다.

－성도를 파자 해 보면.

▷ 성
聖 = 耳 (듣는 기관) + 口 (말하는 기관) + 壬 (크다)
　성인성.거룩할성 귀이　　　　　말할구.입구　　　　　클임.천간임

▷ 도
徒 = 彳 (자축거림. 서툰 걸음) + 走 (달아나다. 도망하다)
　무리도　자축거릴척　　　　　　　　　　달아날주

靈♪耳(귀이)= 듣는 기관 ▶ 하나님말씀을 들을 수 있는 귀.
　口(말할 구) = 말하는 기관 ▶ 하나님말씀을 전할 수 있는 입
　壬(클 임) = 위의 두 가지 곧 하나님말씀을 많이 듣고 많이 전할
　　수 있는 자가 하나님 관점에서 보실 때 큰 자요 성인이다.
♪彳(자축거릴 척)=애들 걸음걸이. 서툰 걸음걸이: 어린 신앙인.
　走(달아날 주. 도망할 주): 피해서 달아나다. 도망하다.

保⇨산으로 도망하라(마24:15~16). 산(山)=여호와의 전(殿)=말
일에 세워질 교회(사2:2~3)=시온산(시2:6. 계14:1)=천국 상징.

*도망할 주(走)를 파자하면: 十(열십)+下(아래하)+人(사람인).

▶십자(十)아래에다 사람인(人)을 하면 = 시온 산이 됨.

釋⇨초보의 신앙에서 하나님말씀을 듣고 시온 산으로 도망 나와
시온 산에서 말일에 증거 되는 말씀을 귀로 들음으로 양육 받아
장성한 신앙인이 되어 입으로 나팔 불어 하나님의 도(道)를 전하
고 그 도(道)로 남을 가르칠 수 있는 온전히 된 자를 성도라 한다.

－없어야 할 입(口)과 있어야 할 귀(耳)－
⇨입(口)은 말하는 기관이다. 말이 사람을 죽이기도 하고 살리기
도 한다. 야고보서 3장2절에서는 "말에 실수가 없으면 온전한 사
람"이라고 하였고 또 3장8절에서는 "혀는 능히 길들일 사람이 없
나니 쉬지 아니하는 악이요. 죽이는 독이 가득한 것이라"했다.

*명심보감(明心寶鑑)에서는
　口是傷人斧(구시상인부)요. 言是割心刀(언시할심도)니
　閉口深藏舌(폐구심장설)이면 安身處處牢(안신처처뢰)니라.

해설: 입은 사람을 상하게 하는 도끼요. 말은 마음을 베는 칼이니.
입을 닫고 혀를 깊이 감추면. 몸이 어느 곳에 있어도 편안하니라.

ⵁ귀(耳)는 듣는 기관이다. 논어에는 이런 말이 있다.
六十而耳順(육십이이순): 나이 60살이 되어야 귀가 순해진다는
말인데 공자가 60세가 되어서 천지만물의 이치에 통달하고 사려
와 판단이 성숙하여 남이 하는 말을 들으면 듣는 것에 따라서 이해
가 되었다고 해서 이와 같이 일컬은 말이다.

ⵁ입이 적다는 것은 말수가 적다는 것이고 말에 실수가 없이 온전
한 자이며 귀가 크다는 것은 좋은 말 궂은 말 할 것 없이 다 들어줘
서 상대를 편안하게 해 준다는 것이고 이순(耳順)이란? 耳順(60
살)이라야 비로소 세상이치를 순리대로 이해한다는 뜻이다. 이런
사람을 세상에서는 인덕을 고루 갖춘 현인이라 한다.

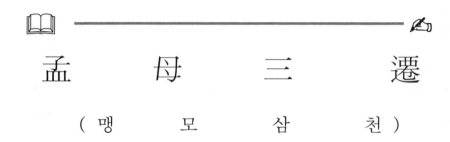

孟　　母　　三　　遷

（ 맹　　모　　삼　　천 ）

11.한자(漢字)는 예언서(豫言書)다 I

－범례(凡例)－
釋 ▷ 해　　석
靈 ▷ 영적해석
保 ▷ 도 움 말

1)굳셀 환(桓)자와 박달나무 단(檀)자의 비밀

▷앞에서 우리는 우리나라 고대사에서 환인(桓因)의 나라와 환웅(桓雄)의 나라를 개략적으로 배웠다. 환인천제의 나라는 7대에 거쳐 3301년을 치리를 했고 환웅천황께서는 배달국을 세우시고 그 후 18대에 거쳐 1565년을 치리하였다. 그런데 그 환(桓)자와 단(檀)자에 무슨 비밀이 있음을 감지했다.

오늘 날 영적인 세계가 열려지면서 한자 속에 숨겨진 비밀도 동양선지서도 성경의 예언서도 풀려지게 되는 것이다. 사람의 노력이나 연구로써 해결 될 문제라면 아예 하나님이 감추시질 않았을 것이다. 하나님께서 작정하신 때가 오늘 날 우리가 살고 있는 시점임을 알아야 된다. 그래서 오늘 날을 말세요. 종말이라고 한다.

환인(桓因)과 환웅(桓雄)이란 문자에서 공통적으로 쓰는 자가 굳셀 환 또는 푯말 환(桓)자이다. 푯말이란 목표를 찾아오라고 표지를 세워두는 것이다. 그럼 환(桓)자에는 과연 무슨 비밀이 숨어 있을까?

－환(桓)자를 파자 해 보면.

▷ **桓** = 木(나무)+ 一(하늘. 하나님)+ 旦(아침해가 뜰때)
환
풋말환.군셀한 나무목   한일.으뜸일   아침단.해솟을단

靈▷ 木(나무목): 나무=하나님의 백성(렘5:14).

　나무=예수.(목자)(요15:1).

　一(한일): 一 神=으뜸가는 신= 하나님.

　旦(아침 단): 아침에 해가 뜬다. 해가 뜬 곳은 동방.

釋▷ 하나님께서 해 돋는 아침(旦)의 나라 동방에 내려와 하나님의
백성과 목자와 함께 하시겠다는 예언의 문자를 푯말로 세웠으니
그 푯말 환(桓)자를 보거든 깨달아라.

*木+日=東. 木(나무)=사람(렘5:14). 日(해)=하나님(시84:11)

▶사람에게 하나님이 오시면 그 사람이 영적으로 해 뜨는
　동쪽이다.

▷우리나라 고대 천제들의 연력을 보면 환인(桓因)은 하나님을 상
징했으며 환웅(桓雄)은 하나님의 아들로써 이 땅에 내려와 최초로
배달국을 세운 분이다. 그래서 그 환(桓)자 속에는 하나님이 사람
가운데 내려와 사람과 함께하심을 나타내고 있는 것이며 우리나
라 3대경전인 삼일신고에는 일신강충(一 神 降 衷=하나님이 우리
마음가운데 내려와 계신다.)이란 천민사상(天民思想)이 뿌리 깊
이 박혀있어서 나를 나라고 하지 않고 우리라는 복수를 쓰는 것이

다. 그 후를 이어 국권을 튼튼히 하고 찬란한 문화를 꽃 피운 단군 (檀君)왕검이 들어선다.

우리는 여기서 성경을 잠시 살펴본다면 마태복음22장32절에 하나님께서 나는 아브라함의 하나님. 이삭의 하나님. 야곱의 하나님 이란 말씀이 나온다. 그래서 우리는 통상 아브라함 시대를 구약으로 이삭의 시대를 예수님 시대로 그리고 야곱시대를 오늘 날 재림의 시대로 본다.

하나님과 아들이신 예수님과 다시 오실 재림 예수님과 우리나라 역대 천황(天皇)들 중. 하나님으로 상징되는 환인(桓因)천제가 계시고 그 후예요 환인의 혈통에서 났지만 하나님아들이라 기록되었고 천자(天子)라 칭한 환웅(桓雄)과 우리나라 찬란한 역사와 문화를 자랑하는 단군(檀君)과는 어떠한 연관이 있단 말인가?

환인과 환웅의 환(桓)자 속에 해 뜨는 땅에 오셔서 하나님이 사람과 함께하신다는 뜻이 있음을 알았다. 그러면 단군(檀君)이란 문자 속에는 무슨 뜻이 있을까?

▷창세기 때 아담에게 하나님이 오심으로 아담이 해 뜨는 동쪽이요. 에덴동산(東山)이였다. 그러나 아담의 범죄로 하나님은 아담에게서 떠나가셨고 아담은 해가 뜨는 동방(東方)도 하나님이 함께하시는 동산(東山)도 아니고 본래의 흙으로 돌아갔다.

－박달나무 단(檀)자와 임금 군(君)자를 파자해보면

▷檀 (단/박달나무단) ＝ 木 (나무＝사람. 목자) 나무목 ＋ 亠 (머리＝우두머리) 머리부분두 ＋ 回 (돌아올회)

(돌아올 회) 旦 (해 뜨는 곳. 동쪽. 동방)
아침단.해돋을단

▷ 君 = 尹 (다스리다. 치리하다) + 口 (인구(사람)
군
임금군   다스릴윤   인구구.입구

靈 ⇨ 木(목): 나무=사람. 여기서는 목자(牧者)요15:1~.
　ㅗ(두): 머리=하나님. 하나님의 신(神).
　回(회): 돌아오다. 회복하다.
　旦(단): 아침 단=해 뜨는 곳 동방.
⇨尹(다스릴 윤): 다스리다. 거느리다. 치리하다.
　口(인구 구): 인구. 사람. 백성들을 일컬음.

釋 ⇨ ①하나님께서 해가 떠오르는 동방의 목자에게 돌아와서 백성
들을 다스리고 치리하시겠다.
②하나님께서 6천 년 전 아담의 범죄로 빼앗긴 에덴동산(東山)을
해 뜨는 동방에서 한 목자를 세워 다시 회복하시고 택하신 하나님
백성들을 맡겨 양육하고 치리하도록 하시겠다.

保 ⇨ 이 머리 두(ㅗ)자는 조직의 우두머리. 하늘 등으로 쓰이는 문
자였으나 사단이 세상권세를 잡은 후로는 자기들소속이 된 배신
자를 상징한 돼지를 경배하라는 의미에서 돼지해밑이라고 배우고
또 가르치고 있다. 돼지머리를 상에 올려놓고 고사 지내는 것이나
같은 이치로 보면 되겠다.

2)단골(檀骨)네를 아는가?

▷우리나라는 예부터 건축 해 논 절이나 사당에 가보면 삼신 각 (三神 閣)이니 삼성각(三聖 閣)이니 하는 신(神)을 모시는 신당(神堂)을 볼 수가 있다. 그 안에는 세분의 신(神) 또는 조각이나 부어 만든 세분의 형상을 모셔 놓고 있다. 그 세분이 누구인가 하니 환인(桓因). 환웅(桓雄). 단군(檀君)이시다. 우리민족의 뿌리 되시고 머리되신 삼위(三位)의 조상님을 모시고 있는 것이다.

어느 신당(神堂)이름은 대웅전(大雄殿)이라고 전면에 크게 써 붙여 논 것도 있다. 그것은 바로 환웅천황의 신당이다. 환웅천황 한 분만 모시는 신당이다.

한 분을 모신 신당 중에는 단군신당이 가장 많다. 단군의 흉상(胸像)은 꼭 신당이 아니라 학교나 어느 문화원 뜰에서도 볼 수가 있다. 우리나라개국 시조를 단군으로 보기 때문이다.

기독교인들 중에는 우상숭배라고 망가뜨린 일도 있지만 성경을 좀 더 깊이 알고 나면 괜히 무모한 짓을 했다고 후회 할 것이다. 무지한 자가 용감하다는 말이 있듯이 모르면 나도 모르는 사이에 죄가 되는 일을 저지를 수 도 있다. 모르고 저질은 죄는 허물치 않으신다는 하나님께 감사해야 되겠다.

내가 여기서 말하고자 하는 것은 우리민족의 역사와 운명이 하나님께서 펴시는 계획과 섭리와 무관치 않다는 것이다. 환인(桓因). 환웅(桓雄). 단군(檀君)의 한자(漢字)속에서나 그분들이 이루어 온 역사 속에서 오늘 날 이루실 일들을 볼 수가 있다는 것이다.

♢독자들께서는 단골(檀骨)이란 말을 들어 본 일이 있는지 모르겠다. 연륜이 오래 되신 분들은 거의가 아시리라본다. 동네의 궂은 일은 도맡아 하면서 굿을 해주고 귀신을 쫓아내고 병을 낫게 해주며 노랫가락이나 온갖 국악기를 능수능란하게 잘 다룰 줄 알면서도 가장 푸대접과 천대를 당연한 운명으로 받아들이며 한을 품고 살아온 단골(檀骨)!

우리나라 삼국시대(三國時代) 때 신라는 적국인 당나라(지금의 중국)를 불러들여 고구려와 백제를 멸망시켰다. 그 후 신라는 출신나라와 출신지역을 분류하는 소위 골품제도(骨品制度)라는 제도를 강화시켜 자기를 가르치는 스승(그 때 스승은 학문을 가르치는 것이 아니라. 선악의 분별력과 병을 고치고 어려운 난제를 푸는 재능과 신통력 등을 가르쳐 주는 선생)을 가장 미천한 계급으로 분류하여 천대했다.

♢골품(骨品)제도란? 출신나라와 지역에 따라 뼈대와 혈통별로 분류하여 등급별로 분류하는 방법이다.

그 골품제도의 등급은 이러했다. 성골(聖骨). 진골(眞骨). 범골(凡骨). 단골(檀骨). 이렇게 4등급의 부류로 나누어 왕족끼리 결혼하여 낳은 자식을 성골(聖骨). 왕족과 귀족 사이에서 낳은 자식을 진골(眞骨). 신라 사람들을 높이어 범골(凡骨)이라 했다.

그럼 단골(檀骨)은 무엇인가? 단군(檀君)의 풍습을 전수 해 내려온 백제나 고구려의 유민들을 단골(檀骨)네라고 비하해서 노예(종) 취급을 했던 것이다. 성골이라야 왕이 될 수 있었고 진골이라야 벼슬을 할 수 있었으며 범골이라야 사람취급을 받고 살 수 있었다. 단골(檀骨)이란 단군의 뼈대를 타고 났다는 뜻인데 그 단골들은 온갖 천대를 다 받고 살면서도 신분을 숨기거나 직업을 바꾸지 않았다. 그리고 단골들에게는 천민(賤民)으로 취급하여 아무리 나이가 많아도 반말(낮춘 말)을 했고 혹 타지에 가서 모르는 사람이 자기에게 존댓말을 하면 자기의 신분을 밝히고 말씀을 낮추라고 겸손히 말했다.

이렇게 천수백 년을 이러한 멸시 속에 살면서도 단골들은 절개를 지켜왔다. 그래서 오늘 날 세상에서 오직 한 집만을 상대하여 물건을 사고팔거나 옛 정을 변치 않고 의리를 지켜나가는 사람을 단골이다. 단골집이다. 고 하는 것이다. 우리가 일상생활에서 흔히 쓰는 말 중에 "단단(檀檀)" 하다는 말을 많이 쓴다. 그 뜻은 튼튼하다. 견고하다. 완전하다는 뜻이다. 단군께서 얼마나 튼튼하고 견고하고 완전한 분이셨는가를 단적으로 말해주고 있다.

또 "단 도리"를 잘 하란 말도 있다. 국어사전에는 그 단어 자체가 없는 사전도 있고 답이 있는 사전에서는 "단속의 전라도 사투리" 이렇게 나와 있고 또 어떤 사전에서는 작업을 시작하기 전 일을 할 수 있도록 연장 등을 준비하는 것. 이라고 나와 있다. 단 도리라는 어원이 어디서부터 나왔는지를 모르다 보니 그런 답이 나올 수밖에 없다.

단 도리란 말은 수 천년동안 우리 조상들이 구전(口傳)으로 오늘날 까지 전해져 내려 온 것이다.

단 도리란 원어는 檀 道理(단 도리)다. 그 뜻은 단군(檀君)께서 백성을 교화시키신 하나의 도경(道經)이다. 그래서 우리 조상들은 후손들에게 행여나 잊어 버릴까봐 일상생활에서 끝임 없이 가르쳐 왔던 것이다. 그래서 단군께서 가르치신 말씀의 이치를 깨달아서 사람이 지켜야 할 도리를 다 하라는 말씀이다. 단 도리가 전라도 지방에서 단속의 사투리라고 말한 것도 전혀 근거 없는 말은 아니다. 왜? 전라도 지방에 가면 사실 단 도리란 말을 많이 쓰고 있다. 그 지방에는 또 단골 네도 많았다. 앞에서 단골 네의 내력을 읽었고 단(檀)자의 뜻을 알았으면 이해가 갈 줄로 안다.

오늘 날 우리 국악계를 주름잡고 문화재라고 일컬음을 받는 사람들은 거의가 단골 출신이라는 것은 부인 못할 사실이다. 단군의 뼈대를 받고 태어난 단골들은 어떠한 어려움 속에서도 기개와 절개가 있었고 공의 공평하며 천손(天孫)으로써 품위를 지켜나갔다. 이 단골의 뿌리가 환웅천황의 배달국이요. 백의민족이요. 단일민족이요. 배달민족이다.

*배달국(倍達國)을 건국하신 환웅을 하나님아들이라 한다.

성경에서는 예수님을 하나님아들이라 한다. 환웅은 육적(肉的)으로 배달국을 세웠다. 예수님은 영적(靈的)으로 무슨 나라를 세웠는가? 환웅의 대를 이은 단군은 육적(肉的)으로 단군조선을 세웠다. 예수님 대를 이어 오실 재림의 주는 오셔서 영적(靈的)으로 무슨 나라를 세울까? 이 땅에 하나님 나라를 세우신다고 하셨다. 신앙인이라면 한번 쯤 생각해 볼일이다.

3)사람과 짐승

◇유교의 가르침에서 이 세상만물 중에 사람이 최고로 귀하다고 한다. 왜 그 이유는 사람에게는 삼강과 오륜이 있기 때문이라고 했다. 반대로 삼강오륜이 없다면 귀하지 않다는 말이고 짐승과 다를 바가 없다는 말이 된다.

필자는 앞에서 환웅과 곰과 호랑이 이야기를 한바가 있다. 여기서 우리는 신화로만 알고 있었던 영적으로 암시한 역사적 사건을 바로 알았으리라 본다. 환웅은 천자(天子) 곧 하나님아들이라 하는데 진짜 저 하늘에서 내려온 하나님아들이냐? 아니라는 것쯤은 여러분들도 알리라 본다.

여러 고서(古書)에는 환웅(桓雄)은 환인(桓因)의 7대손 지위리(知爲利) 환인의 아들 중 한아들로 궁중의 서자(庶子)였다고 한다. 여기서 우리가 이해 할 것은 서자(庶子)라고 하니 첩의 아들이라는 오해가 있는데 여기서 말한 서자(庶:여러 서. 子:아들자)여러 왕자들 중에 한 왕자로 여러 왕자들을 관리하는 좌장 격이란 뜻이다. 그럼 사람의 아들인 환웅을 왜 하나님아들이라 하느냐? 하나님의 계율(戒律)로 또는 신(神)의 가르침으로 인격이 형성되고 무지한 사람의 옛 모습을 벗고 새로운 피조물로 거듭나서 하나님의 형상으로 다시 낳기 때문에 하나님아들이라 일컬음을 받는 것이다. 환웅은 하나님의 계율로 다시 지음을 받고 하늘의 도(道)를 통달하므로 하나님아들이라 인(印)침을 받고 하나님의 명을 받들어 나라를 세우시고 하늘의 도(道)로 백성들을 가르쳐 천계(天戒:하늘의 계율)와 신계(神戒:신의 계율)를 철저히 지키게 하여 하늘의 백성으로서 손색이 없게 했다.

이 소식을 들은 이웃에 사는 호(虎:범호)씨의 부족과 웅(熊:곰웅)씨의 부족이 환웅에게 찾아와 우리도 하늘의 가르침을 받고 하나님의 백성이 되게 해 달라고 비니 환웅이 허락하고 마늘20쪽과 쑥 1단을 100일 동안에 먹으라고 하였다고 한다.

성경 출애굽기 12장에서 보면 하나님께서 출애굽 할 때 쓴 나물과 부풀지 않은 빵을 먹고 나오라고 하신다. 마늘이나 쑥이나 쓴 나물이나 부풀지 않은 빵은 다 먹기 힘든 음식들이다. 그러나 이 걸 먹어야 하늘 백성이 되고 출애굽 할 수가 있다. 하나님께서는 하나님 말씀이 없는 자를 사람이 아닌 짐승이라 하신다(시49장). 짐승이 사람이 된다는 것은 그렇게 쉬운 일이 아니다. 하늘나라의 계율과 신(神)들의 계율을 다 지켜 행해야 되고 그 배운 계율대로 행위가 변해야 된다.

오늘 날은 어떤가? 오늘 날도 별 다를 것이 없다고 본다. 하나님 은 하나님말씀이 마음속에 있는 자를 사람으로 본다. 그리스도의 영＝말씀(롬8:9)이 없으면 그리스도의 사람이 아니라고 했다면 좀 생각해 봐야 될 일이다. 우리가 성경의 예언서나 동양 선지서를 볼 때는 그 문장 속에 나오는 짐승이나 나무나 돌이나 바위나 불이 나 물이나 하늘이나 땅을 문자대로 해석해서 읽으면 이해가 안 된 다. 사람이나 말을 여러 가지 비슷한 물체로 들어 빗대어 기록해 났음을 알아야 하고 그래서 그 예언서나 선지서가 풀어지지 않는 다는 것을 알아야 한다.

예언서에 나오는 짐승 중에는 하나님을 섬기다가 욕심이 들어감 으로 하나님을 배반하고 나간 자들을 돼지나 개로 빗대어 기록해 놓았다(마7장. 벧후2장). 그리고 산 짐승이나 들짐승 파충류들을 하나님을 원래부터 대적한 사단의 소속으로 분류된다. 하나님 소 속 이였다가 배척하고 나간 개나 돼지도 사단소속이 되어 하나님 을 대적하는 대적 자가 되어 버린다. 우리가 예언서나 선지서를 읽을 때 이해를 못하는 것은 그 안에 감춰 논 비밀을 알지 못하기 때문이다.

그럼 그 비밀은 어떻게 아는가? 그 경전(經典) 안에 답이 있다. 그 밖에서는 어디에도 답은 없다.

4) 복(福)? 돼지

❖우리는 이 세상에서 돼지를 아주 길(吉)한 동물로 여긴다. 돼지꿈을 꾸면 복권을 산다. 꿈에 돼지를 보게 되면 기분 좋아한다. 집안일이나 사업을 위해 고사를 지낼 때는 돼지머리를 가장 중앙에다 모시고? 돼지 입에다 돈을 물려놓고 만사형통케 해 달라고 돼지에게 큰 절을 한다.

그리고 예쁜 자식을 아이고 내 귀여운 돼지 새끼라고 예뻐한다. 어떤 이는 실제 자식이름을 돼지라고 지은 집도 있다. 복 저금통, 복 주머니에는 빠짐없이 돼지그림이 그려져 있다. 과연 돼지는 우리에게 복을 가져다주는 길한 동물인가?

이 세상은 아담 범죄 이후 공중권세를 사단이 잡고 있으며 세상이 사단의 권세 하에 들어가 있다. 그럼 사단은 이 세상에서 어떻게 활동하며 어떤 모습으로 나타나는가? 사단은 모양이 없다. 하나님이 영(靈)이신 것같이 사단도 영이다. 천지만물을 창조하신(창1:1. 요1:2) 하나님은 사단도 창조 하셨을 텐데 왜 못된 사단을 만드셨을까? 이것을 설명하자면 너무나 길고 이사야14:12~15까지 읽고 참조하시고 세상의 이치를 들어 설명하자면 쿠데타를 일으켜 정부를 정복하고 정권을 찬탈한 것과 같다고 생각하면 되겠다.

그럼 영(靈)들은 어떻게 활동하는가? 영은 사람(육체)에게 들어와 그 사람을 움직인다. 하나님의 영이 예수에게 들어와 역사함과 같이(요10장. 요14장)사단의 영이 하와와 아담과 또 갸롯유다에게 들어가 역사함과 같이 또한 귀신이 신들린 자에게 들어가 점치는 것같이 영은 사람 속에 들어와 일한다는 것을 알아야한다.

돼지 이야기를 다시 하겠다. 예언서에서 돼지(사람)는 처음은 하나님 소속의 선한 일꾼이었다. 높아지려는 욕심이 들어감으로 하나님의 말씀을 저버리고 그 도(道=말씀)를 배반하고 나간 자들을 배신자라하며 그 배신자를 돼지나 개로 빗대어 말한 것이다. 원래가 하나님 소속이었던 돼지는 하나님을 배반하고 사단의 소속으로 소속이 넘어 감으로 사단의 소속이 되어 하나님을 악랄하게 대적하므로 써 사단세계에서 인정을 받아 지위와 권세가 높아지므로 세상 사람들이 그를 통해서 용(사단)에게 복 받기를 원해서 산에서나 들에서나 집에서나 고사를 지낼 때는 돼지머리를 중앙에 올려놓고 복 받게 해 달라고 비는 것이다. 이 세상은 용의 권세 하에 있기에 세상법과 질서와 소위 문자까지도 변개시켜서 모든 것이 사단(용)이 유리한 쪽으로 바꿔놓았다.

ㅇ우리는 우리가 사는 집을 가옥(家屋)이라 한다. 집 가(家)에다 집 옥(屋)이니 한자로는 맞다. 문제는 돼지 시(豕)가 들어가 있는 까닭이 무엇인지 알아보고자하는 것이다. 사람이 사는 집에 사람이 들어가 있지 않고 왜? 돼지가 들어가 있을까?

▷ 家 = 宀 (사람의 집) + 豕 (돼지. 집에서 기른 짐승)
집가   집면   돼지시

▷ 屋 = 尸 (죽음. 시체) + 至 (이른다. 미친다)
집옥   주검시.시체시   이를지.미칠지

靈ㅇ宀(집 면): 사람이 사는 집. 처소. 교회. 조직체. 집단.

豕(돼지 시): 짐승. 하나님을 떠난 변절 자. 사단소속

⇨尸(죽음 시): 죽음. 시체.
　至(이를 지): 이른다. 다다른다. 미친다.

釋⇨사단에게 간 변절 자(돼지)가 사는 집에 살다가는 죽음을 마지 할 수밖에 없다. 그러니 이치를 깨닫고 하루 빨리 돼지의 집(사단의 집단)에서 나와야 산다.

保⇨간교한 사단은 온 인류가 사는 집을 가리키는 家(집 가)자나 식구들을 가리키는 가족의 家(가)자 속에 돼지(豕)를 주인으로 앉혀놓고 모든 인류가 자기의 소유임을 나타내고 있다.

⇨이런 이야기도 있다. 옛 날에는 사람들이 현재와 같이 견고한 집을 짓고 살지 못하고 움막집을 짓고 살다보니 짐승이나 파충류. 특히 독사의 피해를 많이 입었다고 한다. 그 피해를 방지하다보니 돼지우리 위에다 움막을 짓고 살았다고 하는데 이유는 뱀과 돼지는 천적이었다고 한다. 오늘 날 영적(靈的)으로 보면 뱀과 돼지는 천적이 아니라 같은 소속인데 왜 천적이었는지 알 수가 없고 돼지는 원래 하나님 소속 이였기에 변절하기 이전에는 천적이 될 수도 있겠다고 생각 해 볼 수가 있겠다. 그 풍습이 아직도 우리나라 제주도에는 남아있어 돼지우리 위에 화장실(변소)를 짓고 돼지우리에다 직접 용변을 본다고 한다. 그래서 제주도 돼지는 사람들의 배설물을 직접 받아먹고 살기 때문에 제주도 똥 돼지라 한다.

⟡그럼 내가 살고 있는 집을 나타내는 다른 한자이름은 없는가?
좋은 이름이 있다. 있는데도 사단의 권세 하에 사단의 지시를 받
고 사는 세상이기에 모든 것을 사단이 유리한 쪽으로 바꿔 놓았다
고 했다.

 바로 주택(住宅)이란 한자가 있는데도 별로 사용하지 않고 돼지
시(豕)가 들어간 가(家)자를 주로 사용하고 있다.

-주택(住宅)이란 문자 속에는 무슨 뜻이 있는가. 파자(破字)해 보
면.

주
▷住 ＝ 人 (사람)＋ 主 (주인. 임금)
살주   사람인   주인주.임금주

택
▷宅 ＝ 宀 (집. 거처)＋   (풀잎 책)
집택.집댁   집면.움집면

⟡人(사람 인): 사람.
 主(주인 주): 주인 또는 임금(귀한 신분).
⟡宀(집 면) : 거처. 식구가 모여 사는 곳.

    (풀잎 책): 풀＝ 육체. 사람. 백성(40:6~7).

釋⟡①사람이 주인이 되어 귀한 식구들이 모여 사는 곳.

靈⟿②풀로 빗대어 말한 하나님의 백성을 건축 재료로 삼아 지어진집. 교회. 조직체.

⟿우리는 일상생활에서 식구(食口)란 말을 많이 쓴다. 우리식구. 또는 우리 집 식구 등. 백과사전에서 식구란 뜻은: ①"한 집에서 같이 살면서 끼니를 같이 한 사람" ②"기관이나 단체에서 생활을 같이 한 사람"으로 나와 있다. 그럼 한자에 나타난 식구의 뜻은 무엇일까?

－식구란 한자를 파자 해 보면.

▷ 식 食 ＝ 人 (사람) ＋ 良 (좋고 어질다)＋
밥식. 먹을식   사람인   좋을량

▷ 구 口 (인구(사람). 말할 구)
입구.인구구

⟿人(사람인)＝사람들.
　良(좋을 량)＝ 좋을 량. 어질 량.
　口(인구 구. 말할 구): 사람들. 말(생각).

釋⟿①한 집에서 끼니를 같이 하면서 끝임 없이 좋은 생각과 어진 성품을 만들어가는 사람들.
靈⟿②한 조직체 안에서 같은 말씀으로 창조되어 사상이 같으며 목표가 같은 사람들끼리 모인 단체.

⊃앞에서 가옥(家屋)을 설명했는데 여기에서는 집 옥(屋)자 이야기를 하고자 한다. 몇 십 년 전만해도 호텔이나 모텔이란 이름은 찾아보기 어려웠고 여인숙(旅人宿)아니면 종로 옥(屋).남해 옥(屋). 서울 옥(屋). 이렇게 옥(屋)자가 붙은 술집이나 창기 촌들이 많았다. 그 옥(屋)자가 붙은 영업집들은 거의가 여인과 술로 향락을 즐기는 장소다.

그런데 그 옥(屋)자를 파자 해 보면 尸(죽음 시). 至(이를지)다. 죽음에 이른다는 경고하는 말이다.

▷ **屋** 옥 집옥 = 尸(죽음) + 至(이른다. 도래한다)
죽음시.주검시　　　이를지.도래할 지

⊃옥(屋)에 자주 드나들면 빨리 죽을 수 있으니 출입을 삼가라는 경고성 간판이다. 영업집 주인이나 출입하는 손님이나 그 깊은 뜻을 아는 사람이 있었겠는가? 여기서 우리는 우리조상들의 지혜와 후손들을 사랑하는 마음으로 한자를 만들어 오신 발자취를 엿볼 수가 있다.

5)양(羊)고기와 돼지고기(豚肉)

⊃성경에서는 양고기를 먹고 거기서 나오라는 구절이 있고(출 12장) 돼지고기를 먹으면 망한다는 말이 있으며(사66장) 피를 먹지 말라는 말도 있다(레19장). 그래서 어느 교파에서는 피를 끓인

선짓국도 먹지 않을 뿐 아니라 목숨이 끊어져도 수혈하지 않는다. 뿐만 아니라 국민의 국방의무인 군대도 가지 않는다.

예수님께서는 요한복음6장에서 너희는 내 살을 먹고 내 피를 마시라고 한다. 왜 구약에서는 피를 먹지 말라 했는데 예수는 자기 피를 마셔야 영생한다 할까? 초림 때 유대인들은 하나님께서 구약에 약속하신 메시아를 보내 주셨지만 성경에 감춰진 선지서를 모르니 메시아를 자기들 손으로 죽이는 엄청난 죄를 범했다. 성경속의 예언은 감출 때가 있고 열릴 때가 있다고 한다.

신앙인들은 역사적 사건과 시대적인 때를 분별할 줄 알아야한다. 우리가 농촌에서 농부가 농사를 짓기 위해서는 24절기를 정확히 알아야 씨를 뿌릴 때와 가꿀 때와 추수 때와 저장할 때를 알아 시기를 놓치지 않고 농사를 성공리에 마치고 알곡을 곳간에 저장하는 것같이 신앙인들도 시대적인 때를 모르면 신앙의 농사를 실패할 수밖에 없다. 육적농사는 일 년 농사를 망치면 그 해는 좀 어려움이 있더라도 다음 해에 다시 노력하여 농사를 지으면 회복 할 수가 있다. 그러나 천국농사는 일회성이라 한번 농사를 망치면 다시 회복할 길이 없다. 양이냐, 염소냐 로 나뉘어 천국이냐, 지옥이냐 로 가라진다.

일 년 중 24절기를 모르면 지금이 씨를 뿌릴 땐지 가꿀 땐지 거둘 땐지를 분간 못 한 것같이 신앙적으로도 시대적 때가 있어 농사 짓는 법과 같아서 때를 모르거나 놓치면 실컷 고생하고 지옥 가는 결과를 낳을 수도 있다.

요한복음6장에서 보면 예수님께서는 나의 피를 마시고 내 살을 먹으라고 하시며 내 살과 피를 마시는 자는 영생 한다.고 하셨다. 상식적으로는 도저히 이해 할 수없는 말이다. 그런데 그 답은 바로 요한복음 안에 있다. 요한복음1장에서는 **"말씀이 육신이 되어 이 땅에 오셨다"**고 한다. 그 예수의 몸 전체가 말씀덩어리라는 것이다.

그래서 예수의 몸이 곧 말씀이 된다면 그 몸(피와 살)을 먹는 것이 예수의 말씀을 먹는 것이 되는 것이며 예수의 입에서 나온 그 말씀을 듣는 자가 영생한다는 말이 된다. 그렇다면 위에서 말한 먹지 말라는 돼지고기나 피는 무었을 의미하는 것인지 독자 여러분들도 이해가 될 줄 안다. 여러분들에게 성경공부를 시킨 것이 아니고 영적으로 돼지와 살과 피를 설명하자니 성경말씀이 자연히 인용 된 것이다.

골로새서2장에서는 **"먹고 마시는 것과 절기나 월삭이나 안식일을 인하여 누구든지 너희를 폄론하지 못하게 하라"**고 하셨다. 우리 신앙인들은 음식물 가지고 많은 분쟁이 일어난다. 피를 먹으면 안 된다. 고사 음식이나 제사음식도 먹어서도 안 된다. 그러나 바울사도는 모든 음식은 못 먹을 것이 없다고 한다.(딤 전4장) 잘 생각하여 이해하기 바란다.

◌ 예수님이 가다라(거라사) 지방에서 귀신들린 자 둘을 만나매 그들이 예수님을 보고 하나님의 아들이시여 아직 때(지옥. 음부에 들어갈 때)가 안 되었는데 왜? 벌써 오셔서 우리를 괴롭게 하나이까? 하면서 만일 우리를 쫓아내실진대 저기서 먹고 있는 돼지 떼에게 들여보내소서! 한대 저희더러 가라하니 그 귀신들이 거기서 나와 돼지 떼에게 들어가니 그 돼지 떼가 비탈길을 내 달아 바닷물에 빠져 몰사하는 글이 나오는데(마8장) 예수께서 그 이름을 물으신 즉 군대(軍隊)라 한다(눅8:30).

－돼지 떼와 군대(軍隊)가 관련이 있는 것 같아서 뜻을 알아보기로 하자.

◑지금은 전쟁이 일어나면 문명이 발달하여 최첨단 무기로 싸우지만 옛 날에는 돌 맹이나 창이나 칼이 전부였다. 그래서 앞에서는 젊은이들이 싸우고 뒤에서는 힘없는 노인들이나 부녀자들이 돌맹이나 무기를 날라주고 부상자를 들것에 들어 후송하고 하였다. 그 미개한 시대의 인류의 생활이 오죽했겠으며 수명대로 살기나 했겠는가!

전쟁터에서 절실히 요구되는 것이 다량의 물자를 나를 수 있는 도구가 필요한 것이었다. 그래서 최초의 수송수단으로 고안(발명)해낸 것이 수레다.

이 수레에다 군수 물자를 실어 나르기 시작했고 오늘 날 자동차 발명의 시초가 되었다. 車(수레 차. 거)에다 군수물자를 싣고 다니다 보니 적군들에게 발각된 일이 많았다. 그래서 그 수레를 덮고 다니기 시작한 것이 위장술의 시초였다. 車(수레)를 덮으니 軍(군사 군)자가 되었다고 한다.

－군사군(軍)자와 떼 대(隊)자에 담겨진 뜻을 알아보면.

▷**軍** = 冖(덮을 멱)＋車(수레 차. 수레 거)
군
군사군 덮을멱 수레차.수레거

대
▷隊 = 阝 = 阜(언덕 부)+八(여덟팔)+豕(돼지)
떼대.무리대   언덕부   여덟팔   돼지시

⇨ 冖(덮을 멱): 뚜껑을 덮다. 안 보이도록 위장하다.
　車(수레 차. 수레 거): 자동차(自動車)는 '차, 라고 읽고 자전
　거(自轉車)는 '거, 로 읽는다.
⇨ 阝=阜(언덕부): 언덕 또는 비탈길. 阜(언덕부)가 변으로 가면
　阝(좌부변) 으로 변한다.
　八(여덟 팔): 여덟 마리 또는 여덟 사람.
　豕(돼지시): 짐승. 영적으로는 하나님을 배반한 자.

釋⇨ ①차에 군수물자를 싣고 적군이 알아볼 수 없도록 위장하여
많은 무리가 떼 지어 다니는 자들을 군대(軍隊)라 한다.
靈⇨ ②자기(마귀)의 본색(本色)을 숨기고 양의 탈을 쓰고 위장하
고 노략질 하는 사단의 집단 곧 사단에게 속한 모든 귀신들이 예수
님의 심판으로 배신자의 대표자와 그 무리들에게 들어가 언덕아
래 비탈길로 내달아 바다에 몰사하니 이들의 수가 큰 군대라.

⇨아담은 하나님과 언약을 지키지 못 함으로 죄를 범하고 그 낙원
에서 쫓겨나 형벌을 받게 되었다. 창세기 3장에서는 여자의 후손
과 뱀의 후손이 서로 원수가 되게 하시겠다는 예언이 나온다. 그
예언은 이 시대에 응해져 현실로 나타나고 있는 것이다. 원수가
되게 하시겠다는 그 원수(怨讐)라는 말은 무슨 내용일까?.
　원수란 자기에게 극심한 손해를 끼쳐 서로 적대감을 가지고 미
워하며 원한을 가진 것을 말한다. 하나님과 사단의 싸움은 혈(血)

과 육(肉)의 싸움이 아니라 하늘에 있는 악(惡)한 영들과 영적싸움이다.

─그럼 원수(怨讐)가 되게 하시겠다는 그 원수는 무슨 뜻인가?

▷ 怨(원) 원망할원 = 夕(저녁)(저녁석.밤석) + 巳 = 卩(병부절)(병부절) + 心(마음심)(마음심)

▷ 讐(수) 원수수 = 隹(새. 조류)(새추) + 隹(새추)(새추) + 言(말씀. 말)(말씀언.말언)

↪夕(저녁석) :저녁. 밤. 어두움.

巳 = 卩(병부):발병부에서 나온 말. 신표(信標):훗날에 증거가 되기 위해 서로 주고받은 표(標). 창세기3장의 예언의 말씀이 영적신표(信標)가 되는 것이다.

心(마음심): 마음. 중심.

↪隹(새추) : 새=영(靈) 마3:16. 비둘기=성령.

隹(새추) : 새=영(靈). 까마귀=악령(사단 소속).

言(말씀언. 말언): 하나님의 말씀. 또는 사단의 말.

靈↪아담이 범죄 하므로 사람에게서 하나님의 영이 떠남으로 마음이 밤이 되어 어두워져서 예언의 말씀인 영적 신표(信標)대로 여자의 후손인 새(隹)=성령(聖靈)과 뱀의 후손인 새(隹).=악령(惡靈)이 자기들의 교리인 말(言)로써 사람 속에 들어가 사람을 이용해 싸우는 것이 원수의 영적(靈的)인 뜻이다.

⟳나는 누구인가? 누구나 다 일생을 통해 몇 번씩 생각했을 법도하다. 과연 나는 누구인가? 가정에서 직장에서 신앙생활에서 내가 맡은 일에 따라서 나의 연령에 따라서 나를 부르는 대명사가다르다. 어떤 이름은 마음에 드는 이름도 있고 어떤 이름은 매우불만족스런 이름도 있을 것이다. 그 연령에 그 시대에 그 직장에그 환경에 나에게 붙여진 이름에 충실한 종이 되어 나는 누구인가를 확인하는 작업을 되풀이하는 것이다.

그럼 한자(漢字)에서는 나를 누구라 하는가? 나아(我)자를 써서나를 한자로 아(我)라 한다. 한자에는 나를 가리키는 한자가 여럿있다. 여기서는 아(我)자를 알아보도록 하겠다.

－나아 자를 파자하면－

▷我 = 手(손수)＋戈(창＝무기)
아
나아   손수   창과

⟳手(손수): 손은 일하는 모든 지체의 상징성을 가짐.
　戈(창과):창은 전쟁의 도구로써 적을 무찌르고 나를 방어 하는
　전쟁 무기. 육적으로는 전쟁무기＝영적으로는 말씀. 말

釋⟳손에 창을 들고 있는 자가 나다.
한자의 문자 상으로 보면 나(我)는 전쟁터에 창을 들고 서있는 병사다. 맞다. 우리의 일생은 생존경쟁 속에서 싸움의 연속이기 때문에 잠시도 손에서 창을 놓을 수가 없는 것이다.

靈⟡육적전쟁은 창. 칼. 활 등의 무기를 가지고 싸우지만 영적전쟁은 말(교리)로 싸우기에 성경역사 6천 년은 하나님과 사단의 영적교리 싸움이다. 그러므로 하나님을 믿는 신앙인은 한 시라도 하나님말씀을 놓아서는 안 되고 온 몸을 말씀으로 무장하여 무시로 공격해 오는 사단의 침략을 물리쳐 하나님나라가 이루어 질 때까지 나를 지켜나가라는 뜻을 나아(我)자에 암시해 놓은 것이다. 그러니까 나는 내가 지켜야한다는 뜻이다.

⟡아담은 하나님과 언약을 맺음으로써 지상 낙원(樂園)인 에덴동산을 하나님으로부터 하사받고 배필까지 선사받아 부러울 것 없는 나날을 동산에서 보내고 있었다. 그런데 호사다마(好事多魔)라고 좋은 일에는 반드시 마귀가 틈탄다는 것을 알아야한다.

  사람들이 자기의 행복을 지키기 위해서는 하나님과의 언약을 지켜야 되고 한자(漢字)에 암시해 논 나 아(我)자의 뜻을 알아 지켜야 했다. 그런데 아담은 하나님의 말씀을 믿지 못했고 나 아(我)자의 의미를 알지 못했다. 나를 지키고 내 행복을 지키기 위해서는 나 아(我)자가 가르친 손에서 창을 놔서는 안 되는 것이다. 그런데 아담은 들고 있어야 할 창은 놔 버리고 하나님과의 약속을 져버리고 본분을 망각한 체 창 대신 여자인 하와의 손만 잡고 다니다가 호시탐탐 노리는 마귀에게 일격을 당해 마귀의 포로가 되므로 인류역사에 천추의 한을 남기는 죄인이 되고 말았다. 말세의 오늘을 살아가는 신앙인들은 아담의 경우를 거울삼고 한자에 나오는 나 아(我)자의 뜻을 잘 깨달아서 손에서 창을 놓으면 내가 적에게 찔려 죽는다는 것을 아시고 창(戈)이 영적으로 무엇인가를 알았으니 말씀으로 전신갑주(全身甲冑)를 취해서 나를 지켜 승리하는 여러

분 되시기를 바라는 바이다.

▷성경 예언서나 동양 선지서에는 사람을 다른 동물이나 식물이
나 난해한 문자로 변형시켜 감춰둔 예가 많다. 성경에서는 예수를
양(羊)으로 빗대어 말해놓고 또 에스겔34장에는 양(羊)을 하나님
백성으로 말 해 논 부분도 있다. 벧전 2장에서는 **"갓난아이들 같이
순전하고 신령한 젖을 사모하라"**는 말이 나온다. 여기서 말한 젖
은 양의 젖을 말함이다. 예수를 양으로 빗대어 말하였다면 양에게
서는 젖이 나오지만 예수에게서는 무엇이 나오겠는가? 예수의 말
씀이 나오겠지.
   벧전 2장에서는 구원에 이르도록 자라가게 한다. 고 했으니 구
원에 이르도록 자라가는 것은 육체가 아니요 속사람이 자라는 것
이니 속사람을 자라게 하는 것은 예수님 말씀이다.

–그래서 기독교인들은 무엇으로 자라가야 되는가?

▷羊(양양): 상서로울 양. 양=예수님(요1:29).
  食(밥식): 밥=양식=영생하는 양식=예수님말씀(요6:).

靈▷양의 밥으로 양육돼야 된다는 것은 마땅히 기독교인들은 예
수님 말씀으로 길러져야하고 성장해 가야한다는 것이다.

⏢많은 신앙인들이 도(道)를 닦으러 산으로 가서 몇 년이고 몇 십 년이고 도통(道通)하기를 바라며 고행을 감수한 자들이 많다. 그리고 교회의 목사나 다른 사역자들이 예수님 고행에 동참하는 의미로 40일 금식기도를 몇 차례씩 하는가 하면 일천번제도 많이 드린다. 대단한 열성이요 믿음이다. 잘못됐다는 것을 말하려는 것이 아니다. 나도 기도원에 올라가서 금식기도를 몇 차례나 한 경험이 있다. 고생들이 너무 심해 안타까워서 하는 말이다. 하나님은 하나님 백성들이 어디에 있는 것을 가장 기뻐하실까? 그리고 옳다고 인정해 주실까? 산에? 기도원에? 교회에? 절에?

⏢여러분들은 도라지나 송아지는 익숙하지만 도하지(道下止)나 송하지(松下止)에 대해서 들어 보신 적이 있나 모르겠다. 말일에 사람들은 진리의 말씀이 나오는 곳을 찾아 그 아래 머물러야 생명을 유지한다는 것이고 모든 신앙인들은 진리의 말씀이 나오는 곳을 찾아 그곳에 정착해야 산다는 것이다. 진리의 말씀의 근원지는 하나님으로부터 예수님을 통해 나온다. 그래서 예수아래 머무는 것이 말씀아래 머무는 것이며 하나님께서 옳다고 인정해 주신 일이다.

▷義 = 羊(양양) + 我(나아)
옳을의.바를의   양양   나아

⏢羊(양 양): 양＝예수(요1장. 고전5장).
　我(나 아): 나 아(我)자는 앞에서 설명이 되었음.
釋⏢나는 양(예수)아래 있는 것이 가장 옳은 일이다.

靈⇨성경 안에는 예수를 양으로 감춰 논 곳이 많다. 양양(羊)자 아래 나 아(我)자가 들어가 있다는 것은 내가 예수 안에(요14:20) 들어가 있다는 것이니 요한1:14절에 예수가 말씀이 되어 오셨기에 예수님 자체가 말씀이다. 그래서 내가 예수아래 있다는 것은 말씀 안에 있다는 것이고 이것이 우리 신앙인들이 행동해야 할 가장 옳은 일이요 바른 행위이고 하나님께서 가장 기뻐하시고 옳다고 인정해 주시는 일이며 이것이 동양 선지서나 우리민요로 불렸던 도라지(道 下 止)의 실체다.

三 綱 五 倫
삼 강 오 륜

12.한자는 예언서다Ⅱ

－범례(凡例)－
釋 ⇨ 해　　　석
靈 ⇨ 영적해석
保 ⇨ 도 움 말

1)우리글과 아픈 역사

⇨ 우리가 쓰고 있는 말과 글은 한자가 70%이상을 차지하고 있다. 우리나라 한글학자들은 한글만이 우리글이니 한글만을 사용해야 된다고 한글 전용을 외치고 있다. 가슴 아픈 일이다. 고대 역사적 기록을 보면 한자는 환웅시대에 신지 혁덕이 지은 녹도문자(鹿圖文字)에 뿌리를 두고 시대의 발전에 따라 문자도 발전해 왔다.

일제 36년간 일본인들이 조선의 문화와 역사를 말살하려고 갖은 협박과 위협으로 국가의 모든 것을 찬탈하고 인재살해와 역사자료와 문화재 자료들을 다 도둑질 해가고 나머지는 몇 달을 두고 소각하는 천인공노할 만행을 서슴없이 저질렀던 자들이 일본인들이다. 세계를 통 체로 먹겠다는 야욕을 품고 동남아는 물론 전 세계민족들에게 얼마나 많은 피해를 주었던가.

그 광활한 만주 벌판이 고구려 때 까지만 해도 우리나라 땅이었고 그 찬란한 역사유물과 문화유적들이 그 땅에 산재해 있으며 우리민족들이 현재도 엄연히 그 땅을 차지하고 살고 있음에도 우리나라 주권을 완전히 장악한 상태에서 모든 권리행사가 그들의 손에서 결정되었다. 당시 일본은 소련과 만주 철도건설 사업을 수주받는 조건으로 청나라(지금의 중국)와 우리나라 국경선을 압록강과 두만강 그리고 백두산까지 반을 잘라서 청나라에 넘겨주고 말았다. 이 얼마나 억울한 일인가? 총칼 앞에 모든 역사가 말살되고 창씨개명까지 단행했고 우리나라 역사책은 그들의 의도대로 조작되어 학교에서 교육이 되었고 배우는 우리민족들은 그 역사가 진실인양 받아들여 그 시대에 배운 대부분의 지식인들이 사실로 받아들여 오늘에 이른 것이다.

⇨한단고기를 비롯해 우리나라 고대역사를 밝히는 책들이 속속 발견되어 우리나라 고대사를 밝히고 있지만 일본이 조작한 역사책으로 학교에서 역사 공부를 했고 학교에서 배운 것만이 오직 사실로 받아들이며 학창시절을 보냈던 그들이기에 도리어 이 고귀한 역사의 자료들이 위작(僞作)이라고 치부해 버리고 아예 쳐다보려고도 하지 않는다. 참으로 마음 아픈 일이다.

한 가지 예를 들어보자. 우리나라 국화(國花)는 무궁화(無窮花)이다. 그래서 옛 문헌에 우리나라를 근화동산(槿花東山). 근화조선(槿花朝鮮). 근화 국(槿花 國)으로 명명해 왔다. 무궁화 꽃은 일년 중에 봄부터 가을까지 볼 수 있는 꽃이다. 우리나라 어느 곳에서도 잘 자라고 어느 곳에서나 잘 핀다.

그런데 일본인들은 우리 온 국민에게 특히 학생들에게 무궁화 꽃을 쳐다보지 못하도록 전국적으로 지시를 내렸다. 이유인즉 무궁화 꽃을 눈에 피 꽃(눈에 핏줄이 서며 온 눈이 벌겋게 되는 눈병)이라고 거짓으로 온 국민을 기만해서 무궁화 꽃은 쳐다보지도 못하게 할뿐 아니라 무궁화나무 자체를 제거해 나갔다.

그래서 어린 학생들은 학교에나 학교 가는 길에 피어있는 그 많은 무궁화 꽃을 피해서 길을 돌아다녔고 돌아서 가지 못할 때는 손이나 책보(책을 싸가지고 다닌 보자기)로 눈을 가리고 그곳을 지나다녔다. 그리고 학생 중에서 눈병이 옮아있는 학생에겐 눈에 피 꽃(무궁화 꽃)을 보았기 때문에 눈병이 왔다고 선전하여 어린 학생들을 속여 왔다.

이 얼마나 가증스런 일이었나. 지금도 기억이 생생하다. 해방이 된지 한참 이후에도 무궁화가 눈에 피 꽃이란 인식은 국민들 사이에서 가시지 않았다. 지금까지 그들의 속국으로 있었다면 무궁화 꽃이 문제가 아니라 우리민족의 얼마저 송두리 체 뽑히고 섬나라 족속의 근성으로 변질되어 약탈과 침략을 일삼는 마귀의 기질로 바뀌어 하나님과 우리조상님들에게 한을 남겨드렸을 것이다.

↺우리는 학교에서 배운 교육이 절대적인 진리라고 생각하기 전 그 시대의 역사적 배경과 외침(外侵)으로 인해 주권이 상실된 상태에서의 교육정책을 감안하여 생각해 볼 줄 알아야한다. 우리의 것인 줄 뻔히 알면서도 우리 것을 우리 것이라고 말도 못하고 벙어리 냉가슴 앓듯 가슴앓이만 하고 있는 사람들. 그들이 오늘을 사는 우리들이다. 유구한 역사와 찬란한 문화를 가진 민족으로써 우리 것을 알아 찾아 나설 때가 되지 않았나본다.

↺우리는 중국의 진시황제의 분서갱유(焚書坑儒)사건을 아는 사람들이 많이 있을 줄 안다. 그런데 우리나라에서는 무슨 일이 있었는가?

고구려를 침략해 온 당나라(지금 중국)군들이 전국적으로 선비들을 수색하여 다 잡아 죽였고 국고(國庫)에 보관된 역사책을 비롯하여 전국적으로 숨겨져 있는 모든 역사책과 문화재 자료들을 강제 수거하여 장장 4개월 동안을 불태워 버린 사건으로 우리역사의 기록들이 어둠에 잠겨버렸다.

그 후 당나라의 지배를 받아오던 우리나라는 그들이 꾸민 조작된 역사가 우리 것인 양 받아들여 우리나라는 중국에서 파생되어 나온 오랑캐나라로 비하되어 그들을 대국(大國)으로 섬겼고 모화사대사상(慕華事大思想)에 젖어 모든 것을 그들의 지배를 받아왔던 것이다. *.모화사대사상이란?: 중국의 강한세력에 굴복. 복종하여 그들의 보호아래 안전을 유지하려는 사상. 그 후 3국을 통일한 고려시대를 지나 이씨왕조시대가 도래해서 다시 또 우리민족사에 씻을 수 없는 치욕의 일제 36년의 강점기 동안 우리역사는 다시 한 번 어둠속에 잠겨버린다.

우리는 무엇을 저들에게 빼앗기고 강탈당한 우리의 것인가를 먼저 알아야한다.

그래야 되찾던지 달라고 하던지 할 것 아닌가. 그러자면 고대 역사를 알아야하고 근거자료들을 많이 확보하여 증거물로 제시해야 되고 국력을 키워서 강대국 대열에 서야하고 지식인들이 앞장서서 우리역사를 재조명해 나가야 한다. 우리 것을 가지고 우리 것인 줄을 모르고 살아간다는 자체가 불행한 일이다.

2)종교(宗教)와 신앙(信仰)

➪이 세상에는 많은 종교가 있다. 그리고 많은 신앙인들이 있다.

반면 신앙을 갖지 않은 사람들이 더 많다. 이는 내세(來世)를 믿지 않은 사람들이 더 많다는 말이다. 미지의 내세(來世)를 믿는다는 것은 쉬운 일은 아니다.

때로는 환생했다는 사람도 있고 천국에 올라갔다가 내려왔다는 사람도 있었고 저승사자와 동행해서 지옥에 갔다 왔다는 사람도 있었다.

그러나 그 어느 것도 믿을만한 근거가 없다. 인간만이 가질 수 있는 종교(宗敎). 그 종교를 백과사전에서는 "초인간적 초자연적인 힘에 대해 인간이 경외. 존중. 신앙하는 일의 총체적 체계"라고 나와 있다. 그러면 그 종교를 한자(漢字)속에서는 어떠한 뜻을 담고 있을까?

▷ 宗(근본종.으뜸종) = 宀(집 면. 거처) + 示(보일시. 하늘 신 기)
   집면   보일시.하늘신기

▷ 敎(가르칠교) = 耂(늙을 老) + 子(아들) + 攵(두드리다. 치다)
   어른노.늙을노   아들자.자식자   칠복.두드릴복

靈 ▷ 宀(집 면): 작게는 집. 또는 교회. 크게는 천국. 하늘. 우주를 상징하는 문자다.

示(보일 시): 보일시는 기字로도 쓰는데 원래는 스스로 나타내 보인다는 뜻으로 하나님을 상징하는 문자로 하늘 神 示(기)였는데 사단이 땅 鬼神(귀신) (示)기로 바꿔 쓰고 있다. 祆(하나님 천)도 귀신 천으로 바꿔 쓰고 있다. 이런 예는 한자에서 수 없이 많다.

⟡耂(늙을 노): 어른 노. 이숙 할 노. 원숙하다는 등으로 쓰임. 영적으로는 성숙된 신앙인. 장성한 자.

子(아들자) : 아들. 자식. 제자 등의 뜻으로 쓰임.

영적으로는 초보의 신앙인. 어린신앙인.

攴=攵(칠 복): 회초리로 치다. 매로 두드리다. 매로 다스린다는 뜻으로 가르침에는 엄하게 가르쳐야 됨을 뜻함.

釋⟡①宀:집이나 교회나 천국에는 示:하나님이 계신 것이 근본이요. 하나님의 도를 가르치는 것이 으뜸 된 종교다.

②하늘에 계신 하나님의 뜻을 알게 하고 하늘(宀)로부터 내려오는 하나님(示)=말씀으로 어린아이 같은 초보의 신앙인들을 회초리로 때려서 가르치듯이 엄하게 가르쳐 성숙되고 장성한 하나님 백성의 자격의 소유자로 재창조시키는 것이 종교(宗敎)란 한자(漢字)속에 담겨진 뜻이다.

(쉽게 말하자면 하나님 백성 되게 가르치는 것이 종교다).

⟡집 면(宀)은 작게는 집을 그리고 크게는 교회. 하늘. 천국을 상징한다. 집(宀)에는 상식적으로 아들(子)이 들어 앉아 글자를 배우고(字:글자 자) 딸이나 여인(女)들이 들어 앉아 가사(家事)를 하는 것이 보기에 아름답고 편안하게 보인다(安:편할 안).

그럼 교회(宀)에나 천국(宀)에는 누가 들어가 있어야 하는가? 하나님(示)이 들어가 계시는 것이(宗)원칙이요 천 법(天法)이다. 그런데 그 법을 어기고 집(宀)안에 돼지(豕)가 들어가 있는가 하면 (家). 교회(宀)에 용(龍)이 들어 앉아 행세하고 있다는 것이다.

寵(총애할 총. 사랑 총. 높을 총) 기독교인들은 하나님께 기도드 릴 때. 은총(恩寵)을 내려달라고 은총이란 말을 많이 사용한다. 은 총의 뜻은 높은 사람(하나님이나 임금)에게서 받는 특별한 은혜와 사랑을 말한다.

은총(恩寵)을 싫어하는 사람은 없을 정도로 은총을 좋아한다. 한자의 내막은 어떻든 간에 높은 분이 내려주신 은혜와 사랑이라 하니 좋아 할 수밖에

－그럼 그 총(寵)자를 파자 해 보자.

▷寵 = 宀(집. 교회. 하늘) + 龍(용=뱀=사단=마귀.
사랑총.총애총   집면   용룡

釋▷ 용(사단)이 가장 높은 하늘에 올라 하나님 자리(位)를 차지하 고 앉아서 모든 인류에게 사랑과 은혜를 내려주고 있으니 용에 게 복과 은혜를 내려달라고 비는 것이다.

保▷이 寵(총)자의 원래 이름은 찔 총. 교만할 총자였다.
宀=하나님의 집(교회)에 龍(사단)이 들어가 성도들을 꾀어낸다 하여 찔 총 자였는데 사단권세 하에서 사단의 지배를 받고 있는 한문학자들이 많은 문자를 사단을 숭배하는 쪽으로 바꾸어 놓았 다.

▷하나님을 믿고 있는 신앙인이라면 한번 쯤 생각해 보고 넘어가 야 할 문제가 아닌가 생각해 본다. 성경을 번역한 한문학자가 용

(龍)의 존재를 자세히 모르다보니 원어는 어떻게 나왔는지 모르나 교만할 총을 사랑할 총으로 알고 번역을 했지 않았나 생각한다.

이 시간이후로 한문의 뜻을 알고 나서 은총(恩寵)의 낱말을 쓰기가 마음에 걸리는 사람은 우리가 많이 쓰는 은혜(恩惠)로 대체해 쓰면 되겠다.

그렇다고 은총을 쓴다고 해서 죄 의식을 가질 것까지는 없다는 것을 말해둔다. 우리는 표면적 유대인이 아니라 이면적 유대인이니까(롬2:28~29).

⇨우리나라에도 수많은 종교가 있지만 대표적인 종교로는 불교(佛教). 유교(儒教). 기독교(基督教)가 있다. 불교는 기원전5세기경 인도 석가모니가 창시한 종교로써 교리(교법)문제로 대승인 북방불교와 소승인 남방불교로 나뉘게 된다. 소승인 남방불교는 동양문화에 많은 영향을 끼쳤다. 우리나라에는 삼국시대인 고구려에 처음 들어 왔다고 하는데 고려시대에는 불교사상이 최고조로 퍼져서 불교의 전성시대를 구가했다.

그 후 조선왕조 시대에는 유교에 밀려 약간 쇠퇴기를 걷다가 일제강점기를 거쳐서 오늘에 이른 것인데 원래 불교인들은 비구와 비구니가 있는데 비구(比丘)란 출가하여 250계(계율)를 지니고 독신으로 수행하는 20세 이상의 남자를 말하며 비구니(比丘尼)는 독신으로 출가한 20세 이상의 여자를 말하는데 비구(比丘)들보다 더 많은 348계의 구족계(具足戒)를 받은 여승을 말한다. 그런데 우리나라 불교계도 일제 강점기를 거치면서 비구승과 대처승으로 나눠지게 된다. 대처승은 지금의 태고종을 가리키는데 일제 강점기에 한용운이 불교 개혁을 주창하며 불교인도 결혼을 할 수 있는 제도를 만든 것이 대처승제도이다.

 공교롭게도 인도에서도 교리(교법)문제로 대승인 북방불교와 소승인 남방불교로 갈라졌는데 우리나라에서도 교리문제로 비구 승과 대처승으로 갈라지게 된다. 이것을 불교(佛敎)란 한자(漢字) 속에 미리 예언 해 놓았다면 여러분들은 놀랄 것이다. 그럼 불교 라는 불(佛)자에는 어떠한 뜻이 담겨져 있을까?

▷ **佛**(불) = 人(사람인) + 弓(활궁) + 刂 = 刀(칼도)
부처불.어그러질불 　　　　　　활궁　　　　　　칼도

▷ **敎**(교) = 耂(늙을 老) + 子(아들) + 攵(두드리다. 치다)
가르칠교　　어른노.늙을노　　　아들자.자식자　　　칠복.두드릴복

↪ 人(사람인): 사람.

　弓(활궁): 활= 육적: 무기(武器). 영적: 교리(敎理).

　刂(칼도): 칼= 육적: 무기(武器). 영적: 사상. 말. 생각.

↪ 耂(늙을 노) = 어른 노. 이숙 할 노. 원숙하다.

　子(아들자) = 아들. 자식. 제자 등의 뜻으로 쓰임.

　攵(칠 복): 회초리로 치다. 매로 두드리다. 매로 다스린다는 뜻
　으로 가르침에는 엄하게 가르쳐야 됨을 뜻함.

釋↪ 부처(사람)의 가르침이 두 가지 교리로 갈라 질 것을 佛자 속 에 나타내고 있다. 弓과 刂=활과 칼은 쓰임이 다른 무기. 영적으 로는 생각이 서로 다른 교리

⟡동양선지서나 다른 어떤 종교의 비밀도 마지막 때에 풀어주시겠다고 약속하신 하나님의 말씀이 열려지지 않으면 해석이 불가능하다는 것을 먼저 알아야 된다.

옛날에는 전쟁을 무기를 가지고 했지만 오늘 날의 종교전쟁은 교권과 지상권을 차지하려는 영적전쟁임을 알아야 한다(엡6:12). 그래서 한자에 나타난 활(계6:3)도. 칼(히4:12)도 모두 그 종단의 교리요 교법이다. 그래서 그 교단이나 종교단체에서 가르치는 말씀(말)을 활이나 칼이나 창으로 감추어둔 것이다. 그래서 위에서 나타난 활이나 칼은 같은 말이요 교리지만 주장하는 사상이 다른 말이요 교리이기 때문에 같은 문자가 아닌 다른 문자(활과 칼)로 표시해놓은 것이다.

-이것은 어디까지 한자를 파자해서 풀어보는 한자 풀이지 어떤 종교를 비판 하려는 의도가 아님을 밝혀두는 바이다.

⟡그럼 유교(儒敎)는 어떤 종교인가? 유교는 중국의 춘추시대(BC551~479)에 공자가 창시한 사상으로 인의를 근본으로 하는 유학(儒學)을 받드는 교(敎)로써 사서삼경(四書三經)을 경전으로 삼고 있다. 사서(四書)란: 공자(孔子). 孟子(맹자). 대학(大學). 중용(中庸)을 말하고 삼경(三經)이란: 시경(詩經). 서경(書經). 역경(易經)을 가리킨다.

유교도 삼국시대이후 고려시대를 지나 조선왕조시대에는 크게 번성하여 국가를 지배할 이념으로까지 발전되었다.

환웅시대에 만들어진 녹도문자에 뿌리를 둔 한자는 은나라 갑골문을 위시해서 후대로 내려오면서 많은 발전과 서체도 다양하게 개발되어 활용하게 되었다. 유교라는 유(儒)자는 선비유자다.

-유교라고 쓰는 선비 유(儒)자는 무슨 뜻이 담겨져 있을까?

▷ 儒(선비유) = 人(사람)+雨(비우)+而(말을 이어주다)
   유   사람인   비우   말이을이
   선비유

↳ 人(사람인): 사람=육

雨(비 우): 비= 이슬= 물은 영적으로 하나님의 말씀.

(신32:2. 암8:11) 하나님말씀의 반대는 사람의 말(교리).

而(말이을이): 말을 이어주다= 말을 전해주다. 교리나 사상을
가르치다.

▷ 教(가르칠교) = 耂(늙을 老)+子(아들)+攵(두드리다)
   교   어른노.늙을노   아들자.자식자   칠복.두드릴복
   가르칠교

↳ 耂(늙을 노)= 어른 노. 이숙 할 노. 원숙하다.

子(아들자) = 아들. 자식. 제자 등의 뜻으로 쓰임.

攵(칠 복): 회초리로 치다. 매로 두드리다. 매로 다스린다는 뜻
으로 엄하게 가르쳐야 됨을 뜻함.

釋 ↳사람(공자)의 말(사서삼경)을 전해주는(가르쳐 주는) 종교가
유교(儒教)다.

↳불교인 불자에나 유교인 유자 첫 머리에 사람인자가 붙어있는
것도 우연의 일치는 아닌 것 같다. 유(儒)불(佛)선(仙)은 동양의
三대 종교로 친다. 그런데 모두 앞에 사람인(人)자가 붙어 있어 사
람의 가르침을 말해 주고 있다.

유교는 근세 우리민족에게 많은 영향을 끼친 종교이며 지금도 그 영향을 많이 받고 있는 것이 사실이다. 삼강오륜의 가르침이 유교에서 나왔고 인간사회에서 질서와 도덕이 바로 세워져 왔음도 부인 못할 사실이다. 그래서 요즘은 옛날의 질서와 도덕이 땅에 떨어졌다고 한탄하는 어른들이 많아졌다. 유교역시 사람의 가르침을 받는 종교가 유교다.

➯기독교(基督教)는 어떤가? 기독교는 개신교를 말하는 것이 아니다. 기독교는 로마가톨릭. 정교회. 구세군. 개신교 등 하나님과 예수님을 믿는 모든 신앙단체를 가리켜 기독교라 하는데 우리나라에서는 개신교를 가리켜 기독교라 하고 있다. 개신교인들은 세계적으로 21억 명 정도가 된다고 한다. 우리나라는 몇 년 전만해도 1200만 명이라 했는데 요즘은 약840만 명으로 줄었다고 한다.

어제(2008.2.20)통계청 발표에 우리나라 신앙인 분포도를 보니 동쪽에는 불교인이 많고 서쪽에는 기독교인들이 많다는 통계자료를 발표하는 것을 보았다. 그것은 여러 지형적인 사정이 있지 않나 생각해 본다. 불교인들이 절을 산에다 짓기 때문에 아무래도 산이 많은 동쪽에 절을 많이 짓다보니 자연현상이 아닌가 싶다.

우리나라에서의 기독교 역사는 불교. 유교보다 훨씬 짧다. 그러나 그 발전과 번성은 타의 추종을 불허한다. 세계에서 제일가는 대형교회가 우리나라에 있는가하면 신앙적인 열정 또한 대단하다. 왜 그럴까? 기독교는 사람의 가르침을 받는 종교가 아니다. 사람의 교리나 도덕경을 배우는 종교와는 근본적으로 다르다는 것을 알아야 된다.

기독교는 신의 가르침을 받는 신학이다. 신과 사람과의 관계지 사람과 사람과의 관계가 아니다. 기독교를 서양종교라고 배척하는 사람들도 많이 있다. 하나님의 섭리와 우리나라 고대사를 모르기 때문에 그렇다. 하나님은 환인. 환웅시대부터 우리민족과 함께 하셨다. 하나님께서는 서양 신(神)이 아니요 우리하나님이시다. 하나님은 처음 역사하신 곳으로 돌아오신다는 예언된 한자가 박달나무 단(檀)자에서 살펴봤지 않은가.

⟲ 다른 종교가 인학(人學)이라면 기독교는 신학(神學)이다. 신이 감추어 논 것은 신이 와서 풀어주기 전에는 풀어지지 않는다. 기독교는 현실축복 교(現實 祝福 敎)가 아니다. 요6장에서 예수님이 내가 살리는 것은 영(靈)이지 육(肉)이 아니다. 육(肉)은 무익하다는 말씀을 깊이 생각해 봐야한다. 요11장에서 말씀하신 "살아서 나를 믿는 자는 영원히 죽지 않는다."는 몸은 이 몸을 두고 말씀한 것이 아니라는 것을 알아야한다. 기독교란 한자에는 무슨 뜻이 담겨 있기에 신학이라 하는가 알아보도록 하자.

基 督 敎

▷ 基 = 其(그. 그가) + 土(땅. 대지)
(기) (그기) (흙토.땅토)
(터기.근본기)

⟲ 其(그 기): 그 가. 그 이가 또는 그 분이

土(흙 토): 흙. 땅에서 또는 지상(地上)에서

▷督 = 叔(아저씨. 줍다. 끝내다) + 目 (눈목)
독
살필독.바르게할독   주을숙.끝숙   눈목.우두머리목

↳叔(주을 숙): 젊은 아저씨=일꾼. 줍다= 추수.

끝내다= 일을 마치다.

目(눈 목) : 눈= 영(靈)(계5:6). 눈= 선지자(사29장).

▷教 = 耂(늙을 老) + 子(아들) + 攵(두드리다. 침)
교
가르칠교   어른노.늙을노   아들자.자식자   칠복.두드릴복

↳耂(늙을 노)= 어른 노. 이숙 할 노. 원숙하다.

子(아들자) = 아들. 자식. 제자 등의 뜻으로 쓰임.

攵(칠 복): 회초리로 치다. 매로 두드리다. 매로 다스린다는 뜻
으로 가르침에는 엄하게 가르쳐야 됨을 뜻함.

靈↳그 가(약1:18) 이 땅(지상)에서 일하시는 것이 근본이며 추수
꾼들과 추수의 일을 마치시고 하늘의 영(눈)들과 하나 되어 이 세
상을 바르게(소성)하고 살피며 영적 부모님(하나님)께 효도하며
말씀으로 엄하게 가르침을 받아 영원히 사는 법을 배우는 교(敎)
가 기독교(基督敎)다.

↳육(肉)이 영(靈)과 하나 되어야 죽지 않고 산다는 말이 있다 성
경 고전15장에서 보면 육이 영을 덧입는 구절이 나온다. 동양 선
지서 에서도 **신인일체 영생불사(神人一體 永生不死)**란 말이 나온
다. 신과 사람이 한 몸이 되면 죽지 않고 영원히 산다는 것이다.

신앙인들의 궁극적인 목적은 영생불사다. 이것을 믿느냐 못 믿느냐에 따라 그 사람의 신앙은 엄청난 결과로 귀결된다.

신앙인들은 믿기 때문에 교회도 다니고 절에도 다니며 성당도 다닌다. 도대체 무얼 믿는다는 말인가? 나는 도대체 무엇을 믿고 있는가를 한 번쯤 생각해 봐야한다. 성경 히브리서 11:1에 "믿음 (신앙)은 바라는 것들의 실상이요 보지 못한 것들의 증거니" 이렇게 나와 있다. 믿음이란 성경에서 이루겠다는 앞으로 되어 질 실제상황을 내가 보지 않고도 그 실상을 믿는 것이며 그 실상을 내가 보지 않고도 증거 할 수 있는 것이 믿음이란다.

─믿음을 한자로는 신앙(信仰)이라 한다. 信仰이란 한자를 파자해 보면.

▷ 信(신) 믿을신 = 人 (사람. 인류) 사람인 + 言 (말. 말씀) 말씀언

♤ 人(사람 인): 사람=> 신앙인을 말함.
言(말씀 언): 말씀=> 지금은 말세이기에 여기서 말한 말씀은 말세에 이루겠다고 약속하신 예언서. 동양 선지서 등에서 말일에 나타날 감추어진 비밀들을 말한 것이다(212페이지참조).

▷ 仰(앙) 우러를앙.믿을앙 = 人 (사람. 인간) 사람인 + 卬 (우러러보다. 갈망하다.) 우러러볼앙.나앙

◇人(사람인): 신앙인.

  仰(우러러볼 앙): 우러러보다. 간절히 사모하다.

釋◇신앙인들은 말씀(오늘 날 실상을 이루겠다는 예언서)을 믿고 그 말씀이 하루 속히 이루어지기를 하늘을 우러러 간절히 바라는 것이 신앙이다.

◇이시대의 신앙인들은 지금 시대가 어느 때인가를 시대분별을 할 줄 알아야 한다. 지금은 구약 때도 초림 때도 사도시대도 아닌 주 재림 때이다. 우리가 지금까지 배워오고 들어온 역사서나 교훈서의 말씀을 믿는 것도 중요하지만 말일에 이루시겠다고 약속한 예언서의 실상이 확실히 이루어 질 것을 믿고 그 실상을 하늘을 우러러 간절히 사모하고 갈망하며 말씀에 근거하여 그 실상을 담대히 증거 할 수 있는 믿음이 오늘 날을 살고 있는 신앙인들의 신앙(信仰)이 아닌가 생각한다.

3)신앙 인(信仰 人)의 3대 의무(義務)

  ◇국가나 사회나 어느 조직 속의 일원으로써 그 조직을 유지해 나가자면 반드시 주어진 임무에 걸맞은 의무가 따른다. 의무가 충실히 지켜질 때 그 단체가 유지되면서 권리를 행사할 여건이 주어지는 것이다.

  신앙생활의 의무는 어떤가? 신앙생활은 다른 단체와 좀 달라서 특수성이 있긴 하지만 신앙인에게도 주어진 3대의무가 있다. 신앙생활을 하지 않거나 중도에 포기한 자는 이 의무를 지지 않아도 된다. 신앙인들이 지켜야 할 3대 의무는 예배(禮拜). 봉사(奉仕). 헌금(獻金)이다. 옛 이스라엘 백성이나 우리나라 조상들은 철저하게 하나님께 제사(祭祀)를 드렸다. 그 제사가 오늘 날 예배로 바뀌었지만 예배란 모시는 신(神)에 대한 신도(信徒)들의 경외와 경배의 최상의 표시이다. 신앙인들의 의무 중 가장 큰 비중을 차지한 것이 예배다. 우리들은 흔히 예배를 본다. 라는 말을 많이 한다. 신앙인들이 예배장소에 오는 것은 예배를 보러 온 것이 아니고 신(神)께 예배를 드리러 온 것이기에 예배를 드린다. 또는 예배를 올린다가 맞는 표현이라 생각한다.

그러나 예배를 "보다 또는 본다."라는 뜻 가운데는 어떤 행사나 격식을 치른다. 마무리를 짓다. 의뜻이 있기에 전혀 틀린 말은 아니다. 다만 경외(敬畏)성이 좀 덜하다는 말이 되겠다.

－그럼 한자(漢字)의 예배(禮拜)라는 문자 속에는 무슨 뜻이 있을까?

▷ 禮 = 示 (하늘 신(神)기) + 曲 (굽을 곡. 노래 곡) + 豆
예도예
보일시.하늘신기   악곡곡.노래곡   콩두.제기두

(콩 두. 제 기 두)

↪示(하늘 신 기): 하늘 신(神)＝성령＝기독교▶ 하나님.
曲(노래 곡): 굽을 곡. 악곡 곡. 노래 곡 등으로 쓰임.
노래＝말씀(신31:30). 새 노래＝새 말씀(계5장.14장).
豆(콩두. 제 기 두): 제기(祭器)＝제사(祭祀)드리는 그릇(사

람) 그릇=사람(행9장15절. 롬9장24절)=예배드리는 성도.

▷ **拜** ^배 = **手**(손 수)+ (손수의 변형: 오른 손)
절배　손수

↻手:왼 손과 :오른 손을 맞잡고 경배드림.

釋↻하나님께서 말일에 이루실 실상의 말씀으로 온전히 인 맞고 변화된 나(제물)를 나의 마음(제사 드리는 그릇)에 담아 하나님께 온전히 드리는 것이 오늘날 영적 참 예배요. 겸손하고 공손한 마음으로 두 손 모아 하나님께 경배(절)하는 것이 한자에 담겨진 예배의 뜻이다.

↻그 다음 신앙인들이 져야 할 의무가 봉사다, 봉사란? 받들 봉(奉). 섬길 사(仕)를 써서 봉사(奉仕)라 한다. 한자의 뜻은 받들고 섬기는 것이 봉사다. 그런데 무엇을 받들고 섬기는 것이 봉사인가? 국어사전에는 국가나 사회 또는 남을 위하여 힘을 바쳐 애쓰는 것이 봉사라 했다. 한자의 뜻 부분에서 말한 받들고 섬기는 것이나 국어사전에서 말한 뜻이 틀린 것이 아니다. 그 뜻이 전부라면 내가 이 책을 쓸 필요가 없다. 한자의 문자 안에는 영적으로 감추어 놓은 비밀들이 숨어있기에 그 영적해석을 하기 위해 이 책을 쓰는 것이다.

−봉사(奉仕)란 문자를 파자 해 보면

▷ **奉** (봉/받들봉) = 三(석 삼) + 人(사람) += =+ 廾 (받들 공. 들 공)
셋삼 사람인 받들공.들공

靈▷三(석 삼): 예수교에서 말한 성 삼위(聖 三位): 성부. 성자. 성령. 도교나 동양 선지서 에서 말한 삼신(三神). 다르게 해석 하는 곳도 있음.

人(사람인): 하늘에서 내린 사람. 택한 사람.

廾(두 손으로 받들음): 받들 공(廾)자를 = 자로 변형.

▷ **仕** (사/섬길사) = 人(사람인) + 土(선비: 학문을 닦는 사람)
사람인 선비사

靈▷人(사람인): 같은 조직 안에서 영적인 형제.

土(선비 사): 도의 지식이 높고 언행에 흠이 없는 자.

*앞에서 봄 춘(春)자를 풀이 한 것을 기억하면 이해가 빠를 것이다.

釋▷우리가 받들 대상은 성 삼위(聖 三位)께서 하나님이 택한 사람과 함께 오시는데 그 사람을 받드는 것이요.

내가 신앙 안에서 선비와 같이 장성한 사람이 되어서 같은 조직 속에 있는 형제자매들을 섬기는 것이 영적 봉사의 뜻이다.

保▷성경의 예언서나 동양 선지 서에서는 여러 방법으로 비밀을 감추어놓았다. 예를 들어서 예언서에서는 사람을 나무로 돌로 짐승으로 또는 풀로 표현하여 감추어 놓았고 때로는 해. 달. 별로 하늘이나 땅으로 또는 그릇으로도 숨겨 놓았다. 동양 선지서도 마찬가지다. 한자를 합자나 파자로 또는 음을 바꿔서 모양을 변형시켜서 순서를 바꿔서 교묘하게 숨겨 놓았다.

그런데 답은 성경이나 선지서 안에 있으나 사람의 지혜로는 풀 수 없도록 하나님께서 봉(封)해 버렸다는 것이다. 그럼 어떻게 풀어지는가? 때가 되면 풀린다고 하였다.

◇다음에 나오는 한자 속의 비밀을 이해하려면 짐승에 대하여 몇 가지 알아야 되겠기에 간단하게 언급하기로 하겠다. 물론 예언서에 짐승은 저 동물이 아니라 사람을 여러 가지 짐승으로 빗대어 설명했다는 것을 알면 되겠다.

예언서에 나온 짐승으로는 양, 소, 말, 비둘기 등은 하나님의 일꾼들을 이런 짐승으로 표현했고 처음은 하나님 소속 이였다가 하나님을 배반하고 나간 자들을 개나 돼지로 표현해 놓았고(마7:6. 벧후2:22). 이들을 배반자라 한다. 구약 때 이스라엘 선민을 멸망시킨 앗수르 나 바벨론을 또는 초림 때 세례요한의 제단이나 예수님의 제단을 사로잡아 멸망시킨 서기관과 바리새인들. 그리고 오늘 날은 계시록 13장에 나오는 짐승들을 멸망자라 한다.

한 예를 들어서 마태22장에서는 임금님(하나님)이 자기 아들(예수)을 위해 혼인잔치를 베푼 말씀이 나온다. 여기에서 우리가 알아야 할 것은 나의소와 살찐 짐승이 무엇인가를 알아야한다. 하나님의 소(일꾼. 사명자-고전9:9)였다가 하나님을 배반하고 나간 자(요일2:19)들을 배신자(背神-하나님을 등진 자)라 하는데 여기서 나의 소라고 나온 나의 소는 처음은 하나님 사명자였다가 하나님을 배반하고 나간 하나님의 일꾼을 지칭한 것이고 여기서 살찐 짐승은 하나님의 대적 자로써 하나님의 선민을 잡아먹는 멸망자들인데 오늘 날로 봐서는 교회를 운영하는 일부 교회목자들이 하나님의 이름을 팔아 자기들이 연구한 교리로(사29:13) 성도들을 현혹시켜 성도들 위에 군림하여 권세와 존경으로 하나님보다 더 높아졌고 성도들에게 거두어들인 헌금으로 배불린 목자들을 살찐 짐승 곧 멸망자라 한다.

멸망의 짐승에 속한 짐승은 어떤 짐승인가? 하나님께 속한 짐승. 양, 소, 말, 비둘기 그리고 배신자로 분류된 개나 돼지를 제외한 사자나 호랑이나 곰 등 산짐승과 뱀 같은 들짐승 등이 멸망의 짐승으로 부류된다는 것을 알면 되겠다. 지금까지 짐승들에 관한 설명은 다음에 나온 드릴 헌(獻)자나 증거 할 거(據)자등을 설명하기 위함이다.

◇예배(禮拜), 봉사(奉仕), 다음은 헌금(獻金)이다. 우리가 많이 쓰고 있는 헌금이란 헌(獻)자는(드릴 헌. 바칠 헌. 보일 헌. 올릴 헌. 나타날 헌)등으로 쓰인다. 금(金)자는(쇠금. 금금. 돈 금. 귀할 금. 성김)등으로 쓰인다. 국어사전에서 헌금이란 뜻은: ①자기가 믿는 신에게 금품(金品)을 바침. ②하나님께 금품을 바침. 그렇게 나와 있고 또 그렇게 통용되고 있다.

그런데 이상한 것은 신앙인들이 가장 존경하고 경외한 신(神)에게 올려드리는 獻(드릴 헌)자에 영의 세계(靈界)에서나 이 세상에서 신성하게 여기지 않는 개견(犬)자가 들어가 있다는 것이다. 지금까지 이상하게 생각해 본 사람이 없었나! 모르겠다. 그래서 일부 한자에 조예(造詣)가 있는 분들은 헌(獻)자 우측에 붙은 개견

(犬)자 우측 위에 붙은 점을 없애고 대(大)자만 사용한 것을 보았다. 개가 들어가면 불경스럽다는 것이다.

▷북두칠성의 일곱별에는 각기 이름이 있는데 첫 번째부터 천추. 천선. 천기. 천권. 옥형. 개양. 요광. 이렇게 일곱별인데 이 일곱별을 보좌하는 두 별이 있다고 하는데 곧 천보성(天輔星)과 천강성(天罡星)이다. 이 두 별을 합치면 아홉 개의 별이 되는데 이 두 별은 사람 눈에 잘 보이지 않는다고 한다. 사람도 몸에 아홉 개의 구멍이 있지만 두 개는 밖으로 나타나지 않은 이치와 같단다.

이 북두칠성을 일명 천강성이라고도 하는데 이 천강성이 개고기를 좋아해서 우리조상들이 천강성에 제사를 드릴 때는 개를 잡아 올렸다는데 그래서 드릴 헌(獻)자에 개견(犬)자가 들어있다는 것이다. 어디서 무엇을 근거하여 이런 말이 나왔는지 나는 잘 모른다. 우리조상들이 섬겨온 삼성당(三聖堂)과 칠성당(七星堂)은 우리민족과 신앙인들에게는 매우 깊은 관계가 있다. 다음에 기회가 있으면 자세히 설명하기로 하고 헌금(獻金)이란 한자 속에 개견(犬)자가 왜 들어가 있는지? 여기에도 하나님의 섭리 속에 장차 이루실 일을 미리 예언해 두신 하나님의 뜻을 알 수가 있고 한자는 예언서라는 것을 다시 한 번 확인 해 주는 것이다.

-그럼 헌금이란 한자는 무슨 뜻이 있을까?

▷獻 = 虍(호랑이) + 犬(개) + 鬲(오지병 격. 솥 력)
드릴헌.바칠헌   범호(부수)   개견   오지병격.솥력

保⇨虎(범 호): 범＝호랑이＝짐승 *예언서에서는 선민을 멸망시킨
멸망자(滅亡 者).
犬(개 견): 개＝짐승. *예언서에서는 하나님말씀을 등지고 나간
배신 자(背 神 者)들을⇨개나 돼지로 빗대어 말함.
鬲(오지병 격. 솥 력): 오지병(오지그릇). 솥(그릇. 단체. 교회)
그릇＝사람. 사명 자(행9:15. 롬9:24)

*오지그릇이란? 불로 구워낸 그릇. 병. 또는 항아리.
−하나님의 불같은 말씀으로 연단 받아 거듭 난자.
*솥이란? 물건을 넣고 무르도록 삶는 그릇.
−열려진 말씀으로 그들의 정체를 하나하나 가려냄.

⇨오지그릇을 만드는 과정: 토기장이가 흙을 취하여 물을 붓고 반
죽하여 그릇을 빚은 다음 그늘이나 약한 햇볕에 약간 말린 다음
큰 가마에 차곡차곡 쌓은 다음 화염이 강한 장작으로 며칠간은 굽
는다. 그다음 그 가마가 식기를 기다렸다가 식은 다음 구워진 그
릇을 하나하나 꺼내면서 점검하여 잘못 구워졌거나 뜨거운 불에
못 견디고 뒤 틀렸거나 어느 한 곳에 상처가 있다면 토기장이는
가차 없이 망치로 깨뜨려버리고 만다. 잘 구워진 그릇만 골라 상
품화시키는 것이다.

*영적 해석: 하나님(토기장이: 사64:8)께서 하나님말씀이 전혀
없는 진흙과 같은 사람을 취해(창2:7) 그늘과 약한 햇볕에 말린다
는 것은 약한 말씀으로 변화시켜가는 과정을 말하는 것이고 어느
정도 굳었을 때는 대형 불가마에 넣고 화력이 강한 불로 며칠간을

굽는다는 것은 말씀을 어느 정도 깨달았을 때는 강도가 높은 말씀으로 단련시켜 시험과 연단을 이기고 장성한 신앙인이 되어 하나님이 쓰시기에 합당한 자를 오지병 또는 오지그릇(계시와 실상의 말씀으로 거듭 난자)이라 한다.

*鬲자는 오지병격. 그리고 솥 력. 이렇게 두 가지 뜻으로 쓰인다.

　오지그릇은 이미 설명했고 솥을 영적으로 설명하자면 짐승을 통째로 넣고 오래도록 삶으면 뼈는 뼈대로 고기는 고기대로 분리 되듯이 말일에 예언된 말씀이 실상으로 이루어 질 때 그 사람들의 정체를 낱낱이 밝혀 증거 할 수 있는 자를 솥으로 빗대어 말해 논 것이다.

▷ 금
金 = 金 (금은 귀하다=진주=하나님말씀 ▷ 계3:18)
쇠금.금금　금금.귀할금

保▷金(쇠금)우리가 세상에서 가장 귀하고 값진 것은 금. 은. 보석으로 본다. 그 중에서 대표적인 것이 금이다. 육적인 세상에서 가장 귀한 것이 금이라면 영적인 세계에서는 가장 귀한 것은 무엇일까? 그것을 소유함으로 천국도 가고 영생도 할 수 있는 것은 하나님 말씀이다. 여기서는 금은 말일에 이루어질 실상을 증거 할 수 있는 실상의 말씀이다.

釋▷자기가 믿는 신(神)이나 섬기는 단체에 돈을 바침.

靈▷하나님의 불같은 말씀으로 연단 받아 천국백성으로 재창조된 사람이 말일에 이루어진 말씀에 의거하여 드릴 헌(獻)자에 나타난 배신자와 선민을 멸망시킨 멸망자의 정체를 낱낱이 밝혀 육

천년 하나님의 한을 풀어드리는 것이 우리가 드리는 최고의 헌금
이요헌신이다.

⇨하나님께서 우리에게 진정으로 받으실만한 헌금(獻金)은 하나
님의 말씀으로 나서 하나님이 주시는 양식(말씀)을 먹고 장성한
어른이 되어 하나님의 뜻과 과거와 현재와 미래의 계획까지도 알
아(호6:6) 하나님 소원을 풀어드리는 자식이 되고 말일에 있어질
영적전쟁에서 예언이 이루어질 때 말씀(金)으로 승리하는 자가 되
어 6천 년간 하나님을 대적하고 하나님의 선민들을 멸망시키고 세
상의 교권과 지상권을 잡고 있는 멸망자(사단⇨범=虎)의 정체가
바로 이 자(者)이고. 이 자(者)의 정체는 하나님을 배반하고 말씀
을 등지고 나간 배신 자(개:犬)라고 그들의 정체를 말씀(金)에 의
거하여 밝히 드러내서 오지그릇(온전한 성도의 마음)에 담아 올려
드리는 것이 하나님이 받으실 헌금(獻金)이요, 헌신(獻身)이며 헌
(獻)자속에 나타난 뜻이 아닌가 생각해 본다.

*이해가 잘 안된 부분은 다시 기회가 있기를 기대해 본다.
*성경책의 표지가 옛날에는 전부가 검정색으로 나왔다. 이유는
성경이 봉함되었다는 뜻이고, 옆면이 붉은색이나 금(金)색으로
칠해 진 것은 피도 금도 말씀 또는 말을 뜻하기 때문이다.

⇨우리는 세상생활에서나 군대생활 그리고 신앙생활에서 충성
(忠誠)이란 말을 많이 쓴다.
   군대에 갔다 온 사람들은 특히 그렇다. 성경에서도 충성이란 단
어가 많이 나온다. 우리는 예수의 군사로 바울처럼 고난도 함께

받아야 되며(딤전2:3)그리스도의 일꾼이 마땅히 구할 것은 충성이라 했다.(고전4:1~2)

그리스도의 일꾼으로 부름 받은 신앙인들이 구할 것은 세상의 부나 기복 신앙이 아니라 오직 충성(忠誠)밖에 없다고 한다. 한자에서 강조한 충성과 세상에서 쓰는 충성은 무엇이 다른가? 사전에서 보는 충성의 뜻은? 마음에서 우러나는 정성. 또는 나라와 임금에게 몸과 마음을 다하여 헌신하는 것. 이렇게 나와 있다.

한자에서는 충(忠)자와 성(誠)자에 무슨 뜻이 담겨 있을까? 忠(충성 충. 정성 충. 공평 충). 誠(정성 성. 참 성. 진실 성)등 여러 가지 뜻으로 쓰인다.

－충성(忠誠)을 파자해 보면－.

▷ 충 忠 충성충.정성충 ＝ 中(가운데 중. 안 속중) 가운데중 ＋ 心(마음 중심에) 마음심.중심심

▷ 성 誠 정성성 ＝ 言(말씀(예언의 말씀) 말씀언.말언 ＋ 成(이룰 성) 이룰성.

釋▷ 나라와 임금에게 바치는 곧고 지극한 마음. 참 정성.

靈▷ 말일에 하나님의 말씀을 이루어 드리기 위해 온 몸과 마음을 다하고 중심을 다하여 애쓰고 힘쓰는 것이 한자 속에 담겨진 충성의 뜻이다.

4)영적인 장막과 새 하늘 새 땅

♢성경에는 장막(帳幕) 이야기가 많이 나온다. 그냥 장막(帳幕)
이 있고 증거 막(證據 幕)이 있고 증거 장막(證據 帳幕)이 있다.
출애굽기 25장에서 하나님께서 모세에게 장막을 지으라. 고 명령
하신다.

국어사전에서 장막이란 뜻은? 천막으로 비바람이나 햇볕을 피
하기 위해 임시로 만들어 논 막사이다. 이스라엘 백성들은 허허벌
판 광야에서 모세의 인도에 따라 그 장막을 수시로 옮겨가며 이동
하였다. 얼마나 고생스러웠겠는가?

애굽에서 나온 인구가 유아 외에 보행하는 장정만 60만이요 중
다한 잡족(출12:37~38.민11:4.수8:35−선민이 아닌 많은 이방
민족) 과 짐승이 그들과 함께했다. 그 많은 사람과 짐승이 수시로
옮길 때마다 그 장막을 헐고 짐을 챙겨 무려40년 동안을 광야에서
거처를 옮겨 다닌 고생이란 이루 말할 수 없었고 불평이 나올 수밖
에 없었던 생활이었다.

그러나 그 때 그 초막이나 장막은 장차 이루실 하나의 그림자였
고 참 형상이 아니었으며 그 때 이스라엘 백성들의 광야생활도 장
차 이루실 영적광야생활의 모형이요 거울로 우리에게 보여주신
것이다. 때가 이르면 참 형상(形象) 곧 참 장막(帳幕)이 나타날 때
가 있으니 그것이 오늘 날에 나타날 증거 장막(證據 帳幕)이다.

−그럼 증거(證據) 장막(帳幕)을 파자하면 무슨 뜻이 나올까?

^증
▷**證** = 言 (말씀. 말.) + 登 (오르다. 이루다)
증거증.증명할증   말씀언.말언   오를등.이룰등

^거
▷**據** = 扌＝手 (손수) + 虍 (범 호) + 豕 (돼지시)
증거거.근거거 손수.잡을수.힘   범호(부수)   돼지시

○言(말씀 언): 말일에 이루어질 예언의 말씀.

登(오를 등. 이룰 등): 목적지에 오르다. 목적한 일을 이루다. 뜻하는 바를 성취시키다.

○扌＝手(손 수): 손은 잡아주다. 이끌다. 도와주다의 뜻이 있음. 구덩이에 빠진 자를 손으로 잡아당겨 구해주는 역할을 하는 구원자를 손으로 나타내고 있음.

虍(범의 문체 호): 범＝호랑이＝짐승. 6000년간 하나님을 대적한 사단의 무리 곧 멸망자들을 범이란 짐승으로 대표하여 상징함. － 한자 범 호(虍)자에 들어간 칠(七)자는 일곱 멸망자를 가리킴.

豕(돼지 시): 돼지＝짐승. 처음은 하나님의 일꾼이었으나 배반하고 나간 배신자들을 돼지라는 짐승(벧후2:22)으로 빗댐.

－ 한자 돼지 시(豕)의 획 수 7획은 일곱 배도자를 가리킴

靈○ 말일에 하나님의 예언하신 말씀이 이루어져 실상으로 나타날 때 하나님이 보내신 한 구원자가 나타나 하나님을 대적하고 그의 선민을 멸망시킨 자가 누구이며 하나님을 배반하고 나간 배신자들의 정체가 누구라는 것을 실상으로 이루어진 말씀에 의거하여 밝혀주는 것이 증거란 한자 속에 나타난 참 뜻이다.

장
▷ 帳 = 巾 (수건 건. 덮을 건) + 長 (장자. 첫째 장)
장막장.천막장   수건건.베(헝겁)건   어른장.장자장

막
▷ 幕 = 艹 (풀초) + 日 (해일.) + 一 (첫째일) + 人 (사람) +
장막막.휘장막   풀초   해일   한일   사람인

巾 (수건건)
수건건

ㅁ 巾(수건 건): 수건 = 베(천) = 실로 짠 옷감이나 휘장이나 천막
  재료. 천막(장막)재료는 굵고 튼튼한 실로 짠다=(온전한 자 들)
  長(어른 장): 장자(長子)=맏아들=첫 째. 첫 열매.
ㅁ 艹(풀 초): 육체(사람)= 풀 = 백성(사40:6~7).

*성경 예언서에는 하나님의 백성을 풀로 빗대어 말함.

  日(해 일): 해 = 하나님(시84:11).
  一(첫째일):첫째 = 장자(큰 아들). 첫 열매(약1:~18)
  人(사람 인): 여기에서는 사람들 중에도 장자들을 말함.
  巾(수건 건): 수건 = 베(천) = 실로 짠 옷감이나 휘장이나 천막
  재료. 천막(장막)재료는 굵고 튼튼한 실로 짠다.

*굵고 튼튼한 실: 장성한 신앙인. 장자들. 첫 열매.

釋 ㅁ 사람이 들어가 볕이나 비를 피할 수 있도록 한데에 둘러치는

휘장이나 천막 또는 장막을 말함.

靈⟂ 말일에 하나님의 나라가 하늘에서 이룬 것같이 땅에서도 이루어질 때(마6:10) 하나님께서는 보내신 목자를 통해서 장막을 지으시는데 모세가 짓던 그런 장막이 아니고 또 육적인 장막재료를 가지고 장막을 지은 것이 아니고 많은 백성들 중에서 추수되어온 첫 열매인 장자들로 장막재료(굵고 튼튼한 실)를 삼아 장막을 짓되 영원히 변치 않은 영적장막을 지어 그곳에 하나님과 예수님이 오셔서 영원히 하나님의 백성들과 함께 사시겠다는 장막이 말일에 지어질 증거 장막 성전(證據 帳幕 聖殿)이다.

*모세 때 지었던 초막(草幕)과 초막절(草幕節)은 말일에 있어질 증거 장막의 하나의 그림자였지 참 형상이 아니었음을 알 수가 있으며 모세 때 초막은 실재 풀을 채취 해다가 초막을 지어 햇볕이나 비바람을 피했다. 광야생활의 그 고생이란 말 할 수 없이 고난의 연속 이였고 백성들의 원망과 불평이 저절로 나올 수밖에 없었던 생활환경이었다. 출 애굽한 이스라엘(선민)가운데는 많은 잡종(雜種)인 이방민족이 섞여있었고(출12:37~38. 수8:35)그 불평과 원망이 그들로부터 시작한 것은 그들은 하나님 백성이 아니기 때문이다. 그들의 불평불만에 동조하여 하나님의 뜻을 알지 못한 이스라엘 백성들은 광야에서 다 죽고 말았다. 가나안에 있는 이방 7족을 남기지 말고 다 멸하라는 것은 하나님의 뜻을 배반할 불씨가 되기 때문이다. 오늘 날도 선민가운데는 많은 잡종이 섞여 마귀노릇을 하고 있음을 알아야 한다.
　이스라엘의 하나님께서는 고난과 고통의 나날을 보냈던 이 초막

절을 대대로 영원히 지키라고 하신다(레23:33~44). 왜 그러셨을까? 그것은 말일에 하나님 백성들에게 닥칠 영적광야생활 곧 초막생활이 도래 할 것을 예고하심이요 그 모세 때 초막생활에서 그들이 불순종하고 당한 일들을 경계와 거울로 삼아(고전10:7~11) 말일에 있을 영적 초막생활에 대처하라는 하나님의 깊은 경륜 속에 이루시려는 뜻이리라.

♧무슨 단어이고 새(新)자가 앞에 붙으면 좋은 감을 갖는다. 사람들은 항상 새로운 것을 향해 도전한다. 성경에서는 처음하늘과 처음 땅이 나오고 새 하늘 새 땅이 나오며 동양 선지서나 역(周易)에서는 선천(先天)과 후천(後天)이 나온다. 같은 뜻을 여러 말로 감추고 있는 것이다. 새 하늘과 새 땅을 한자(漢字)로는 신천(新天)신지(新地)라 한다. 이곳이야 말로 모든 종교인들이 갈망하는 별천지요. 극락세계(極樂世界)요. 무릉도원(武陵桃源)이요. 낙원(樂園)이다.

－그럼 신앙인들이 갈망하는 신천 신지라는 문자 속에는 과연 무슨 뜻을 담고 있을까?

신
▷新＝立(설립)＋木(나무목)＋斤 저울. 무게. 도끼
새로울신　설립.이룰립　나무목　　무게근.도끼근

천
▷天＝一(하나일)＋一(으뜸일)＋人(사람인)
하늘천　첫째일　　　으뜸일　　　사람인

ᐅ立(설립): 세울 립. 이룰 립=예언이 이루어 질 때.

　木(나무 목): 나무는 예언서에서 사람(백성)(렘5:14).

　斤(무게 근. 도끼 근): 저울로 무게를 단다는 것은 심판을 의미
　하고(욥31:6. 시62:9) 도끼로 찍는다는 것도 심판을 의미함
　(마3:10).

ᐅ一(한일): 천상천하 유일신= 하나님=성부(靈).

　一(한일): 하나님의 독생자= 성자= 靈.

　人(사람인): 예수님이 보내 실 진리(眞理)의 성령(聖靈)이 함께
　한 자=보혜사= 肉(육)(요14:17. 요16:13~14).

靈ᐅ말일에 하나님께서 예언하신 말씀이 실상으로 이루어 질 때
저울(말씀-욥31:6)로 달아 심판하시겠다는 것과 하나님의 영(靈)
과 성자의 영이 예수께서 보내신 진리의 성령이 함께한 자(육=肉)
그가 신천이요. 새 목자요. 새 빛이다.

*그 진리의 성령. 그가 곧 새 하늘(新 天)이 되는 것이다.

신
ᐅ新 ＝ 立 (설립) ＋ 木 (나무목) ＋ 斤 저울. 무게. 도끼
새로울신　 설립.이룰립　 　나무목　 　 무게근.도끼근

지
ᐅ地 ＝ 土 (땅. 흙) ＋ 也 (이끼야. 한정. 종결. 마침)
땅지　 흙토.땅토　 어조사야

⊙立(설립): 세울 립. 이룰 립=예언이 이루어 질 때.

木(나무 목): 나무는 예언서에서 사람(렘5:14).

斤(무게 근. 도끼 근): 저울로 무게를 단다는 것은 심판을 의미하고(욥31:6. 시62:9) 도끼로 찍는다는 것도 심판을 의미함(마3:10).

⊙土(흙(땅) 토): 흙=땅=밭은 하나님의 백성(사64장. 고전3장. 눅8장 참조).

也(어조사 야): 也는 문장의 끝에 붙어서 한정. 종결. 그 문장의 마침을 나타낸다. 여기서는 한정된 수를 암시하고 있다.

靈⊙ 말일에 하나님께서 심판을 끝내시고 난 후에 새로 백성을 양육하여 창조하시는데 이 백성. 곧 새로 지음 받은 성도들이 새 땅(新地)이 되는 것이며 그 수가 한정되어 있다는 것을 야(也)자에 담고 있다.

※.우리가 앞에서 배운 주기도문에서 말한 나라가 이 땅에 임해 달라는 그 임(臨)자에도 수가 한정되어 있음을 생각할 때 사람의 생각으로 만들어 낸 문자가 아니라는 것을 알 수가 있는 것이다.

⊙여기서 우리는 이사야 1:2절에서 말한 하늘이여 들으라. 땅이여 귀를 기울이라는 말씀과 계시록21장에 나오는 새 하늘 새 땅은 같은 하늘과 땅이 아니라는 것을 금방 알 수가 있다. 새 땅은 한정되어 있다는 것을 나타내고 있는 야(也)자의 답도 성경 안에 있다

는 것을 아시고 성경 보는 시각이 달라져야 되지 않을까 생각해 본다.

白　　面　　書　　生

（　백　　　면　　　서　　　생　）

13.동양 선지서와 한자의 비밀Ⅱ

−범례(凡例)−
釋 ⇨ 해   석
靈 ⇨ 영적해석
保 ⇨ 도 움 말

⇨ 목차 7번에서 한자의 합자. 파자에 대하여 그리고 동양 선지 서에 대하여 잠시 언급했고 주로 격암유록에서 우리 신앙인들에 게 피부에 와 닿을만한 문장만 골라서 성경말씀에 입각해서 풀이 해 드렸다. 다니엘이나 여러 선지자들이 예언서나 선지서를 자기 가 받아 써놓고도 뜻을 모른 체 그냥 죽었듯이 격암 남사고 선생도 비장(秘藏)된 내용을 전혀 모르고 기록만 해놓고 세상을 떠났다.

그런데 왜? 450년이 지난 오늘 날 이 비밀(秘密)이 풀리기 시작 할까? 수천 년간 봉함해 논 성경의 예언서나 신(神)으로부터 받아 기록된 동양 선지서는 신(神)이 와서 누구에게 알게 하여 그가 알 려주기 전에는 풀리지 않는다는 것을 알아야한다.

동양 선지서에서는 시대적 때 분별을 많이 강조하고 있다. 종교 인들은 지금 돌아가는 시대적 상황을 봐서 지금이 어느 때인가를 알고 있는지 자기의 신앙과 성경지식을 점검해 봐야 한다.

모든 예언서나 선지서에서는 한 결 같이 구원자 진인(眞人)을 고 대하며 기다리고 있다. 과연 그 진인은 신앙인들의 바람대로 나타 나 줄 것인지 선지서 속으로 들어가 보자.

1) 격암유록 은비가에서

(1)

세	상	진	인	수	가	지
世	上	眞	人	誰	可	知
세상세	위상	참진	사람인	누구수	옳을가	알지

釋 ▷ 세상에 진인(眞人)이 나온다고 하는데 누가 알 수 있을까?

삼	성	일	체	일	인	출
▶三	聖	一	體	一	人	出
석삼	거룩성	한일	몸체	한일	사람인	날출

釋 ▷ 三聖(성부. 성자. 성령)이 한 몸을 입고 한 사람으로 출현 하네.

※ 이것이 새 하늘이요 신 천(新 天)이며 봄 춘(春)자의 실체이다.

(2)

유	불	선	삼	각	인	출
儒	佛	仙	三	各	人	出
선비유	부처불	신선선	셋삼	각각각	사람人	날출

釋 ▷ 유교. 불교. 선교 중에서 각각 진인이라고 나왔으나

말	복	합	일	성	일	출
▶末	復	合	一	聖	一	出
끝말	돌아올복	합할합	한일	성인성	한일	날출

釋 ▷ 말세에는 한 성인이 출현하여 모든 종교를 하나로 통일하러 출현하네.

2)본문 가사요에서

(1)
궁	을	도	덕	불	각	지	인
弓	乙	道	德	不	覺	之	人
활궁	새을	말씀도	큰덕	아니불	깨달을각	갈지	사람인

출	사	입	생	영	불	각
▶出	死	入	生	永	不	覺
날출	죽을사	들입	날생.살생	길영	아니불	깨달을각

釋 ▷ 십(十자)의 큰 도(말씀)를 깨닫지 못한 사람은 사망에서 나와
생명으로 들어가는 이치를 영원히 깨닫지 못하네.

保 ▷ 弓+弓=亞.   乙+乙=卍 ▷ 가운데서 十 자가 나옴).
십자의 도= 하늘의 도(가르침).

(2)
도	교	통	솔	보	혜	대	사
道	敎	統	率	保	惠	大	師
말씀도	가르칠교	거느릴통	거느릴솔	보호할보	은혜혜	큰 대	스승사

시	지	강	도	절	부	지
▶時	至	降	道	節	不	知
때 시	이를지	내릴강	말씀도	마디절.때절	아니불	알지

釋 ▷ 진리의 도(말씀)를 가르치고 모든 것을 통솔하시고 은혜로 보
호해 주시는 큰 스승께서

▷ 도(진리 말씀)를 가지고 내려오신 때를 알지 못하고 그 시절을
알지 못하네.

예 언 유 서 세 부 지
(3) 豫 言 有 書 世 不 知
미리예 말씀언 있을유 글서 세상세 아니부 알지

만 시 자 탄 궁 을 각
▶晚 時 自 歎 弓 乙 覺
늦을만 때시 스스로자 탄식할탄 활궁 새을 깨달을각

예 언 불 원 조 선 의
▶豫 言 不 遠 朝 鮮 矣
미리예 말씀언 아니불 멀원 아침조 빛날선.고울선 어조사의

釋▷ 예언의 글은 있으나 세상 사람들은 알지 못하네.

▶때가 늦었음을 스스로 탄식하네. 궁을(십자의도)의 이치를 깨달
으소.

▶상제(하나님)께서 예언한 말씀이 멀지 않아 조선(한국)에서 이루
어지네.

保▷ 여기에 나온 문자는 격암유록에서 발췌(拔萃)한 것임.

　　3)본문 조소가에서

을 시 구 절 시 구
(1) 乙 矢 口 節 矢 口 　차차차!
새을 화살시 입구 계절절.때절 화살시 입구

▷乙＋乙＝卍. 矢＋口＝知(알지)

釋 ➡ 십자의 뜻과 이치를 알고 지금이 종교적으로 어느 시절(때)인가를 알라.

4)본문 정석가에서

(1) 世(세, 세상세) 謠(요, 노래요) 流(유, 흐를류) 行(행, 행할행) 心(심, 마음심) 覺(각, 깨달을각)

▶乙(을, 새을) 矢(시, 화살시) 口(구, 입구) 何(하, 어찌하) 理(리, 이치리) .

▶節(절, 계절절.때절) 矢(시, 화살시) 口(구, 입구) 何(하, 어찌하) 理(리, 이치리)

▶氣(기, 기운기) 和(화, 화할화) 者(자, 사람자) 肇(조, 비로소조) 乙(을, 새을) 矢(시, 화살시) 口(구, 입구)

釋 ➡ ▶세상에서 유행하는 노래(가요나 민요)속에 장차 이루어질 일이 숨어 있으니 그 노래 속의 뜻을 마음에 깨달아야 되네. (황성 옛터 아리랑 도라지 송아지 등등).
▶을(乙)에서 나온 十자의 이치가 어떤 이치인가 알아야 하고
▶때를 알아야한다는 것은 무슨 이치인지 알아야하네.
▶하늘의 氣(영=말씀)를 받아 마음이 화평한 자는 비로소 乙乙에

서 나오는 十자의 참 이치를 알게 되네.

5)본문 길지가에서

신　　막　　별　　건　　곤
(1) 神　　幕　　別　　乾　　坤
신령할신　　장막막　　다를별　　하늘건　　땅곤

해　　인　　조　　화
▶海　　印　　造　　化
바다해　　도장인　　지을조　　될화.변할화

십　　팔　　촌　　천　　인　　언
▶十　　八　　寸　　天　　人　　言
열십　　여덟팔　　마디촌　　하늘천　　사람인　　말씀언

釋⇨특별한 하늘과 특별한 땅이 건설되니 신들이 거처하는 장막
　　이요. 이는 해인의 조화일세.

※.이곳이 곧 하나님을 믿는 백성들의 성읍(마을. 교회)인. 신
천촌(信 天 村)일세.

靈⇨▶해인(海印)은 동양 선지 서에 많이 나오는 단어로서 바다 해
(海). 도장인(印)인데 바다는 세상이요. 도장은 진리의 말씀을 말
함이다. 곧 세상 사람들을 진리의 말씀으로 전도함이요 인(印)친
다는 것은 말씀을 그들의 마음 판에 각인 시키는 것을 말함이다.
그래서 여기서 말한 해인(海印)은 세상 사람들을 구원시키는 진리
의 말씀을 가리킨다.

保⇨十＋八＋寸을 합하면 마을 촌(村)이 되고 하늘 천(天)은 하나님을 상징하며 人＋言을 합하면 믿을 신(信)이 되니 3자를 연결하면 信天村이 되어 하나님을 믿는 마을 또는 하나님을 믿는 백성들이 사는 성읍이 된다.

6) 본문 궁궁가에서

(1) 世 人 難 知 弓 弓 인가?
　　세상세 사람인 어지러울난 알지 활궁 활궁

　　弓 弓 矢 口 生 이네
　　활궁 활궁 화살시 입구 살생

釋▶세상 사람들이 궁궁의 이치를 알기가 어려운가?
궁궁의 이치를 아는 자는 살 수가 있네.

保⇨▶弓 弓이 서로 등지면 亞자가 되고 그 속에서 十자가 나온다.
그래서 十자의 도와 이치를 알아야 살수가 있다는 것이다.
⇨矢＋口＝知

(2) 老 少 男 女 有 無 識 間 에
　　늙을노 젊을소 사내남 여자여 있을유 없을무 알식 사이간

무 문 도 통 세 부 지

▸無文道通 世不知라.

없을무 글월문 말씀도 통할통 세상세 아니부 알지

釋⇨▸남녀노소 유식한자나 무식한자나 학문을 몰라도 도통 자(道通 者)가 된 줄을 세상 사람들은 알지 못하네.

7)본문 전전가에서

오 구 합 체 극 락 지 전

(1)五口合體 極樂之田이네

다섯오 입구 합할합 몸체 지극할극 즐거울락 갈지 밭전

전 전 지 리 분 명

▸田田之가 理分明하나

밭전 밭전 갈지 이치리 나눌분 밝을면

세 인 불 각 한 탄

▸世人不覺恨歎이라.

세상세 사람인 아니불 깨달을각 한탄할한 탄식할탄

釋▸ 밭전(田)자 속에는 5개의 입구(口)자가 있으니 극락세계를 상징한 밭전자이네.

田 田은 극락(천국)을 상징한 이치가 분명하나. 세상 사람들이 이를 깨닫지 못하니 한탄스러울 뿐이네.

대 란 전 세 인 심 흉 흉

(2)大亂全世 人心洶洶하니

큰대 어지러울란 온전할전 세상세 사람인 마음심 물살셀흉 물살셀흉

입 전 권 극 난
▶入 田 卷 구하기가 極 難 이구나
들입 밭전 책권 지극할극 어려울난

釋▶ 전 세계에 큰 난리가 일어나서 인심이 흉흉하니. 천국에 들어
갈 입장권 구하기가 지극히 어렵구나.

8)본문 해인가에서

화 우 로 삼 풍 해 인
(1)火 雨 露 三 豊 海 印이니
불화 비우 이슬로 석삼 풍성할풍 바다해 도장인

극 락 입 권 발 행
▶極 樂 入 卷 發 行이라.
지극할극 즐거울락 들입 책권 펼발 다닐행

釋▶불과 비와 이슬은 풍성한 세 가지 곡식이요 세상의 많은 사람
들을 인치는 인이라. 이것은 곧 극락(천국)에 들어갈 수 있는 입장
권을 발행하는 것이라.

靈▶앞에서 火. 雨. 露(불. 비. 이슬)에 대해 설명한바가 있다. 이
는 하나님말씀을 여러 가지 사물을 들어 빗대어서 감추어 놓은 것
이다.

保⟡삼 풍 지 곡(三 豊 之 穀)은 세 가지 곡식 곧 양식을 말한 것이

니 이것 역시 말씀을 곡식으로 감춘 것이며 성경에서는 바다를 세상이라 하는데 세상 사람들을 인 친다는 것은 하나님말씀으로 구원하는 것이니 하나님말씀이 극락(천국)에 들어가는 입장권이다.

9)본문 석정가에서

(1) 利_{이로울이} 在_{있을재} 石_{돌석} 井_{우물정} 天_{하늘천} 井_{우물정} 水_{물수} 라.

釋 ⇨ ▶돌샘에 이로움이 있는데 하늘에서 내려온 샘물이네.

靈 ⇨ ▶돌＝예수(벧전2:4) 샘물(요4:14).

(2) 一_{한일} 次_{다음차} 飮_{마실음} 之_{갈지} 延_{끌연} 壽_{목숨수} 요.

▶飮_{마실음} 之_{갈지} 又_{또우} 飮_{마실음} 連_{이를연} 飮_{마실음} 者_{사람자} 는

▶不_{아니불} 死_{죽을사} 永_{길영} 生_{살생} 此_{이차} 泉_{샘천} 일세.

釋▶그 물을 마시면 생명이 연장되고 마시고 또 마시고 계속 마시는 자에게는 죽지 않고 영원히 사는 샘물일세.

10) 본문 격암가사에서

(1) 人 神 變 化 無 窮 無 窮 하네.
　　인　신　변　화　무　궁　무　궁
사람인　신령할신　변할변　변할화　없을무　다할궁　없을무　다할궁

釋▷ 사람의 몸을 입고 오신 신인의 변화가 무궁 무쌍하네.

▶上 天 時 何 時 이며
　상　천　시　하　시
위상　하늘천　때시　어찌하　때시

▶下 降 時 代 何 時 인가
　하　강　시　대　하　시
아래하　내릴강　때시　대신대　어찌하　때시

釋▷ 하늘에 올라가실 때는 어느 때이며 하늘에서 내려오실 때는
　어느 때인가?

▶出 入 無 窮 世 世 人 不 知 라.
　출　입　무　궁　세　세　인　부　지
날출　들입　없을무　다할궁　세상세　세상세　사람인　아니부　알지

釋▷ 하나님의 신(神)이 출입하심이 무궁한데 세상 사람들은 이를
알지 못하네.

(2) 無 疑 東 方 天 聖 出
　　무　의　동　방　천　성　출
없을무　의심할의　동녘동　모방　하늘천　성인성　날출

釋▷ 의심할 것도 없이 동방에서 하늘로부터 성인이 나타나네.

약	시	동	방	무	지	성
▶若	是	東	方	無	知	聖
만약약	이시	동녁동	모방	없을무	알지	성인성

釋▷ 만약 동방에 출현한 성인을 알지 못한다면.

갱	차	창	생	내	차	하
▶更	且	蒼	生	奈	且	何 리
다시갱	또차	푸를창	살생	어찌내	또차	어찌하

釋▷ 또 다시 창생(백성)들은 또 어찌하겠는가?

복	음	전	도	급	급	시
(3)福	音	傳	道	急	急	時 니
복복	소리음	전할전	말씀도	급할급	급할급	때시

釋▷ 복음을 전도할 때가 너무 너무 급하니

불	원	천	리	급	전
▶不	遠	千	里	急	傳 하소.
아니불	멀원	일천천	마을리	급할급	전할전

釋▷ 천리라도 멀다 말고 빨리 빨리 전하소.

육	사	신	생	도	성	인	신
(4)肉	死	神	生	道	成	人	身 이면
고기육	죽을사	신령할신	살생	말씀도	이룰성	사람인	몸신

釋▷ 육이 죽고 신(영)이 사는 도(예언한 말씀)가 사람의 몸을 통해

이루어지면

不 死 永 生 不 老 道 라
불 사 영 생 불 노 도
아니불 죽을사 길영 살생 아니불 늙을노 말씀도

釋⇨ 육도 영도 죽지 않고 늙지 않으며 영원히 사는 영생하는 말씀
이라.

(5) **天 藏 地 秘 鄭 道 令** 을
천 장 지 비 정 도 령
하늘천 감출장 땅지 숨길비 나라정 말씀도 명령할령

世 人 何 知 야
세 인 하 지
세상세 사람인 어찌하 알지

釋⇨ 하늘이 감추고 땅이 숨겨 논 정 도령을 세상 사람들이 어찌
알 수 있겠는가?

11)본문 궁을도가에서

(1) **次 時 訪 道 僉 君 子**
차 시 방 도 첨 군 자
이차.또차 때시 찾을방 말씀도 다첨 임군군 아들자

釋⇨ 이 시대(말일)에 참 진리의 말씀을 찾아다니는 모든 군자들
아!

弓 弓 乙 乙 何 不 知 야
활궁 활궁 새을 새을 어찌하 아니부 알지

釋⇨ 弓 弓이 배 궁(背弓)이면 亞(아)자가 되고 乙이 종횡으로 겹치면 卍자가 된다. 亞자나 卍자의 가운데서 十(열십)자가 나온 이치를 어찌 알지 못 한다는 말인가?

保⇨ 동양 선지서 에서는 弓弓 乙乙의 이치를 깨달아 十 勝地를 찾아가라는 말이 특별히 많이 나와 있다. 종교인들은 그 이치를 알아야 되기 때문이다.

12) 본문 사답가에서

(1) 天 牛 不 知 靈 田 農에
하늘천 소우 아니부 알지 신령령 밭전 농사농

永 生 之 路 又 不 知
길영 살생 갈지 길로 또우 아니부 알지

釋⇨ 하늘의 소를 알지 못하면 영적인 하늘농사도 알지 못하며 영생으로 가는 길 또한 알지 못한다.

保⇨ 하늘 소(天牛): 하나님의 일꾼(고전9:9).
하늘 농사(靈 田 農): 하나님의 씨를 뿌려 농사를 짓는 것. 씨=하나님의 말씀(눅8:11). 하나님의 말씀을 사람 마음에 전해 말씀으로 거듭나게 해서 천국 백성으로 자라가게 하는 것이 영적인 하늘 농사다.

13)본문 (歌詞 총론)중에서

(1) 儒 佛 仙 이 各 分 派로
유 불 선 각 분 파
선비유 부처불 신선선 각각각 나눌분 물갈래파

▶相 勝 相 利 하지만
상 승 상 리
서로상 이길승 서로상 이로울이

釋▷ 유교. 불교. 선교가 각 분파로 나뉘어서 서로가 자기들의 종교가 가장 뛰어난다고 하지만

▶天 堂 도 極 樂 도 못 들어가기는
천 당 극 락
하늘천 집당 지극할극 즐길락

▶彼 此 一 般 이라
피 차 일 반
저피 이차 한일 돌아올반

釋▷ 천당도 극락세계도 못 들어가기는 피차일반이고

▶平 生 修 道 十 年 工 夫도
평 생 수 도 십 년 공 부
평평할평 살생 닦을수 말씀도 열십 해년 장인공 지아비부

남 무 아 미 타 불
▶喃 嘸 阿 彌 陀 佛 이다.
쳬잘거릴남 희미할무 언덕아 두루미 험할타 부쳐불

釋▷평생을 도를 닦고 공부를 했어도 弓+弓=亞. 乙+乙=卍에서 나오는 十자의 도를 모르면 평생을 고생하고도 구원 받을 수 없다는 것을 알고 십자의 도를 알기에 힘써야겠다.

목 인 신 막 별 건 곤
(2)木 人 神 幕 別 乾 坤
나무목 사람인 신령신 장막막 다를별 하늘건 땅곤

釋▷목인이 신과 함께 거처하는 장막이 지금까지 보지 못한 하늘과 땅이며 별 천지이며 새 하늘 새 땅이다.

靈▷목(木)은 음양오행 상으로 동쪽이요 해가 뜨는 곳이다. 해(日)=하나님. 나무(木)=사람. 하나님이 사람에게 오셔서 함께 하는 사람이 동방이요 목인(木人)이다.

14)본문(十 勝 論)중에서

황 입 복 재 생 야
(1)黃 入 腹 在 生 也 니
누를황 들입 배복 있을재 살생 어조사야

천　　리　　십　　승
天　理　十　勝 찾아보소.
하늘천　이치리　열십　이길승

釋⇨ 누를 황(黃)자 뱃속에 들어가야 생명이 살 수 있네.
하늘의 참 이치로 세워진 십 승 지(十 勝 地)를 찾아보소.

靈⇨ 누를 황(黃)자 가운데에서는 田자가 들어있다. 田은 천국과
극락을 상징하고 곧 십 승지를 가리키고 있다.

　　궁　　을　　지　　간　　십　　승　　지
(2) **弓　乙　之　間　十　勝　地**
　　활궁　새을　갈지　사이간　열십　이길승　땅지

　　제　　산　　지　　중　　불　　구
▸**諸　山　之　中　不　求**하고
　　모든제　뫼산　갈지　가운데중　아니불　구할구

釋⇨ 弓+弓=亞. 乙+乙=卍. 亞자나 卍자 사이에 나타난 십 승지
(양백)를 모든 산중을 드나들며 산중에서 찾지 말고

　　삼　　봉　　산　　하　　반　　월　　선　　대
▸**三　峯　山　下　半　月　船　坮** 에서
　　석삼　봉우리봉　뫼산　아래하　절반반　달월　배선　대대

　　극　　구　　심　　중
▸**極　求　心　中** 보소
　　지극할극　구할구　마음심　가운데중

釋⊃마음心자의 뜻을 깨닫고 마음가운데서 지극한 정성으로 찾아 보소.

保⊃위에는 산봉우리가 세 개에 아래에는 반달 모양의 배가 받치고 있는 문자는 마음심(心)자다. 십 승지를 산중에서 찾지 말고 자기 마음 가운데서 찾아라.

15)본문(三 豊 論)중에서

(1) 三 旬 九 食 三 豊 穀을
삼 순 구 식 삼 풍 곡
석삼 열흘순 아홉구 먹을식 석삼 풍성할풍 곡식곡

▶弓 乙 之 中 尋 보소.
궁 을 지 중 심
활궁 새을 갈지 가운데중 찾을심

釋⊃한 달에 아홉 번 먹는 풍성한 세 가지 곡식을 十자 가운데서 찾아보소.

保⊃한 달에 일요일 네 번. 수요일 다섯 번. 아홉 번 예배드리러 가서 말씀을 듣는 것이 영적으로 아홉 번 양식을 먹는 것이 된다.

▶第 一 豊 에는 八 人 登 天 에
제 일 풍 팔 인 등 천
차례제 한일 풍성할풍 여덟팔 사람인 오를등 하늘천

악 화 위 선 일 곡
惡 化 爲 善이니 一 穀이요.
악할악 변할화 할위 착할선 한일 곡식곡

釋▷ 제1풍에 하늘의 불(말씀)을 받아 악한 것이 선함으로 변화되니 이것이 첫째 곡식이요.

靈▷ 八＋人＝火: 사람人 양옆에 여덟八의 양 날개가 붙으니 불 火가 되고 성경에서 불과 양식(곡식)은 말씀과 말을 나타내고 있음 (렘5: 요6:).

제 이 풍 비 운 진 우
第 二 豐에는 非 雲 眞 雨에
차례제 두이 풍성할풍 아닐비 구름운 참진 비우

심 령 변 화 이 곡
心 靈 變 化가 二 穀이요.
마음심 신령령 변할변 변할화 두이 곡식곡

釋▷ 제2풍에 구름이 아니요 진짜 비가 내려서 사람의 심령을 변화시키는 것이 둘째 곡식이요. 비＝말씀(신32:2).

제 삼 풍 유 로 진 로
第 三 豐에는 有 露 眞 露는
차례제 석삼 풍성할풍 있을유 이슬로 참진 이슬로

탈 겁 중 생 삼 곡
脫 劫 重 生이 三 穀이라.
벗을탈 앗을겁 무거울중 살생 석삼 곡식곡

釋▷ 제3풍에는 이슬이 있으나 진짜 이슬이 내려 백성들이 옛 모습

을 벗고 새로운 모습으로 거듭나니 이것이 세 째 곡식이다. 이슬=
하나님의 말씀(신32:2).

保⤷육적양식을 아무리 많이 먹고 고급요리를 먹는다 해도 악한
것을 선하게 할 수 없는 것이며 사람의 심령을 변화시켜 새 사람을
만들 수가 없는 것이다. 악한 것을 선하게 그리고 사람의 심령을
변화시켜서 옛 구습에 젖어 있는 사람을 새 사람으로 만들 수 있는
것은 오직 하나님의 진리의 말씀밖에 없다.
靈⤷삼풍 穀食(곡식)이나 火. 雨. 露(화 우 로)나 海印(해인)은 모
두 하나님의 진리의 말씀을 여러 가지 사물로 감추어 두신 것이
다. 이것을 깨닫는 자가 복이 있는 것이다.

＊바다(海)=세상. 인(印)=말씀.

(2) 三 豊 三 穀 은 世 無 穀 之 로
석삼 풍성할풍 석삼 곡식곡 세상세 없을무 곡식곡 갈지

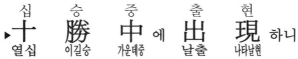

十 勝 中 에 出 現 하니
열십 이길승 가운데중 날출 나타날현

釋⤷삼 풍 삼 곡은 세상에 없는 곡식으로 십자의 도(道)인 하늘의
말씀으로 이긴 자 중에서 나타난다(전해진다).

鄭 氏 黎 首 之 民 은
나라정 성씨씨 이를려.검을려 머리수 갈지 백성민

양 백 삼 풍

▶兩 白 三 豊 으로 일렀다네.
두 양　흰 백　석 삼　풍성할풍

釋 ⤵ 정 도령이 백성의 우두머리가 되는 이치를 양백(兩白)과 삼
풍(三 豊)으로 알아서 전했다네.

靈 ⤵ 양백(兩 白):弓+弓=亞. 乙+乙=卍
삼풍(三 豊)=火. 雨. 露.⤵ 하늘의 곡식＝하늘에서 내린 진리의 말
씀.

▶世 末 大 歉 死 境 에
세상세　끝 말　큰 대　흉년들겸　죽을사　지경경

▶拯 濟 萬 民 天 穀 일세.
건질증　건질제　일만만　백성민　하늘천　곡식곡

釋 ⤵ 세상 끝에 크게 흉년이 들어 온 백성이 죽을 지경에 있을 때
세계 만민을 구제하는 하늘나라의 곡식이네.

靈 ⤵ 종말에 크게 흉년이 든다는 것은 육적농사의 흉년이 아니라
하늘의 진리의 말씀이 없어 말씀다운 말씀을 듣지 못한 영적흉년
을 말함이요(암8:11) 만민을 사망에서 생명으로 인도하는 생명의
말씀 곧 하나님말씀이 하늘의 곡식이다.

16)본문(松 家 田)중에서

(1) 小 頭 無 足 殺 我 者 로
작을소 머리두 없을무 발족 죽일살 나아 사람자

化 在 其 中 鬼 不 知 네
변할화 있을재 그기 가운데중 귀신귀 아니부 알지

釋 ⇨ 머리가 작고 발이 없는 짐승이 나를 죽이는 자로써. 알고 보니 그 가운데 귀신이 사람의 탈을 쓰고(변모)있는 것을 알지 못 했네.

(2) 無 價 之 寶 傳 컨만
없을무 값가 갈지 보배보 전할전

釋 ⇨ 보배로운 진리의 말씀을 값없이 전해 주었건만.

氓 虫 識 不 不 覺
백성맹 벌레충 알식 아니불 아니불 깨달을각

釋 ⇨ 벌레 같은 인생들은 알지 못하고 깨닫지 못하네.

倨 慢 謗 姿 猜 忌 憍 心 과
거만할거 거만할만 비방할방 맵씨자 샘낼시 질투할기 교만할교 마음심

釋 ⇨ 거만하고 오만 방자하여 시기심과 교만한 마음으로

坐 井 觀 天 知 識 으로
앉을좌 우물정 볼관 하늘천 알지 알식

釋➪ 앉아서 우물 안만 들여다보고 천정만 쳐다보고 얻어낸 좁고 얕은 지식으로

不 顧 左 右 自 欺 로 써
아니불 돌아볼고 왼좌 오른우 스스로자 속일기

釋➪ 좌우를 돌아보지 않고 스스로 자기를 속임으로써

眞 理 不 通 彷 徨 霧 中 로다.
참진 이치리 아니불 통할통 거닐방 어정거릴방 안개무 가운데중

釋➪ 진리를 통달하지 못하고 안개 속에 방황하는 자로다.

靈➪ ①소두 무족(小 頭 無 足):머리가 작고 발이 없는 짐승은 뱀. 뱀=용=마귀=사단(계20:2).

②돈 없이 값없이 하나님말씀을 가르치라는 성경적 근거:(사 55:3. 마10:8. 계21:6).

(3) 逆 天 者 亡 是 是 非 不 知 는
거스를역 하늘천 사람자 망할망 옳을시 옳을시 아닐비 아니부 알지

衆 口 鉗 制 有 福 者 라.
무리중 입구 칼겸.다물겸 지을제 있을유 복복 사람자

釋⇨ 하늘의 뜻을 거역하는 자는 반드시 망하나니 옳고 그른 것을 알지 못하고 분별치 못한 사람들은 입을 다물고 있는 것이 복 있는 자니라.

17)본문(桃 符 神 人) 중에서

(1) 十 勝 道 靈 出 世 니
열십 이길승 말씀도 신령령 날출 세상세

天 下 是 非 紛 紛 이라.
하늘천 아래하 옳을시 아닐비 어지러울분 어지러울분

釋⇨ 십 승 도령이 세상에 나오시니 그분을 시비한 세상 사람들이 너무 많아서 세상이 너무 번잡하고 어지럽네.

世 上 罪 惡 擔 當 코 저
세상세 윗상 허물죄 악할악 멜담 마땅할당

釋⇨ 세상에 나타난 십 승 도령이 세상 모든 죄악을 담당 하고자

雙 犬 言 中 空 城 人이 되었으니
쌍쌍 개견 말언.교리언가운데중 빌공 성성.재성 사람인

釋⇨ 옥중(감옥)에 갇혔으니

靈⇨獄(옥 옥): 개견(犬)자가 변으로 가면 犭으로 바뀐다.

쌍견(雙 犬): 양쪽에 개가 있고 가운데 말언(言)자가 있으니 개 두
마리가 말(교리)로 싸우는 곳이 감옥(獄)이요. 지옥이다.

保⇨개=하나님을 등진 배신자.

空城 人(공성인): 담으로 둘러쳐 있는 빈방에 있는 죄수를 말함.

釋⇨밤낮으로 무릎을 꿇고 앉아 하늘 문을 우러러 바라보며

釋⇨한 마음으로 기도하니 피 눈물이 뒤범벅이 되어 하염없이
흐르는 도다.

末世死運當한 者들아!
끝말 세상세 죽을사 운수운 마땅할당 사람자

釋⇨말세에 죽을 운수를 당한 사람들아!

疑心勿고 修道하소
의심할의 마음심 말물 닦을수 말씀도

釋▷의심 말고 참 도(道)인 진리의 말씀으로 몸과 마음을 닦고 또 닦소.

지 상 천 사 출 현
地 上에 **天 使**들이 **出 現**해도
땅지 윗상 하늘천 부릴사 날출 나타날현

釋▷이 땅위에 천사들이 출현해도

견 이 불 식 수 가 지
見 而 不 識이니 **誰 可 知**리오.
볼견 말이을이 아니불 알식 누구수 옳을가,가히가 알지

釋▷보고도 아무도 알지 못하니 누가 가히 알 수 있으리오.

수 도 선 입 천 민
修 道 先 入 天 民들아!
닦을수 말씀도 먼저선 들입 하늘천 백성민

釋▷도를 닦으러 먼저 들어간 하늘의 백성들아!

불 철 주 야 애 통
不 撤 晝 夜 哀 痛하며
아니불 거둘철 낮주 밤야 슬플애 아플통

釋▷밤낮을 가리지 말고 애통하는 마음으로

일 심 기 도 퇴 각
一 心 祈 禱 退 却하소.
한일 마음심 빌기 빌도 물러날퇴 물리칠각

272 성서와 한자의 비밀

釋▷ 한 마음으로 기도하여 모든 악을 물리치소.

선	입	십	승	행	사	권	세
先	入	十	勝	行	事	權	勢자는
먼저선	들입	열십	이길승	행할행	일사	권세권	기세세

釋▷ 먼저 십 승지 에 들어가 권세를 행사하던 선입 자들은

부	득	이	타	락	자
不	得	已	墮	落	者요
아니부	얻을득	이미이	떨어질타	떨어질락	사람자

釋▷ 부득이 타락하여 떨어진 자(배신 자)들이요.

중	입	자	생	여	자	운
中	入	者	生	女	子	運
가운데중	들입	사람자	살생	여자여	아들자	운수운

釋▷ 중간에 들어오는 자들은 좋은 운수를 만나 살 수 있는 운이
니.
保▷ 좋은 운수: 女+子=好(좋을 호). 好運(호운): 좋은 운수.

살	살	불	고	인	내	승
矢	矢	不	顧	忍	耐	勝
살시.화살시	살시.화살시	아니불	돌아볼고	참을인	견딜내	이길승

釋▷ 세상 재리와 일락을 못 잊고 살살 뒤 돌아 보지 말고 끝까지
참고 견디어 승리하는 자가 되소.
▷矢:화살시는 살시 라고도 한다. 살살은 화살이란 그 뜻을 나타

낸 것이 아니고 살살(슬금슬금)이란 그 소리를 그대로 인용하는
재치를 보였다.

保⇨소돔과 고모라의 심판 때 롯의 처가 자기의 재산에 미련이 있
어 살살 뒤 돌아 보다가 소금기둥이 된 것을 생각하라는 경고다.

大　　器　　晚　　成
（대　　기　　만　　성）

14.비장(秘藏)된 민요와 동요

－범례(凡例)－
釋 ⇨ 해   석
靈 ⇨ 영적해석
保 ⇨ 도 움 말

1)아 리 랑 (격암 유록에서)

(1)
아	리	령	유	정	거	장
亞	裡	嶺 에	有	停	車	場 이
버금아	속리. 안리	고개령.재령	있을유	머무를정	수레거	마당장

있네.

고	대	고	대	다	정	임
▶苦	待	苦	待	多	情	任 을
괴로울고	기다릴대	괴로울고	기다릴대	많을다	뜻정	맡길임

아	아	리	령	하	하	령
▶亞	亞	裡	嶺	何	何	嶺
버금아	버금아	속리. 안리	고개령.재령	어찌하	어찌하	고개령.재령

인가?

釋 ⇨ 십 승지 속으로 들어가려면 넘어야 할 고개(재)가 있는데 그
곳에 정거장이 있네. 고대하며 기다리는 다정한 임을 만나야 되는
데 십자의 도(말씀)로써 세워진 십 승지를 찾아 가는데 넘어야할
고개는 몇 고개나 되며 넘어야할 산은 몇 산이란 말인가?

保⟳아리 령(亞 裡 嶺): 亞자 가운데 十자가 나옴. 十자는 하늘의
도(道)를 상징하는 것이며 十자 속으로 들어간다는 것은 하나님의
십 승지 안으로 들어가야 되는데 거기에 가기 까지는 험한 고개
(재)를 넘어가야 함을 말함이요. 정거장은 쉬어가는 곳을 말함인
데 쉰다는 것은 신앙심이 곧 퇴보함을 의미한다.

*다정한 임: 우리에게 구원을 갖다 주실 구세주. 재림예수. 동양
선지서 에서 말하는 정 도령. 진인. 미륵.

—우리가 넘어야 할 아리 령 고개(산)는 몇 고개일까?

保⟳지극히 어렵고 너무 어려워 그 고개 넘기가 참으로 힘든 고개
이며. 십자 속으로. 십자 속으로. 십 자 속으로 들어가려면 넘어야
할 아주 힘든 고개이네.

*亞 裡(십자 속)= 十 勝 地(십 승 지)

亞_{버금아}(아) 裡_{속리. 안리}(리) 嶺_{고개령.재령}(령) 亞_{버금아}(아) 裡_{속리. 안리}(리) 嶺_{고개령.재령}(령).

▶亞_{버금아}(아) 라 裡_{속리. 안리}(리) 요 亞_{버금아}(아) 裡_{속리. 안리}(리) 嶺_{고개령.재령}(령)

고개로 넘어간다.

나를 버리고 가시는 임은

십 리(十 里)도 못가서

발 병(發 病)난다.

釋▷십 승지 속으로 들어가는 고개. 하늘의 도(道)를 깨닫고 수도 (修道)하는데 따르는 고행의 힘든 길은 아리령(亞裡嶺)이란 문자 로 표현해 놓았다.

*이 길이 천국과 낙원을 찾아가는 길이기에 넘기가 힘든 길일 수 밖에 없다.

靈▷**고개로 넘어 간다:** 신앙의 고행의 길을 걸어간다.

나=하나님.

버리고=배신하고

가시는 임＝배신하고 떠나는 하나님의 백성.

십리(十 里)＝십자가 마을. ＝시온 성. 천국.

발 병(發 病)난다.＝병이 나서 갈수가 없다.

2)도 라 지

⑴ ▶도 하 지(道 下 止)－격암유록에서－

①道 者 弓 弓 之 道
　말씀도　사람자　활궁　활궁　갈지　말씀도

▶無 文 之 通 也
　없을무　글월문　갈지　통할통　이끼야

釋⇨도를 닦는 자는 하늘에서 나오는 도를 닦소.
글을 몰라도 도통(말씀을 통달 하는 것)하네.

②破 字 妙 理
　깨뜨릴파　글자자　묘할묘　이치리

▶出 於 道 下 止 也
　날출　어조사어　말씀도　아래하　그칠지　이끼야

釋 ➷ 한자(漢字)파자의 오묘한 이치로 도하지가 출현 하네 (밝혀 지네).

불	각	차	의	평	생	수	신
▶不	覺	此	意	平	生	修	身
아니불	깨달을각	이차	뜻의	평평할평	날생.살생	닦을수	몸신

불	면	원	무	심
▶不	免	怨	無	心
아니불	면할면	원망할원	없을무	마음심

釋 ➷ 이 뜻을 깨닫지 못하면 평생 몸을 닦아도(교회나 절 같은데서 공을 들이고 봉사를 해도)죽음을 면치 못하네.

保 ➷ 怨(원망할 원)자에서 마음심(心)자가 없어지면(無). 死(죽을 사)자가 남음. 死(죽을 사)와 같지는 않지만 비슷한 자로 감추어서 쉬 알아보지 못하게 함.

시	운	불	개	부	도	령
▶時	運	不	開	否	道	令
때시	운수운	아니불	열개	아닐부	말씀도	전할령

釋 ➷ 시대적인 좋은 운은 말씀을 전하는 분을 부인 하면 열리지 않네.

*.말일에 진리의 성령(요14:17) 곧 보혜사(요14:26)가 정도(正道)=진리의 말씀을 가지고 오셔서 가르칠 때 받지 않은 자는 운이 없고 복이 없는 자다. 그래서 특히 신앙인들은 시대 분

별력을 길러야 한다.

◒민요 : 도라지

-도라 지 도라지 백도라지 심심산천에 백도라지 한 두 뿌리만 캐어도 대 바구니만 철철 넘는구나.

釋⇨도라지=道 下 止(도하지)☞말씀아래 머물러라. 말 일에 말씀이 나 오는 곳을 찾아 그곳에 정착하라는 뜻.

▷백도라지=白 道 下 止(백도하지)☞깨끗한 말씀(진리)이 나오는 곳을 찾아가서 머물러라(정착하라).

▷심심산천에=心 深 山川(심심산천)☞깊고 깊은 마음속에 지어진 성령의 전(殿)과 내(川:말씀이 흐르는 길)에서 흘러나오는

▷백도라지=白 道 下 止(백도하지)☞흠도 티도 없는 깨끗한 진리의 말씀이 나오는 곳을 찾아 머물러라.

▷한 두 뿌리만 캐어도☞진리의 말씀을 한 두 말씀만 들어도

▷대 바구니 ☞ 바구니=그릇=사람(롬9:24) 12바구니(마14:20)

*대(竹:대죽):는 곧고 정직함. 대 바구니=곧고 정직한 사람.

▷철철 넘는구나.☞진리의 말씀이 충만한 상태.

3)송 아 지

(1) ▶송 하 지(松 下 止) -격암유록에서-

① 人(사람인) 口(입구) 有(있을유) 土(흙토) 殺(죽일살) 我(나아) 理(이치리) 로
▶重(거듭중) 山(뫼산) 深(깊을심) 谷(골곡) 依(의지할의) 松(소나무송) 生(살생)

釋⇨ 가만히 앉아 있는 것은 나를 죽이는 이치이니. 첩첩 산중과 깊은 골짝에서 소나무 송(松)자에 의지하면 살 수 있네.

保⇨ 人 口 有 土 설명: 人+人+土=坐: 앉을 좌: 흙토 양 쪽에 사람 人이 들어가면 앉을 좌가 되듯이 흙토 자 양쪽에 입구(口)자가 들어가도 앉을 좌가 된다.

-첩첩 산중: 도를 닦으려면 산으로 가야하고 도(道=말씀)는 산에서 나온 도통한 사람에 의해서 나온다고 생각하고 있지만 도(道)가 하나님 말씀이라고 할 때 하나님 말씀은 오늘 날 교회에서 나온다. 重 山(첩첩 산중)은 많은 교회들 중에서라는 말이다.

-深 谷: 깊은 골짝은 맑은 물이 흘러나온다. 물이 하나님 말씀임

을 알았으니 하나님 말씀은 어디서 전해져 나온 가를 생각하고 그 곳에 가서 소나무 松자에 의지하면 살 수 있다는 것이다.

釋⟡사람들을 보니 미쳐 날뛰고 있을 때 나무를 본 즉 거기에 머물라. 그림 속의 송아지는 소리로만 송아지라고 하지 진짜 송아지는 송하지(松下止)이네.

–송아지라는 송자는 무슨 비밀을 담고 있을까?

⟡먼저 알 것은 동양 선지서나 예언서들에 기록된 기록들이 육적 우리나라의 흥망성쇠나 대통령이 누가 될 것인가를 예언해 놓은 것이 아니라는 것을 먼저 알아야한다.

⟡우리민족이 수 천년동안 불러오던 도라지나 어린아이들이 불러 오던 송아지 노래 등. 민요나 동요가운데서 동양 선지서에서 말하고자 하는 뜻이 감춰져 있음을 본다.
  그 선지서 등에 비장(秘藏)된 비밀은 사람의 연구나 지혜로는 풀리지 않는다. 왜 그럴까? 선지서나 묵시록은 하나같이 신(神)의 지시에 의해 기록했기 때문이다. 그래서 이 비밀은 신(神)이 풀어

쥐야 풀리는 것이다. 그렇다면 신(神)이 직접 내려와서 풀어줄 것인가? 아니다 선지서를 기록할 때도 선지자를 시켜서 기록했듯이 풀어주실 때도 그렇게 하시지 않을까 생각한다.

비밀을 풀자면 먼저 신서(神書)를 알아야 되는데 그 신서는 무엇이 신서인가? 곧 하늘에서 내려오는 하나님 말씀이다. 그런데 한자로 감춰 논 동양 선지서를 풀자면 먼저 한자를 알아야 하고 다음 한자의 응용방법과 합자(合字). 파자(破字). 측자(側字) 등 감춘 방법들을 알고난후 신서(神書)를 안다면 조금씩 풀어갈 수는 있되 전부를 풀 수는 없다.

－오직 모든 비밀을 다 풀어줄 수 있는 자는 그 신서(神書)를 신(神)에게서 직접 받은 자 밖에는 없을 것이다.

♧나는 이 송아지 송(松)자가 이해되기까지는 많은 시간이 흘렀고 노력도 했지만 풀어지지 않았다. 그 동안 나는 굳셀 환(桓)자와 박달나무 단(檀)자에 깊은 뜻이 있음을 감지하고 여러 생각과 생각을 거듭하고 많은 문헌을 가지고 씨름한 결과 영감을 통해서 그 깊은 뜻을 알게 되었고 얼마 안 되어 그렇게 안 풀리던 소나무 송자의 비밀을 알게 해 주셨다. 알고 나니 아무것도 아니고 너무나 쉬웠는데 그 토록 오랜 시간을 보낸 후에 알게 하셨다.
"송 아 지 송아지 얼룩송아지 엄마소도 얼룩소 엄마 닮았네." 뜻도 모르고 수천 년을 불러온 동요. 하나님께서 그 동요 속에 무엇을 감춰 놓으신 것일까?

－소나무 송(松)자를 파자해 보면－

▶ 松（송）＝木（나무 목）＋公（공변될 공. 우두머리 공）
（소나무송）

木（나무목）: 나무는 유대 백성＝선민（사5:7）.

公（공평 공. **어른 공. 우두머리 공.** 벼슬 공）

釋◇ 하나님께서 택한 선민 중에서 가장 어른 되고 우두머리 되고 지도자 되는 사람. 그 분이 소나무 송（松）이다.

保◇ 말일에는 소두무족（小 頭 無足）＝뱀. 사단. 마귀가 나를 죽이려고 날뛸 때는 송하지（松 下 止）가 내가 사는 곳이요. 도하지（道 下 止）만이 내가 사는 길일세.

*松 下 止（송하지＝송아지）하나님이 택하신 목자아래 정착하는 것.

*道 下 止（도하지＝도라지）하나님 진리의 말씀이 나오는 곳을 찾아 그 안에 머무는 것.

*말일에 신앙인들이 반듯이 찾아야 될 두 곳이 있다면 하나님께서 보내신 약속의 목자를 찾는 것이요 또 하나는 깨끗한 하나님의 진리의 말씀이 나오는 곳을 찾아 그 말씀으로 양육 받고 그 말씀아래

머무는 것이다.

◐ 격암유록 정석가 중에는 세상에서 유행하는 가요 속에 장차 이뤄 질 일들이 숨어 있으니 그 노래의 뜻을 마음에 깨달아야 된다는 내용이 있다.

우리민족의 고단한 삶의 한풀이 노래나 그날그날에 흥겨워 부르는 노래 속에는 하늘의 뜻이 깊숙이 잠재해 있다면 여러분은 어떻게 생각하실지? 개략적인 도움의 말만 드릴 테니 독자 스스로 해석의 실력을 발휘하시기를 바란다.

▷춘향전

▶사또=>사단.
▶이 도령 아버지=>하나님.
▶처음 이 도령=>예수님.
▶암행어사로 돌아온 이 몽룡=>재림예수.
▶춘향=>끝 까지 절개를 지킨 하나님의 성도(계14:4).

▷심청전

▶심청=> 초림 때◐예수님. 재림 때◐재림 예수.
또는 작게는 성도를 말 할 수도 있다.
▶심 봉사=>초림 때◐유대교단(세.요 교단)의 지도자들.

재림 때 ▷ 말씀을 모르는 목자들. 영적장님들.

▶공양미=>심청 ▷ 300석. 예수 ▷ 30냥.

▶잡아다 죽인 자들=>심청 ▷ 뱃사공들(배: 교회. 사공: 목자들).
예수 ▷ 유대교회 지도자들. 갸롯유다.(배반한 예수의 제자).

▶인당수=바다=세상=십자가=골고다.

▶전국 봉사(소경) 초청 잔치. 영적 소경들의 개안(開眼) 수술
(사35:5. 마15:30~31.계3:17~18).

▷흥부전

▶흥부=>착한 성도(하나님의 백성).

▶놀부=>나쁜 신자. 가라지(사단의 백성).

▶제비(새)=>영(靈). 흥부제비 ▷ 성령(聖靈). 놀부제비 ▷ 악령
(惡靈). 새=영(마3:16. 마13:31).

▶박씨=>씨=하나님 말씀(눅8:11)또는 사단의 말.

▷천안(天 安)삼거리(三 巨 里)

▶천안(天 安)=>천안은 편안한 하늘이란 뜻으로 천국. 또는 하늘
을 상징하는 것이다.

▶말일에 하늘에서 세 갈래로 갈라지는 사건이 일어나는데 이것
을민요 속에 담아 놓았다. 더 이상의 설명은 삼가하며 궁금하신

분 들은 성경에서 알아보거나 성경을 잘 아시는 목사님에게 물어 보시기 기 바란다.

4)정 도령(鄭 道令)=격암유록본문에서=

①不 知 時 世 蒼 生 들아!
아니부 알지 때시 세상세 푸를창 살생

釋▷세월과 시대의 흐름의 때를 모르는 백성(창생)들아!

▶時 運 不 幸 疾 亂 일세.
때시 운수운 아니불 행복할행 병질 어지러울난

釋▷태어난 때가 불행하여 처처에 질병과 난리가 성행하네.

▶處 處 에 蜂 起 假 鄭 들이
곳처 곳처 벌봉 일어날기 거짓가 나라정

釋▷곳곳에서 가짜 정 도령들이 벌떼같이 일어나서

▶節 不 知 而 發 動 하네.
계절절 아니부 알지 어조사이 펼발 움직일동

釋▷지금이 어느 때인가를 모르고 발동하네.

② 世 人 苦 待 求 眞 人
세상세 사람인 쓸고 기다릴대 구할구 참진 사람인

釋▷ 세상 사람들이 그토록 기다리던 구세주 중에 진짜 구세주가
나타났네.

▶鄭 氏 出 現 不 知 하네
나라정 씨씨. 성씨씨 날출 나타날현 아니부 알지

釋▷ 구세주인 정 도령이 세상에 나타났는데도 사람들은 알아보지
못하네.

▶鄭 氏 本 天 上 雲 中 王 이네.
나라정 씨씨. 성씨씨근본본 하늘천 위상 구름운 가운데중 임금왕

釋▷ 정씨는 본래 하늘 위의 구름 중(천사들 중)에 왕이네.

▶再 來 春 日 鄭 氏 王 은
다시재 올래 봄춘 날일.혜일 나라정 씨씨. 성씨씨 임금왕

釋▷ 성 삼위께서 사람을 입고 다시 오시는 정씨 왕은

▶無 後 裔 之 子 孫 이다.
없을무 뒤후 후손예 갈지 자식자 손자손

釋▷ 후예가 없고 자손이 없다.

③ 鄭 氏 鄭 氏 何 鄭 氏
정 씨 정 씨 하 정 씨
나라정 성씨.씨씨 나라정 성씨.씨씨 어찌하 나라정 성씨.씨씨

釋 ▷ 정 씨 정씨 하는데 누가 진짜 정씨인가?

滿 七 加 三 是 鄭 氏
만 칠 가 삼 이 정 씨
찰만 일곱칠 더할가 석삼 옳을시.이시 나라정 성씨.씨씨

釋 ▷ 七에다 三을 더하면 十이되네 十자가 진짜 정씨이네.

何 姓 不 知 無 裔 後
하 성 부 지 무 예 후
어찌하.무엇하 성씨성 아니부 알지 없을무 후손예 뒤후

釋 ▷ 어떤 성씨인지 알 수 없고 후손이 없네.

一 字 縱 橫 眞 鄭 氏
일 자 종 횡 진 정 씨
한일 글자자 세로종 가로횡 참진 나라정 성씨.씨씨

釋 ▷ 一자를 세로와 가로로 겹쳐보니 열十자가 되네 十자가 진짜
정씨(鄭 氏)이네.

釋 ▷ 세상 사람들은 정 도령, 정 도령 하면서 세상을 구원할 정 도
령을 찾는데 누가 정 도령인가? 칠에다 삼을 더하니 열十이 되는
데 이 사람이 정씨이네. 성씨도 알 수 없고 슬하에 후손도 없네.
한일자를 가로와 세로로 겹치니 열십자가 되네. 이 열十자가 참

정 도령이네.

保▷ 동양 선지자들은 열십(十)자를 이렇게 설명하고 있다. "十자는 하늘에서 모든 신(神)들 가운데 가장 높은 위치에 있는 상제님이요 미륵불이요 정 도령을 의미한다."고 설명하고 있다. 맞는 말이다 찾는 분은 한 존재인데 각 종교마다 찾는 분의 명칭이 다를 뿐이다. 기독교에서는 하늘에 계신 하나님의 보좌 형상이 十자의 형상이요 예수님의 十자가 사건으로 인류의 원죄가 사해졌고 막혔던 하나님과 사람 사이의 장막이 거쳤고 이 十字架는 기독교의 상징이며 하나님의 가장 큰 계명. 곧 수직으로는 내 목숨을 바쳐 하나님을 사랑하고 수평으로는 내 형제를 내 몸과 같이 사랑하라는 계명이 담긴 상징물이다(마22:36~40). 十자가는 기독교와 기독교인을 지칭하는 상징으로 진짜 정 도령은 기독교인 중에서 나온다는 것을 암시하고 있다.

– 鄭 道 令에서 정(鄭)자를 파자해보면–
　나라정　말씀도.길도　명령할령

$$\text{鄭}_{나라정} = \text{人}_{사람인} + \text{酉}_{닭유} + \text{大}_{큰대} + \text{阝}_{고을읍} = \text{邑}_{고을읍}$$

정　인　유　대　읍　읍

保▷ 고을읍(邑)이 방(傍)으로 가면 우부방(阝)으로 변형 된다는 것을 앞에서 이미 배웠다. 그래서 나라 정(鄭)자에서 우부방(阝)은 고을읍(邑)이 변해서 된 것이다(308페이지 부록 참조).

釋▷ 酉(유) 大(대) 邑(고을) 人(사람) = 鄭(나라정) 씨

釋▷정 도령의 정씨는 유대 고을사람이다.

保▷유대고을은 예수님이 나신 곳이요 유대교는 하나님을 믿는 종교요 유대교인들은 구약 때 하나님의 선민이다. 오늘 날의 하나님의 선민은 누구인가? 바로 기독교인 들이다. 그래서 정 도령의 정씨는 기독교인 중에서 나온다는 것을 나라 정(鄭)자 속에 숨겨 놓았다.

*우연의 일치라고 생각하기에는 너무 신기하지 않은가?

▷정 도령(鄭 道슈)은 격암유록에서 나오는 한자(漢字)이고 다른 선지서 에서는 正道 슈으로 나온다.

*정도(正道)란? 바른 말씀. 진리의 말씀. 하나님 말씀.
*령(슈)은? 명령 령. 시킬 령. 전할 령. 우두머리 령.

▷正道 슈이란? 진리의 말씀(하나님의 말씀)을 하늘에서 받아 전하는 우두머리란 뜻이다.

5) 격암유록 본문에서

① 世 上 萬 事 細 細 察
세상세 위상 일만만 일사 가늘세 가늘세 살필찰

▶ 眞 虛 夢 事 去 無 跡
참진 빌허 꿈몽 일사 갈거 없을무 자취적

▶ 高 垈 廣 實 門 前 玉 畓
높을고 대대 넓을광 열매실 문문 앞전 구슬옥 논답

▶ 空 手 來 世 空 手 去
빌공 손수 올래 세상세 빌공 손수 갈거

釋▷ 세상만사를 자세히 살펴보소! 참 되고 헛된 일이 모두 꿈같이 지나가 버리고 자취도 찾아볼 수가 없네.

▷ 고대광실 문전옥답도 빈손으로 세상에 왔다가 빈손으로 세상을 떠나가니 모든 것이 허무하네.

② 坐 三 立 三 玉 璽 移
앉을좌 석삼 설립 석삼 구슬옥 도장새 옮길이

肇 乙 矢 口 十 方 勝 地
비로소조 새을 화살시 입구 열십 바야으로방 이길승 땅지

擧 手 頭 足 天 呼 萬 歲
들거 손수 머리두 발족.뛸족 하늘천 부를호 일만만 해세

釋⇨ 성 삼위께서 함께하신 그 분이 하나님의 보좌가 되는 것이며 그 보좌에 하나님의 영적 옥새가 옮겨지니 얼 시구 조 을 시구. 비로소 弓乙에서 十자의 도를 알았고 바야흐로 십 승지를 찾았으니 두 손을 머리위로 높이 들고 하나님께 영광을 올리고 발로 기뻐 뛰며 하나님의 성호를 찬양하며 만세를 부르세.

6)엄마엄마 우리 엄마(격암유록에서)

①唵 嘛 唵 嘛 阿 父 唵 嘛
움켜먹을암 중마(승려) 움켜먹을암 중마(승려) 언덕아 아비부 움켜먹을암 중마(승려)

天 下 第 一 우리 唵 嘛
하늘천 아래하 차례제 으뜸일 움켜먹을암 중마(승려)

▶암마(唵嘛)＝중의 젖을 움켜쥐고 먹다.

암마를 엄마로 바꾸어서 부름.

▶아부(阿父)=아비나 숙부나 백부를 애교스럽게 부르는 호칭.
아빠 와 같은 말.

保⟡고금으로 동양 사람들의 상식은 도(道)를 닦으려면 산으로 가
는 것이 상식이었고 산에 가면 절이 있고 절에는 승려가 있다. 물
론 도를 닦으러 산으로 간 사람들은 상당히 높은 도(道)의 경지에
있지만 불경을 공부하는 승려들 역시 지식이 높은 차원에 속한다.
그래서 동양 선지서에서는 도(道)가 나오는 곳을 절(寺)로 도(道)
를 전(傳)하는 자를 중(嘛)으로 상징성을 두고 선지서를 써 왔다.

⟡唵(움켜쥐고 먹을 암)嘛(중마):여기에는 암마를 엄마로 바꾸어
부름으로 순수한 우리말의 엄마와 한자의 암마가 가지고 있는 뜻
이 같다는 점에 착안하여 감추어 논 비밀에 대해 사람들의 지혜를
요구하고 있다. 중의 젖은 움켜쥐고 먹는다는 것은 중이 전하는
道(말씀)를 먹고 영적으로 자라기 때문에 중을 엄마라고 부른 것
이다. 말일에 나타나서 도(道)를 전(傳)해 줄 도인(道人)이나 진인
또는 정 도령이라는 존재를 그때 당시 세상을 돌아다니며 부적을
붙여 주고 속세를 떠난 말(도)을 전해주고 다닌 중(嘛)으로 상징성
을 둔 것이다.

⟡기독교에서는 하나님 말씀이 성령으로부터 나오지만 그를 받아
성도들에게 먹이는 자는 牧者(목자)다. 딤전1:2절에서도 "바울이
디모데를 믿음 안에서 낳은 참 아들이라" 부르고 있다. 그래서 자

기를 말씀으로 기른 목자가 영적인 자기엄마가 되는 이치다. 본 선지서에서 말한 엄마(唵 嘛)는 과거나 현재에 있는 중(승려)이나 목자를 지칭하는 것이 아니고 선지서에서 말한 엄마는 말일에 나온다는 진인(眞人). 정 도령(鄭 道令)그리고 성경에서 가리킨 진리의 성령인 보혜사를 가리키고 있음을 알아야한다.

② 道 乳 充 腸 하여주시니
   길도,말씀도 젖유 채울충 창자장

이내 몸이 唵 嘛 없이 어이 살겠는가?
          옮겨먹을암 중마(승려)

釋⇨도(말씀)의 젖으로 창자를 배부르게 채워주시니 이내 몸이 엄마가 없으면 어디서 이 진리의 말씀을 듣고 영을 살찌워서 영생할 수 있겠는가?

③ 道 理 道 理 眞 道 理 요.
   말씀도 이치리 말씀도 이치리 참진 말씀도 이치리

▸邪 不 犯 正 正 道 일세.
  가사할사 아니불 범할범 바를정 바를정 말씀도

釋⇨사람들이 도리도리 하지만 이 말씀만이 진짜 도리요 간사한 마귀가 침범하지 못할 올바른 말씀이네.

자	장	자	장	원	리	자	장
▸自	長	自	長	遠	理	自	長
스스로자	어른장	스스로자	어른장	멀원	이치리	스스로자	어른장

심	리	오	리	원	리	자	장
▸深	理	奧	理	遠	理	自	長
깊을심	이치리	깊숙할오	이치리	멀원	이치리	스스로자	어른장

釋➪스스로 자라가라 스스로 어른이 되라 원대한 진리를 깨닫고 스스로 자라가라 깊은 이치와 심오한 진리를 깨닫고 스스로 자라가라.

달	궁	달	궁	
①▸達	穹	達	穹	이요.
도달할달	하늘궁	도달할달	하늘궁	

釋➪하늘(天國)에 도달하라. 천국에 들어가라.

삼	인	일	석		달	궁	
▸三	人	一	夕	해야	達	穹	일세.
셋삼	사람인	한일	저녁석		도달할달	하늘궁	

釋➪三＋人＋一＋夕＝修(닦을 수)몸을 말씀으로 깨끗이 닦고 행실이 깨끗한 자라야 천국(하늘)에 들어가네.

百　聞　不　如　一　見

15.사람이 천국(天國)이다

1)사람의 육체와 지구

⟡흔히 세상 사람들은 사람의 몸을 우주라고 하고 지구라고도 한다. 지구 덩어리를 살펴보면 산이 있고 물이 있고 흙이 있다. 그리고 오대양(五大洋) 육대주(六大洲)가 있다.

사람의 몸에는 지구의 산맥에 해당하는 골격(뼈)이 있고 바다(물)에 해당되는 피와 수분이 있다. 지구의 70%는 물이 차지하고 있듯이 우리 몸도 70%는 수분이 차지하고 있다.

지구에는 오대양이 있고 육대주가 있으며 사람 몸에는 오장(五臟)이 있고 육부(六腑)가 있다.

지구의 오대양은 태평양. 대서양. 인도양. 북빙양. 남빙양이며 육대주는 아시아. 유럽. 아프리카. 오세아니아. 남아메리카. 북아메리카다.

사람 몸의 오장은 간장(肝臟). 심장(心臟). 비장(脾臟). 폐장(肺臟). 신장(腎臟)이며 육부는 담낭(膽囊). 소장(小腸). 위장(胃腸). 대장(大腸). 삼초(三焦)까지이다.

간(肝)의 역할은 나쁜 병균의 침입을 막아 몸을 보호하고 독소를 해독시켜 건강을 유지하게 하며 심장은 맑은 피를 공급하여 생명을 유지하게 하며 비장(지라)에서는 백혈구를 생성하고 노폐한 적혈구를 파괴한다. 폐에서는 호흡을 주관하며 새로운 공기를 주입

시켜 삶을 새롭게 연장시킨다.

신장(콩팥)에서는 비뇨기 관련 역할을 하며 몸 안의 불필요한 불순물을 밖으로 내 보내며 체액의 조정이나 양을 유지해 준다.

육부의 역할 중. 담낭(쓸개)은 간에서 분비되는 쓸개즙을 일시적으로 저장 농축하며 쓸개즙을 내서 소화를 돕는다. 소장은 위(胃)의 유문(幽門)에서 대장에 이어지는 대롱모양의 가는 소화관을 말하며 음식물을 소화하고 영양분을 흡수한다. 그 길이는 6~7m정도이며 작은창자라고도 한다. 위(밥통)는 식도와 장 사이에 있는 주머니 모양의 소화기관이다. 대장은 소장 끝에서 항문에 이르는 큰창자를 말한다. 방광(膀胱)은 콩팥에서 나오는 오줌을 저장하였다가 내 보내는 엷은 막으로 된 주머니 곧 오줌통이라고도 한다.

삼초(三焦): 삼초는 육부(六腑)중의 한 장기로써 장기의 모양은 없는 장기로써 기(氣)가 들어가는 곳으로 알려지고 있고 신문(神門)도 장기의 모양은 없되 기(氣)가 그 곳으로 빠져나간다고 한다.

우리는 일상생활에서 사용하는 말 중에 기(氣)가 막힌다는 말을 많이 쓰며 기분(氣分)이 좋다 기분이 나쁘다는 말도 많이 쓴다. 이는 삼초와 신문 사이에서 기(氣)의 소통이 잘 되느냐? 막혀있느냐에 따라 몸의 상태가 자연적으로 표현되는 말들이다.

이상은 지구의 오대양 육대주와 사람의 오장육부를 간단히 설명했다. 필자는 의학 전문인이 아니라는 것을 밝혀두며 사람의 육체와 지구와 천국의 공통점을 말하고자하여 개략적으로 설명했을 뿐이다.

2)영계(靈界)의 천국(天國)과 인체의 구조

↻우리는 성경 계시록4장을 보면 영계(靈界)의 보좌와 그 구성이 나온다. 그 곳이 바로 소위 우리가 말하는 하늘나라 영계의 천국이다. 기독교인들이 매일 기도하는 기도 중에 하나님의 뜻이 하늘에서 이루어진 것같이 이 땅에서도 이루어 달라고 매일 매일 기도한다. 영계의 천국은 우리 육안으로는 볼 수 없다. 오직 한사람. 사도요한만이 성령에 감동하여 하늘에 올라가 보고 왔기에 본 대로 말한 것이다.

그런데 우리는 영계의 천국은 볼 수 없지만 육계의 천국을 볼 수 있을 때가 있다. 언제? 하나님나라가 이 땅에 이루어질 때. 그리고 우리의 몸이 온전함을 입을 때(고전3:9. 3:16. 고전15:).

사도요한이 설명한 영계천국의 형상을 보면 먼저 하나님이 계시고 그 둘레에 24장로가 있고 그 보좌 앞에 일곱 영과 유리바다와 네 생물과 그 주위에 많은 눈들이 나온다. 사도요한이 성령에 감동하므로 육안으로는 볼 수 없는 영계의 천국을 볼 수 있었던 것이다.

영의 세계에서 가장 중요한 위치에 계신 분은 하나님이시다. 하나님께서는 영계를 총괄하실 뿐만 아니라 우주만물을 주관하신다. 그럼 육체에서 하나님 역할을 하는 곳은 어디인가 바로 머리(腦:뇌)이다.

—腦:머리뇌자를 파자에 보면

▶ 腦 = 月 = 肉(몸 육) + 巛 = 川(내천) + 囟(숨구멍. 최상)

뇌
머리뇌.골뇌   몸육   내천.강천   정수리신.숨구멍신

釋▷사람육체 중에 가장 상층부에 자리 잡고 있으며 태아 때는 그 숨구멍으로 호흡하여 생명을 유지했으며 성장하여서는 하나님말씀이 그 숨구멍을 통해서 들어와 영적생명이 유지되며 또한 하나님 말씀인 영의 양식을 항상 물같이 흘러내려 우리의 영이 목마르지 않도록 공급하는 곳이기도 하다.

靈▷巛=내천=물=말씀

▷우리 몸의 구조를 보면 영계의 천국과 현존하는 지구가 흡사한 점이 너무나 많다는 것이다.

우리 몸에는 영계의 천국에서 하나님에 해당하는 머리가 있고 영계에서는 하나님을 받들고 있는 7영이 있는데 우리 몸에는 머리를 받치고 있는 7개의 경추(頸椎)가 있어서 그 경추 안에 신경을 통해서 머리에서 내려지는 모든 명령이 아래로 하달된다. 그리고 특기할 만한 것은 7개의 경추 중에 제1경추인 환추와 제2경추인 축추가 있는데 환추는 둥근 모양으로 두개골을 받치고 있고 축추는 두개골(머리)을 좌우상하로 움직이고 머리의 회전을 돕는 역할을 한다고 한다. 참으로 중요한 역할담당이다.

그 아래로 하나님 나라가 이루어지는 12지파에 해당되는 12개의 흉추(胸椎) 즉 가슴뼈가 있으며 거기에서 24장로에 해당되는 24개의 갈비뼈(肋骨)가 있어서 심장이나 폐. 간 등 몸 안에 중요한 장기들을 감싸 보호하고 있다.

12개의 흉추 아래로 5개의 요추(腰椎)가 있다. 우리가 흔히 말하기를 사람의 힘은 허리에서 나온다고 한다. 사실이다. 허리가 부실하면 평생을 고생한다. 허리의 중요함은 한자(漢字)의 문자에서도 나타난다.

－허리요(腰)자를 파자해 보면－

요
▸ **腰** ＝ 月 ＝ 肉 (몸. 육체) ＋ 要 (중요하다)
허리요　　고기육.몸육　　　　　　중요할요

釋 ♢ 허리는 사람 몸에서 가장 중요한 역할을 한 곳이다.

♢ 이토록 허리는 우리 사람들에게는 모든 힘이 허리에서 나온다는 말과 같이 중요하다. 상체와 하체를 연결하여 그 중요한 상체를 받치고 있으려면 허리의 역할은 대단히 중요할 수밖에 없다. 이 요추 아래로는 5개의 천추가 있어 엉치 뼈와 연합하여 상체를 받치는 역할을 하며 그 아래로 미추가 있는데 이 꼬리뼈는 어렸을 때는 3개내지 4개가 있다가 어른이 되면 하나가 된다고 한다.

지금까지 영계와 지구와 인체의 구조가 흡사한 점을 대략 살펴봤다. 사람이 천국이다. 란 말이 실감 날 정도로 하나님의 오묘한 섭리에 머리 숙여진다.

우리는 성경에서 초림 때 예수님이 천국이다(마4:17)라는 말과 너희는 하나님의 성전인 것과 하나님의 성령이 너희 안에 거하시는 것을 알지 못하느뇨(고전3:16)란 말씀이 우리 사람이 천국이다. 란 말을 뒷받침 해주고 있다.

그리고 내가 이것을 쓴 것은 의학적인 그 무엇을 설명하고자 함이 아니라 조물주의 창조물 속에서 나타난 하나님의 초능력과 신성이 사람의 육체에서도 정확히 나타나고 있음을 말함이요 하나님이 다시 창조하시고자 하신 새 하늘과 새 땅은 곧 새 사람이었다는 것과 사람이 천국이요(마4:17). 성령이 거하시는 성전임을(고전3:16) 말 하고자 함이다. 성경에는 우리 몸(肉)을 흙(땅)으로 빗대어서 기록한 부분이 많다(창2:7, 욥33:6, 사64:8, 고전3:9,). 그럼 우리 몸이 땅이라고 생각했을 때, 땅(사람)가운데 천국의 보좌 형상(머리=하나님, 7경추=7영, 12흉추=12문, 24갈비뼈=24장로)을 지어 놓으신 것은 천국은 우리가 생각하는 저 공중 하늘에서 이루어지는 것이 아니라 사람 몸에서 이루어지니(고전3:16) 사람이 천국이요. 몸만 천국이 아니라 속사람이 하나님말씀으로 변화 받아 천국을 이룬 사람들이 모여져서 이 땅에서 큰 천국을 이루는 것이 하나님이 말일에 이루시고자 하는 진정한 천국이 아닐까 생각해 보는 것이다.

끝으로 의학적으로 전문인이 아니기에 미숙한 점이 많으리라 생각하니 이해 있으시길 바라며 의학적인 어떤 지식을 전달하고자 하는 것이 아니라는 것을 재차 밝혀두는 바이다.

📖 ——————————————————————————— ✍

長 子 權　長 子 權

맺는 말

    ♤나는 한 학자(漢 學者)도 아니요 한문을 전공한 사람도 아니다. 나는 한자공부를 개인 선생님을 모시고 사사(師事)를 받았고 부족한 부분은 독학으로 채워 나왔다.

    한자는 우리글이란 말은 가끔 들었으나 확신을 가질 수가 없었고 그 후 부터는 그런 비슷한 책을 찾아 다녔다. 그리고 나는 성경은 물론이려니와 여러 종교 서적을 넘나들었다. 그러다가 확신이 왔다. 한자는 인류의 생활 속에서 만들어져 발전해 왔고 우리민족의 지나온 발자취와 미래에 있어질 일들이 예언 돼 있음이 확실했다. 우리민족의 고대사와 수천 년 전부터 전해져 내려온 민담이나 민요. 가요. 동요. 풍속에서 나타난 한자들이 하나같이 우리민족의 지난 이야기요 현재의 이야기요 미래에 이루어질 일들임을 확신했다.

    그 후 부터는 한자 一자一자를 몇 날이고 들여다보는 습관이 생겼고 결과 그 속에 숨어있는 뜻을 알아내곤 했다.

    이렇게 그 때 그때 머리에 떠오른 것을 메모해 둔 것을 정리한 것이 이 책의 태동 동기다. 동양 선지서나 성경의 묵시록(예언서)은 때가 되어 신(神)이 열어주기 전에는 열려지지 않는다고 한다. 우리는 이웃나라 중국에서 대 지진이 난 것을 잘 알고 있다. 그런데 신기한 것은 지진이 나기 며칠 전부터 많은 두꺼비 떼들이 대 이동을 했다는 기사를 읽었다.

    그리고 우리는 어렸을 때 시골에서 경험한 바로 장마가 오기 며칠 전부터 개미 떼들이 대 이동한 것을 보았을 것이다. 이 하찮은 미물들도 장차 닥쳐올 재앙을 감지하고 미리 대비하여 죽음에서 벗어나는 지혜와 예지력(豫知力)이 있다.

그런데 만물의 영장인 인간들은 어떤가? 성경에서 살펴보면 노아 때가 그랬고 롯 때가 그러했듯이 시대 시대마다 하나님의 경고가 있었지만 그들은 무시하고 믿지 않았기에 멸망하고 말았다. 초림 때 예수님께서는 믿지 않은 유대인들에게 너희가 천지의 기상은 분변할 줄 알면서도 이 시대의 징조를 분변하지 못 하느냐고 질책을 하신다(눅12장).

말세를 사는 신앙인이 분명히 알아야할 것은 시대의 분별력을 가져야 된다는 것이다. 말일에 열린다고 하는 동양 선지서나 묵시록이 열려져 가고 있음을 감지했다면 복 있는 자요 감이 잡히지 않는다면 기도해야 될 일이다.

도라지의 민요를 수천 년 동안 불러 왔는데 그 참 뜻이 도하지(道 下 止)였고 송아지라는 동요를 수천 년 동안 불러왔는데 그의 참 뜻을 알고 보니 송하지(松 下 止)였다.

말일에 있어질 환란 때 내가 살 곳은 하늘에서부터 내려오는 진리의 말씀아래 머무는 것이며 하늘의 상제께서 직접 지명하여 세우신 소나무(松)아래에 정착하는 것이다.

▷내가 한자에 비장된 비밀을 풀 수 있는 지혜를 갖게 됨은 오로지 하나님의 은혜요 성령님의 가르치심이요. 하나님께서 내게 주신 달란트라고 생각한다. 이 달란트가 몇 달란트가 되는지는 모르지만 성경에서 한 달란트 받은 자와 같이 땅 속에 묻어둘 수는 없다고 생각했다. 얼마나 시대적인 때가 급하셨으면 이 부족한 자를

사용하셔서 한자 속에 감춰진 비밀을 알려 주시었을까? 여기에는 한 사람의 신앙인이라도 더 시대분별을 해서 구원받기를 원하시는 하나님의 깊은 뜻이 있으리라 본다.

　모두 깨닫고 선지서나 예언서에서 말한 영적(靈的) 대 재앙의 때를 감지하여 대처함으로 구원받는 복된 신앙인들이 되시기 기원하는 바이다.

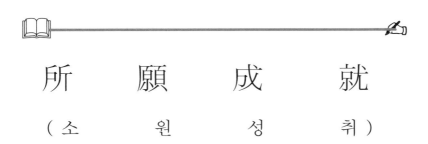

所　願　成　就

(소　　　원　　　성　　　취)

참고문헌

✧국한문 성경전서 ➤ 대한성서공회
✧대 한한 사전(大 漢 韓 辭典) ➤ 장삼식 저 ➤ 교육회관
✧한단고기(삼성기. 단군세기. 북부여기. 태백 일사)
　　　　　　 ➤ 임승국 번역. 주해 ➤ 정신세계사
✧실증: 한단고기 ➤ 이일봉 지음 ➤ 정신세계사
✧천 부 경 ➤ 최동환 해설 ➤ 지혜나무
✧삼일신고 ➤ 최동환 해설 ➤ 지혜나무
✧참전계경 ➤ 최동환 해설 ➤ 지혜나무
✧천부경의 예언 론 ➤최동환 해설 ➤ 도서출판. 三一
✧배달민족의 대륙역사 ➤송부웅 편저 ➤한문화 배달민족 회
✧파자(破 字) 이야기 ➤ 홍순례 편저 ➤ 학민 사
✧한자놀이 이야기 ➤ 이강렬 지음 ➤ 전통문화 연구회
✧흔　 역 ➤ 최동환 지음 ➤ 하남 출판사
✧주역입문 ➤ 김수길. 윤상철 공저 ➤ 대유학당
✧역　　학 ➤ 박규병 지음 ➤ 도서출판 동반인
✧정 도령은 말 한다 ➤ 박첨지 글 ➤ 동신 출판사
✧한자는 우리글이다 ➤ 박문기 지음 ➤ 도서출판. 양문
✧한글은 단군이 만들었다 ➤ 정연종 지음 ➤ 조 이정 인터내셔날
✧격암유록 ➤ 강덕영 지음 ➤ 도서출판. 동반인
✧신(新) 격암유록 ➤ 유성만 지음 ➤ 한 솜 미디어
✧소 울음소리 ➤ 이건우 지음 ➤ 가람 출판
✧혼돈과 파천황 ➤ 최동환 지음 ➤ 지혜나무
✧규원사화 ➤ 북애 지음. 고동영 옮김 ➤ 한 뿌리
✧삼국유사 ➤ 일연 저. 박봉식. 고경식 역

◆도교와 신선의 세계 ➤ 쿠보노리타다 지음. 정순일 옮김/
◆세종실록 밖으로 행차하다 ➤ 박현모 지음 ➤ 푸른 역사
◆다음. 네이버. 엠파스 등 인터넷 ➤ 지식인 사전 참조

漁　父　之　利
（어　　부　　지　　리）

−부록− 부수(部首)의 명칭(名稱)

변⇦印   部⇨방   宜⇧머리   忠⇩발   虎⇐엄   道⇦받침   國⇨몸

⇨다음은 부수의 명칭에 대해서 알아보자 부수가 그 문자의
어느 쪽을 차지하느냐에 따라 그 명칭이 달라진다.

그리고 다른 부수와 결합하지 않고 단독으로 쓰이는 부수를
제 부수(부수자214자가 여기에 속함)라 한다. 그런데 무엇보
다도 중요한 것은 일부 부수는 다른 부수와 결합할 때 부수
모양이 변형된다는 것이다. 몇 자 안되지만 알아두면 유익
하다.

부수(部首)의 변형變形)

(人이▶변으로 가면▶亻으로 바뀜▶예:仁)
　사람인　　　　　　　　　　　인　　　　　　　어질인

(水가▶변으로 가면▶氵삼수변으로 바뀜 ▶예:法)
　물수　　　　　　　　　　　삼수　　　　　　　　법법

(示가▶변으로 가면▶礻 모양이 바뀜.
　봉시.천신기　　　　　　　　보일시

(手가▶변으로▶扌재방변으로 바뀜 ▶예:投)
　손수　　　　　　　재방변　　　　　　　　던질투

(牛가 ▶변으로 가면▶牛 모양이 바뀜 ▶예:特)
　소우　　　　　　　　　　　우　　　　　　　　　　　특별할특

(犬이 ▶변으로 가면▶犭 개 사슴록으로 바뀜 ▶예;狐)
　개견　　　　　　큰개견,개사슴록　　　　　　　　　　여우호

(玉이 ▶변으로 가면▶王 임금 왕으로 바뀜 ▶예:理)
　구슬옥　　　　　　　임금왕　　　　　　　　　　다스릴리

(衣가 ▶변으로 가면▶衤 모양이 바뀜 ▶예:初)
　옷의　　　　　　　　의　　　　　　　　　처음초

(巛이 ▶방으로 가면▶川 모양이 바뀜 ▶예:訓)
　내천　　　　　　　　내천　　　　　　　　　가르칠훈

(刀가 ▶방으로 가면▶刂 선 칼도로 바뀜 ▶예:則)
　칼도　　　　　　　　선칼도　　　　　　　　곧즉,법칙칙

(攴이 ▶칠복이 방으로 가면 攵:모양이 바뀜 收)
　칠복　　　　　　　　　두드릴복　　　　　　　거둘수

(火가 ▶발로 가면▶灬 점이 4개로 바뀜 ▶예:無)
　불화　　　　　　　　불활발　　　　　　　　없을무

(心이 ▶변으로▶忄 변으로 가면▶예:情. 발로가면▶小▶예:慕
　마음심　　　　　마음심변　　　　　　　　뜻정　　　　마음심발　　사모할모

(肉은 ▶月로 부수가 바뀜 ▶예:豚)..사람이나 짐승의
　고기육　　달월　　　　　　　　돼지돈

육체나 뼈를 나타내는 한자는 고기육(肉)이 들어가
　　　　　　　　　　　　　　　　　　육

있다. 그러나 달월로 바뀌어있으니 고기육 부수에 가서

찾아야 된다.)

(邑이 ▶방으로 가면▶阝 우부방으로 바뀜 ▶예:部)
　고을읍　　　　　　　우부방　　　　　　　　나눌부

(阜가 ▶변으로 가면▶阝 좌부변으로 바뀜 ▶예:防)
　언덕부　　　　　　　좌부변　　　　　　　　막을방

(网이 ▶머리로 가면▶罒.罓 모양이 바뀜 ▶예:羅)
　그물망　　　　　　　망　망　　　　　　　　새그물라

(辵이 ▶받침으로가면▶辶 책받침으로 바뀜 ▶예:道)
　쉬엄쉬엄갈착　　　　　착(책받침)　　　　　　　길도,말씀도

(爪가 ▶머리로 가면▶爫 모양이 바뀜 ▶예:爰)
　손톱톱조　　　　　　　조　　　　　　　　이에원,이끌원

ↄ한자의 부수의 전체의 숫자는 214자이다. 알고 싶은 분은 각 집마다 한자사전(한자옥편) 1권씩은 가지고 있을 것이다. 어느 한자사전이나 맨 앞에 부수한자가 나와 있다. 그걸 보시고 참고 하시면 되리라 생각한다.

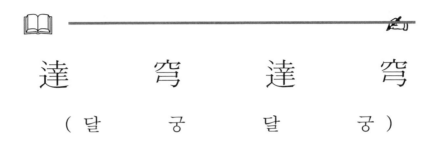

達　　穹　　達　　穹
(달　　궁　　달　　궁)